MOBILES

ET

VOLONTAIRES

DE LA SEINE

PARIS

MPRIMERIE BALITOUT, QUESTROY ET Cⁱᵉ

RUE BAILLIF, 7, ET RUE DE VALOIS, 18

MOBILES

ET

VOLONTAIRES

DE LA SEINE

PENDANT

LA GUERRE ET LES DEUX SIÉGES

PAR

Arthur DE GRANDEFFE

PARIS

E. DENTU, LIBRAIRE-ÉDITEUR

PALAIS-ROYAL, 17 ET 19, GALERIE D'ORLÉANS

—

1871

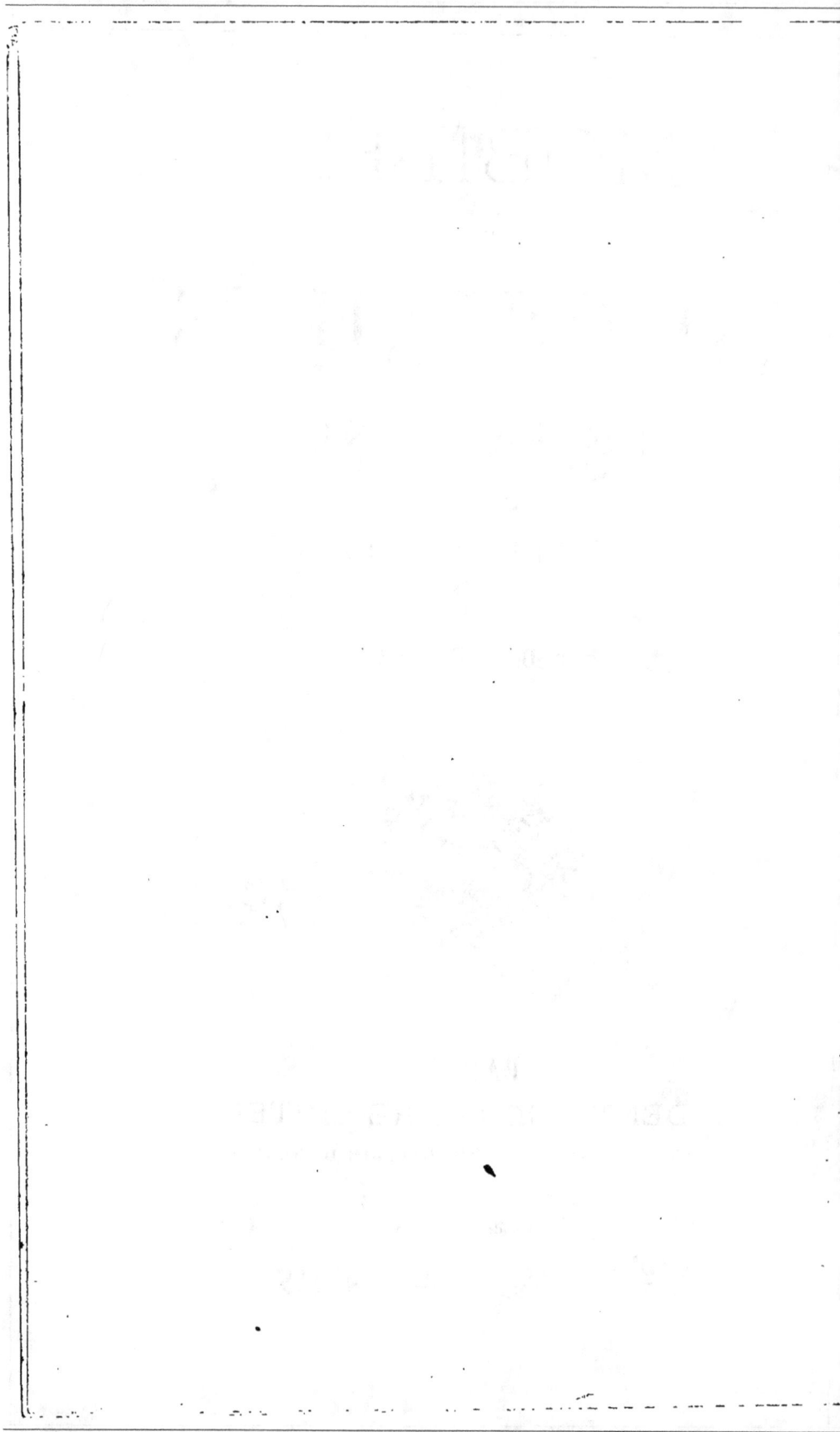

MOBILES ET VOLONTAIRES

PREMIÈRE PARTIE

Les Mobiles de la Seine

CHAPITRE PREMIER

Les Invalides. — Le Commandant. — La classe 1867. — Au Champ
de-Mars. — Le général Soumain et le colonel Berthaut. — Le
maréchal Niel. — L'enfantement pénible. — La défaveur. — Le
maréchal Lebœuf. — Résurrection tardive. — La Guerre.

Nous sommes loin du temps où les gens de guerre de
notre pays souriaient ironiquement au seul nom de la
garde mobile. Elle a reçu aujourd'hui le baptême du
feu. C'est une curieuse histoire que celle de la mobile, et
si l'on pouvait rire de quelque chose et de quelqu'un,
quand la France est en deuil, ou aurait beau jeu pour se
divertir aux dépens des gens ineptes qui ont été les pre-

miers ennemis de la mobile. Il n'est guère à propos de faire des récriminations sur un passé condamné par les événements; pourtant, quand on écrit l'histoire, il faut dire la vérité, et il est impossible de passer sous silence les difficultés, les préjugés, les obstacles, le parti pris, la mauvaise volonté, la jalousie qui ont accueilli à ses débuts, cette jeune troupe qui a bien mérité, depuis, ce titre, donné peut-être trop vite, l'armée de l'avenir.

Par sa composition essentiellement démocratique, elle réunissait dans son sein toutes les forces vives de la nation et il a fallu que le danger arrivât pour que ses détracteurs comprissent enfin tout le parti qu'on en pouvait tirer. Ah! c'est qu'il y avait, avant nos désastres, un abime entre le civil et le militaire! l'armée vivant de traditions vieilles, mais faussées, s'entourait d'un rempart que nul ne pouvait franchir; à présent les choses sont bien changées; tout Français est soldat et ce civil, jadis si méprisé des gens du métier, n'est pas le dernier à courir aux remparts, et n'est pas le moins habile à les défendre. Ce n'est pas sans raison que parmi les bataillons de la mobile, nous avons fait choix du 7e bataillon de la Seine, sa première histoire est un peu, comme on le verra dans ce chapitre, le commencement de l'institution tout entière. On l'appelait au Champ-de-Mars, *le bataillon modèle;* son chef, le comte de Vernon-Bonneuïl, ancien officier de Crimée, avait donné plus d'un conseil utile et indiqué plus d'une réforme désirable.

Le maréchal Niel, de regrettable mémoire, prêtait volontiers l'oreille à ses sages avis, et voyez à quoi tiennent les destinées d'un empire, au milieu de tant de courtisans, de tant de flatteurs, de tant de parasites, cortége habituel des souverains, il s'était trouvé par hasard un homme intelligent qui avait compris le côté dé-

fectueux de notre organisation militaire ; cet homme
avait vu juste, nous l'avons appris à nos dépens. On l'é-
couta un instant ; ses réformes furent acceptées ; on leur
donna la forme respectable d'une loi de l'État, et le ré-
formateur put croire que ses plans allaient être exécu-
tés. Il avait compté sans l'esprit de routine et de mesqui-
nerie qui fait de notre système administratif la grande
plaie de la France moderne. Au lieu d'une garde mobile
sérieuse, manœuvrant sur nos champs de Mars, on n'obtint que la dérisoire concession d'une garde mobile sur
le papier, qui n'était qu'un cadre vide de son tableau.
Ce ne fut pas la faute du 7e mobile et de son chef si l'on
renonça aussi vite à continuer l'épreuve d'une institution aujourd'hui acceptée par tous.

Dès le début, le 7e avait, aux Invalides, son quartier-
général, et à la mairie de la rue de Grenelle, ses rapports quotidiens, ses exercices, son école d'instruction,
ses conférences militaires. Le bataillon n'en était encore qu'à la classe 1867 que déjà il attirait l'attention du
général Soumain et du colonel Berthaut. Comme le maréchal Niel, ces deux chefs distingués avaient compris ce
qu'on pouvait tirer de la garde mobile et ils en furent
aussi les créateurs.

Après avoir rendu hommage à ces chefs habiles, mais
trop peu secondés par l'autorité supérieure, parlons de
ces jeunes gardes mobiles qui ont supporté, avec tant
de calme et tant de noblesse, un changement si complet
de position sociale. Parlons d'eux, car enfin c'est leur
histoire que nous voulons écrire, en prenant pour type
le bataillon qui a été notre première famille militaire.

Il fallait les voir ces jeunes mobiles, au premier jour
de l'organisation ; la loi nouvelle n'avait guère leurs
symphaties et ils ne se gênaient pas pour vous jeter à la

face, ce propos qui serait aujourd'hui une impiété : « Mais nous ne sommes pas des soldats ! » L'uniforme, l'alignement, l'exactitude, la voix impérieuse des chefs, rien de tout cela ne leur allait ; il ne fallait pas, bien entendu, leur demander le salut militaire. Ils vous appelaient les gradés « Monsieur », tout comme si des galons n'avaient pas brillé sur ce nouvel uniforme. On comptait dans leurs rangs bon nombre de déserteurs, les uns pour cause de voyage, les autres pour raison d'affaires ou de famille, la plupart, à cause d'un esprit anti-militaire qui n'était que trop encouragé par les journaux du temps. Enfin, disons-le sans détour, nos mobiles n'aimaient guère, au début, la nouvelle armée dont ils sont fiers, à présent, de faire partie. Pauvres enfants ! leurs cœurs s'étaient amollis dans l'atmosphère malsaine d'une civilisation trop matérialiste, puis on leur avait tant dit que la France était grande et invincible ; ils le croyaient comme bien d'autres ; à quoi bon alors endosser l'uniforme ? est-ce que le pouvoir éprouverait le besoin d'avoir à sa disposition de nouvelles baïonnettes ? Ce pouvoir, on le croyait si grand lui aussi, mais quel réveil !

Il ne faudrait pas croire, par ce qui précède, que nos jeunes gens n'eussent aucun sentiment guerrier, j'ai vu leurs yeux briller de plaisir, le jour où leurs officiers, l'épée nue au poing, les ont conduits, pour la première fois, à l'exercice. Ce n'étaient point les armes qui leur déplaisaient ; ce qu'ils craignaient, c'était la caserne, et ajoutons la discipline, avec laquelle ils ne seront jamais complétement réconciliés. C'est là, au point de vue militaire, une infériorité dont il faut prendre son parti. Les mobiles de province savent, mieux que nous, se taire et obéir. Mais que de qualités charmantes et en même temps solides rachètent les défauts incorrigibles du sol-

dat parisien ! Il est railleur, mais peu crédule ; il est es-
piègle, mais brave jusqu'à la témérité ; s'il est paresseux
quand on sonne l'appel, il ne l'est pas quand il entend
battre la charge.

J'en conviens, l'ironie de son esprit a quelque chose
d'agaçant, ce sceptique ne respecte rien ; n'ont-ils pas eu
l'idée d'appeler eux-mêmes notre cher bataillon, le 7° *baladeur !* Moi qui l'ai vu au feu, je vous réponds que beaucoup de gens envieraient, à ce prix, un tel sobriquet. Je
raconterai plus tard quelques-unes de leurs plaisanteries ; ce livre, semi-sérieux, étant surtout l'histoire des
mobiles, aura sa partie anecdotique empruntée aux
souvenirs de notre campagne.

Pour commencer tout de suite, disons que ces enfants
terribles avaient trouvé dès les premiers jours le moyen
de critiquer, par une espièglerie, la parcimonie de l'administration militaire. On leur avait bien donné des
pantalons, des vestes, voire même des képis ; mais la
place du pompon soigneusement indiquée restait toujours vide ; aussi ne tarda-t-elle pas à être occupée, là
par une plume gigantesque, ici par une branche d'arbre, plus loin par un ornement en papier.

C'était peu militaire, mais le moyen de se fâcher ! Le
général lui-même fermait les yeux, en riant sous cape.
Il aurait peut-être mieux fait de demander quelques
jours d'arrêt pour M. l'intendant ; ce ne sont pas les
mobiles qui auraient protesté ; car il ne fut jamais leur
ami et ne l'est pas devenu plus tard, comme le prouvera la suite de cette histoire.

Puisque nous en sommes aux anecdotes, n'oublions
pas cette autre espièglerie qu'on n'aurait jamais soufferte
chez des conscrits de l'armée. Je la raconte en la blâ-
mant hautement, mais j'y trouve une preuve nouvelle

de cet esprit railleur qui frappe sans pitié tout ce qui prête à la critique. Je ne vous ferai pas, lecteur, l'injure de croire que vous ignorez ce qu'on entend par « sentir les coudes à droite ou à gauche »; je gage que, par ce temps de guerre, les femmes elles-mêmes me comprennent. Eh bien! si l'instructeur ne donne pas des explications claires et suffisantes, il arrive que le conscrit ahuri ne sait plus du tout de quel côté il faut sentir les coudes. Nos jeunes moqueurs avaient tourné la chose en plaisanterie et, allant tantôt à droite, tantôt à gauche, faisaient comme une sorte de navette qui désespérait l'instructeur. Ce dernier seul ne riait pas. Il est vrai que c'était alors un vieux soldat qui avait appris, à ses dépens peut-être, à ne pas rire sous les armes. Nous n'avions pas encore les instructeurs de la mobile.

Aujourd'hui, grâce à Dieu, la mobile se suffit à elle-même; le plan du maréchal Niel est complétement réalisé; nous avons là une seconde armée aussi nationale que la première et qui lui ressemble pour le courage et l'entrain.

Puisque nous sommes sur ce sujet, examinons rétrospectivement ce qui serait arrivé si la mobile eût été plus vieille de deux ou trois ans. Nous aurions eu à mettre en ligne, au commencement de la campagne, au moins 500.000 hommes de plus; ce qui, ajouté aux 300,000 hommes de l'armée active, eût fait un total de 800,000 soldats parfaitement en état d'écraser le million d'Allemands qui s'est rué sur la France. C'était bien là le projet patriotique du regretté maréchal Niel, et s'il ne l'a pas mis à exécution, ce n'est même pas à la fortune qu'il faut s'en prendre. De son vivant, le maréchal eût pu réaliser sa grande réforme, s'il n'eût rencontré l'opiniâtre résistance des gens de la vieille école. Je m'en souviens parfaitement; du temps même de sa première formation, la garde mobile était considérée comme un enfant mort-né, On consentait à la coucher sur le papier, voire même à la caserner ainsi formée, dans les cartons de la guerre, mais personne n'exécutait sérieusement la loi nouvelle, cette loi qui eût sauvé la France et l'Empire, sans les courtisans et les flatteurs qui perdent toujours les gouvernements personnels.

Le maréchal Niel avait fait, aux Chambres, un exposé de motifs vraiment remarquable, à propos de la loi du 1er février 1868. Il était complétement dans le vrai, le vieux système militaire était devenu faux, il fallait y renoncer.

Napoléon le sentait bien, mais disons tout de suite qu'après la première expérience du nouveau régime, il hésita entre le danger d'une armée insuffisante et celui d'une armée hostile à sa dynastie. La mobile n'avait pas, au début, la discipline militaire que lui ont donnée plusieurs mois de campagne. On raisonnait dans ses rangs ; elle n'était pas jugée suffisamment impérialiste, malgré les aigles qu'on avait eu soin de mettre sur ses boutons. De là des représentations faites par les courtisans de la couronne ; l'armée, qui voyait d'un mauvais œil grandir cette jeune rivale, ajoutait les conseils de son expérience à ceux des amis maladroits du régime tombé.

Dans tout cela, on le voit, la grosse question de la France n'était pas la principale, et c'est pourquoi la garde mobile a été sacrifiée et la France avec elle. Il aurait fallu faire alors ce qu'on a fait depuis sous la pression des événements. Il est probable qu'au lieu d'avoir assisté en vaincus au siége de Paris, nous serions entrés vainqueurs à Berlin, après deux mois de guerre. Ce n'était, grâce aux engins modernes, qu'une question d'hom mes, et partout, excepté sous les murs de Paris, nous avons été dix fois moins nombreux que nos ennemis. Il ne fallait pas une grande malice, ni un profond génie pour concevoir le plan du maréchal Niel; ce n'était qu'une affaire de bon sens. Je me souviens qu'à cette époque le commandant du 7ᵉ mobile, qui avait voyagé en Allemagne, exposait au ministre de la guerre de sages projets sur l'application de la landwher à notre régime militaire.

On parle quelquefois de la légèreté française, qui empêche de faire, chez nous, quoi que ce soit de sérieux; mais ce n'est pas la légèreté française qu'il faut accuser ici; c'est celle de nos hommes d'État endormis dans ce lit moelleux des cours, aussi incapables que vaniteux, aussi imprévoyants que téméraires, vivant d'expédients dans une fausse sécurité, et s'imaginant que parce qu'ils avaient habitué les Français à se contenter de grands mots vides de sens, ils tromperaient aussi aisément un implacable ennemi, qui était beaucoup mieux renseigné qu'eux sur leurs propres affaires. C'est de l'histoire que nous faisons et cette page n'est pas de trop dans le livre biographique du 7ᵉ mobile.

Ce bataillon marchait si parfaitement dès le début, il avait donné une preuve si éclatante de l'utilité de la nouvelle loi; on avait si peu de raisons pour suspendre une expérience qui donnait de si beaux résultats, l'esprit de cette jeune troupe était si excellent, qu'il y avait toute sorte de motifs pour continuer un essai déjà si satisfaisanᵗ. La jalousie seule, cette mesquine passion si répandue dans l'administration française, empêcha la garde mobile de se développer, et le bataillon *modèle* de justifier en quelques mois la salutaire réforme qui lui avait donné le jour. On ne saura jamais les résistances, les taquineries, les persécutions puériles et mesquines dont nous avons été victimes. Au lieu de nous faciliter les premiers pas dans la carrière militaire, on ne songeait qu'à nous dresser des piéges et des embûches. On ne voulait pas de notre succès; et aujourd'hui même, il a fallu les malheurs de la France pour nous faire accepter. Mais nous ne nous y trompons pas, on nous accepte pour nous donner toutes les charges qu'impose le patriotisme, avec l'arrière-pensée, bien arrêtée, de ne nous en laisser aucun des avantages. Nous reviendrons plus tard sur ce sujet; parlons, pour terminer ce chapitre, d'un homme qui a été le mauvais génie de la mobile, et dont la figure fait un singulier contraste avec celle du maréchal Niel. Le lecteur a deviné qu'il s'agit du maréchal Lebœuf.

Ce personnage, quoique ayant survécu à nos désastres, appartient à l'histoire, qui a le droit de le juger. Nous croyons qu'elle le condamnera et le rendra responsable des premières défaites que nous ayons eu à subir depuis Waterloo. C'est une tâche difficile que d'avoir à porter la parole contre un général malheureux, mais c'est un devoir pour l'historien. Un garde mobile a plus que personne le droit de revendiquer ce devoir, car l'administration du nouveau ministre avait rendu stérile l'œuvre patriotique de son prédécesseur, et si la guerre n'eût pas éclaté, il ne serait rien resté des quelques milliers d'hommes enrôlés, comme essai, dans la mobile, et des chefs qui les commandaient.

Qu'est-ce donc que le maréchal Lebœuf? A-t-on le droit d'accoler à son nom le triste mot de trahison? Non, s'il s'agit d'un pacte formel fait avec l'ennemi; l'or de Bismarck n'a jamais souillé cette main loyale de soldat. Rien dans la vie militaire du maréchal Lebœuf n'autorise ce soupçon. Cet officier supérieur avait de brillants états

1.

de service. C'était, je crois, un ancien élève de l'École polytechnique. Esprit distingué, caractère estimé, spécialité reconnue dans l'arme de l'artillerie; il y a là des titres respectables que les fautes politiques ne sauraient effacer. Tel brille au second rang qui s'éclipse au premier. Le caractère trop absolu des mathématiciens se prête mal d'ailleurs aux fluctuations inattendues de la vie politique. Cela posé, le maréchal ne saurait échapper aux reproches que l'on fera toujours à son administration. Il pourra peut-être s'en prendre à la Chambre, et surtout à la gauche, qui combattait les nouvelles réformes militaires, mais membre d'un ministère responsable, il reste lui-même responsable devant l'histoire. On lui reprochera toujours de ne pas s'être opposé à la guerre. En restant au pouvoir, il en a accepté toute la responsabilité.

Il savait très-bien, en effet, que l'armée française avait un effectif cinq ou six fois inférieur à celui de l'armée prussienne; que nos ennemis pouvaient mettre en ligne plus d'un million d'hommes, tandis qu'il ne nous était possible de leur opposer que trois cent mille hommes d'armée active et cinquante mille mobiles. Pourquoi donc avoir caché cette situation au pays et à celui qui le gouvernait? Pourquoi avoir prononcé devant les Chambres ces mots cruellement trompeurs : « Nous sommes prêts; en quinze jours, nous pouvons réunir une armée de cinq cent mille hommes! » Ou le maréchal le croyait, et alors il ne s'est pas rendu compte de notre situation militaire; ou il la connaissait, et il a sacrifié la France à un succès de tribun. Voilà à quel prix le maréchal a pu conserver quelques jours de plus un portefeuille qui nous a coûté si cher.

Vous savons bien qu'il répondra que les cinq cent

mille hommes annoncés par lui existaient en réalité ;
que jusqu'alors la France avait lutté contre les plus
grandes puissances du monde avec des armées beaucoup
moins nombreuses; que nul ne pouvait s'attendre à la
rapidité des victoires de la Prusse, qui sont venues nous
frapper comme des coups de foudre.

Cette défense est bien insuffisante ; n'avait-on pas sous
les yeux l'exemple récent de Sadowa? Ne savait-on pas
le chiffre énorme de l'armée allemande ? Ne connaissait-
on pas les traités militaires conclus par la Prusse avec les
États du Sud de l'Allemagne?

Ces traités n'avaient-ils pas été dénoncés au gouvernement par tous les journaux grands et petits. Non, la
faute est inexcusable; elle pèsera comme un poids écra-
sant sur la mémoire du maréchal Lebœuf. S'il parvient à
faire croire qu'il avait pris toutes les mesures nécessaires
pour mettre l'armée sur le pied de guerre, il ne parvien-
dra jamais à justifier l'abandon coupable de cette loi du
1er février 1868 qui avait créé la garde mobile.

Ce fut là encore une de ces lourdes fautes que les vrais
patriotes, en ces jours de deuil, ont le droit de blâmer
avec amertume.

Le ministre savait bien cependant, qu'en appliquant
la loi dont nous parlons, il avait facilement sous la main
cinq à six cent mille jeunes gens de vingt à vingt-cinq
ans pouvant former une seconde armée facile à réunir
et à exercer. Il savait très-bien qu'on pouvait avoir besoin de tout l'effectif de l'armée active et qu'il fallait
songer à organiser cette seconde armée destinée à rendre
disponible la première. Il n'ignorait pas qu'un mois ou
deux d'exercice étaient plus que suffisants pour préparer
cette jeune troupe, que les dépenses relatives à ce chapitre du budget étaient insignifiantes auprès du chiffre

énorme du budget de la guerre. Qu'a-t-on fait cependant ? Il est honteux d'avoir à le dire. On a réduit d'une manière parcimonieuse à un million et demi les cinq millions affectés à cette garde mobile dont on ne voulait plus. On a renvoyé dans leurs foyers, les jours d'exercice, ces jeunes soldats que l'on craignait de réunir ; les raisons politiques l'ont emporté sur la grande question de la défense nationale. Mais alors, pourquoi faisiez-vous la guerre ?

Le rôle qu'a joué la garde mobile donne le droit d'être sévère à l'égard de l'administration qui a privé la France de cette seconde armée qui fut plus tard notre dernière planche de salut. On ne le croira pas ; mais il est bon de le faire savoir à la postérité ; non-seulement la nouvelle administration qui succéda à celle du maréchal Niel, ne fit rien pour la garde mobile, mais encore elle fit tout pour la détruire. Nous avions reçu l'ordre de suspendre tout exercice, toute instruction des cadres. Notre uniforme était prohibé dans les rues ; l'incertitude planait sur nos destinées ; on parlait tout haut de nous laisser mourir lentement ; la solde minime des officiers allait être réduite à une indemnité dérisoire. A quoi bon, disait-on, payer des gens qui n'auront rien à faire ? Il était question de renvoyer tous les sous-officiers dans leurs foyers. Enfin, on nous avait repris nos fusils et nos sabres-baïonnettes. Et cela s'accomplissait à la veille d'une grande guerre à laquelle tout le monde s'attendait ! Voilà la vérité. Quel nom donner à une telle conduite ? L'histoire jugera. Quant à la mobile, elle est vengée aujourd'hui des accusations injustes portées contre elle. On l'a vue au feu, dans les places de guerre, dans les camps, et son attitude a montré tout ce qu'on pouvait attendre de cette jeune troupe qui eût sauvé l'Empire, s l'Empire avait eu confiance en elle. C'est une triste chose que de voir la politique personnelle diriger les destinées d'une grande nation. C'est à cette cause seule qu'il faut attribuer l'abandon dans lequel on a laissé la garde mobile. On avait peur que ces jeunes baïonnettes ne se retournassent contre le pouvoir. C'était une pensée aussi fausse qu'égoïste. La mobile n'avait pas de grandes sympathies pour le régime impérial, mais commandée par des chefs que l'empereur avait nommés, déjà disciplinée par deux mois d'exercice, elle avait appris à ne pas discuter sous les armes, et elle eut fait son devoir sans murmurer.

Telle fut l'œuvre de destruction accomplie sous l'administration du maréchal Lebœuf, œuvre qui a perdu la France, l'Empire et l'armée. La République, espérons-le, ne suivra pas ces tristes errements. Elle ne confiera pas à des mains inhabiles le commandement de ses armées, et faisant appel à tous ses enfants, elle ne leur demandera pas, à l'heure du combat, d'où ils viennent et ce qu'ils pensent au fond de leur cœur.

Il reste encore, malheureusement, beaucoup trop de fâcheuses traditions; mais la grande voix de la tempête que nous traversons fera taire ces notes discordantes, et le jour de la grande revanche éclairera une France nouvelle qui rappellera les beaux jours de l'ancienne France.

Au point où nous en sommes de notre récit, la guerre vient d'éclater, M. Émile Ollivier *a le cœur léger*, et Son Excellence le maréchal Lebœuf se déclare prêt à écraser l'armée allemande. La suite montrera ce qu'il faut penser de ces deux grands ministres.

CHAPITRE II

La guerre fut déclarée, comme chacun sait, le 16 juillet 1870. La loi qui nous appelait à l'activité porte la date
du 17 juillet de la même année. Chose étrange, nous
n'étions réunis au camp de Châlons, lieu de notre destination, que le 2 août. Quinze grands jours de perdus !
C'étaient les premiers fruits de cette intelligente administration dont nous avons dit quelques mots, à la fin
du chapitre précédent. Quelle n'était pas pourtant notre
impatience ? Chacun de nous s'attendait à recevoir en
vingt-quatre heures, un ordre de départ, non pas pour
Châlons, mais pour Metz ou Strasbourg. Il était si facile
alors de nous concentrer rapidement dans l'une de ces
places fortes !

Nous étions à Paris, en effectif réel, 15,000 hommes
prêts à marcher. Il fallait un jour pour nous habiller,

ce qu'on aurait pu faire sur plusieurs points à la fois ; un jour pour nous armer, et un autre pour nous transporter, par les voies rapides, jusqu'à la frontière.

Chacun de nos capitaines avait la liste exacte de tous ses hommes. Un appel fait par les journaux et placardé sur les murs de Paris était suffisant, comme l'expérience l'a démontré plus tard, pour réunir tous ces jeunes gens qui habitaient Paris. Nous aurions alors permis à notre armée active de marcher en avant, sans se préoccuper des places fortes, et le temps de notre séjour dans les villes eût été utilement employé à compléter notre instruction militaire. Pourquoi n'a-t-on pas fait tout cela ? Pourquoi nous a-t-on fait perdre dans l'inaction, quinze grandes journées qui ont paru des siècles à notre impatience patriotique ?

Ah ! comme je me rappelle les réflexions de mes camarades, qui se regardaient d'un air étonné, se demandant à quoi pensaient les grands chefs ? De quel aveuglement n'étaient-ils pas frappés, en effet, pour avoir perdu un temps si précieux qui n'a profité qu'à l'ennemi ! Chacun de nous courait chaque jour chez le commandant pour lui demander la date du départ. Il n'avait point d'ordres. Le ministre avait bien d'autres choses à faire que de penser à la mobile, et il y pensait si peu que, quand nous partîmes pour la guerre, on n'avait oublié qu'une chose, c'était de nous donner des armes. Nous sommes restés là, à Châlons, huit grands jours, à faire l'exercice les mains dans nos poches. Ce serait risible, si ce n'était navrant ! Enfin l'ordre de départ fut donné le 1er août. Nous nous dirigeâmes vers quatre heures, de la caserne de Latour-Maubourg, à la gare de la Villette, sur le quai des marchandises et des bestiaux. La veille nous étions allés deux fois, par une délicate attention, toucher notre premier pain de soldat, à la caserne de Lourcine, rue Mouffetard. C'était sans doute pour exercer nos jambes. Je ne puis croire que ce fût là une mesure de bonne administration, le pain que nous allions chercher partant le matin du quai de Billy.

Je me souviendrai toujours de ces promenades que j'ai faites en ma qualité d'officier de semaine. Quel tapage dans cette rue Mouffetard! Quels cris, quel désordre, quelle foule ameutée, à peine contenue par des centaines de sergents de ville! On n'entendait partout que le *Chant du Départ* se mêlant à *la Marseillaise* et aux cris, mille fois répétés de : « A Berlin! A bas Bismarck! ». J'eus beaucoup de peine, dans l'une de mes tournées, à pénétrer jusqu'à la caserne. J'escortais les fameux pains en question, grimpé sur une petite charrette, bien modeste équipage pour un homme gradé, et je fendais lentement la foule lorsque je fus apostrophé très-vertement par un officier de paix qui me barrait le passage. J'avais ma consigne et j'avançai quand même. J'ai remarqué, dans cette circonstance, le grand avantage qu'il y a à conserver son sang-froid en face de ceux qui perdent le leur. L'officier de paix céda et me fit des excuses. Le même désordre que j'avais constaté à la caserne de Lourcine présida à notre départ pour la gare. Je vois encore d'ici le colonel et le commandant à cheval, à la tête de notre colonne; nous étions à peine sortis du quartier de Latour-Maubourg que déjà amis et parents s'étaient glissés dans nos rangs, et quand nous parvînmes aux boulevards, en passant par la rue Royale, il était difficile de savoir au juste si l'on voyait passer un bataillon ou une manifestation populaire. C'était la procession la plus bigarrée qu'on ait pu voir; elle était composée de mobiles, de soldats, de bourgeois, d'hommes en blouse, de gamins ; les femmes y étaient en grand nombre et j'y ai remarqué jusqu'à des voitures. Cette colonne marcha ainsi une heure et demie durant, chantant les mêmes airs que j'avais entendus rue Mouffetard. La police se taisait; c'était l'Empereur, disait-on, qui avait donné le signal, en faisant chanter *la Marseillaise* à Saint-Cloud.

Singulier pronostic ! Je disais, à part moi : Tout cela sent la République ; mais je ne l'attendais, je dois l'avouer, qu'au retour de nos troupes victorieuses. En réalité, tout cela ne prouvait qu'une chose, la faiblesse, jusqu'alors habilement déguisée de l'Empire.

Après avoir bien chanté, bien bu, bien serré les mains des hommes du peuple qui nous accompagnaient, nous montâmes en wagon. Une caisse de première classe ayant été réservée aux officiers, j'y pris place et me trouvai en face de notre nouveau colonel ; je dis nouveau, car il n'y avait pas longtemps que nous nous trouvions faire partie d'un régiment de marche ; le 7e *baladeur* était alors le 1er bataillon du 3e régiment de la mobile. Le colonel s'appelait M. Valette. C'était un ancien officier de l'armée, ayant de brillants états de service et, ce qui ne gâte rien à la chose, c'était un homme aimable et bienveillant. Nous avons été heureux en fait de chefs et, il faut l'avouer, notre cher commandant nous avait donné le droit de nous montrer difficiles. Eh bien ! malgré cela, le nouveau colonel, homme de tact et d'esprit, trouva le moyen de se faire aimer ; il reconnut d'un coup d'œil les qualités solides de notre commandant et s'effaçant à propos, il ne froissa personne et sut bien remplir un rôle plein de difficultés. Je fis sa connaissance en chemin de fer ; la conversation commença par être froide, réservée et je dirai même guindée, comme il arrive toujours dans le militaire, quand un inférieur se trouve vis-à-vis de son supérieur et qu'il y a une grande différence entre les grades. Quelques attentions qu'un camarade et moi nous eûmes pour le colonel, nous attira très-vite une bienveillance naturelle chez lui. Nous lui offrîmes du cognac, dans une timbale à ressort, invention des marchands de Paris, du saucisson, du poulet, du jambon et jusqu'à du pain, qu'il coupa et mangea à l'aide d'une fourchette et d'un couteau sortis d'un étui microscopique, autre invention de notre industrie.

Le colonel, qui n'avait pas songé à se munir de vivres, fut enchanté de notre petite hospitalité. Il nous raconta ses souvenirs militaires, nous mit au courant de nos nouveaux devoirs, et je vous assure que nous étions tout oreilles, car nous avions beaucoup à apprendre, et ce n'était pas le feu sacré qui nous manquait. Pendant que nous devisions tranquillement dans notre wagon, les mobiles employaient leur temps d'une façon plus bruyante ; ce ne fut pendant toute la route que cris discordants et chants patriotiques. Ils sont un peu calmés aujourd'hui. C'est l'effet de plusieurs mois de campagne. Mais alors on n'en était qu'au début ; les amis et les parents avaient bien garni la bourse des voyageurs et abondamment fourni leurs sacs de vin et de provisions. Ce vacarme, qui dura toute la nuit, fut à peu près le seul incident du voyage. On arriva le lendemain de bonne heure à la gare du Petit-Mourmelon. Le bataillon se forma sur une route et se mit en marche dans la direction du camp, où nous arrivâmes au bout d'une bonne heure, non sans laisser quelques traînards à la suite. Nous trouvâmes six bataillons de la mobile de la Seine déjà installés avant nous. Ils formaient la haie pour nous voir passer, comme des touristes qui s'ennuient dans un

port de mer et qui montent sur la jetée, regardant avec
curiosité les bateaux chargés de nouveaux arrivants. I
faut avouer que le premier accueil de nos compatriotes ne
fut pas encourageant; on n'entendait de tous côtés que
ces mots désagréables : « On est très-mal ici, l'eau n'est
pas buvable, on n'a rien à manger, tout manque, même
la paille pour se coucher. » Vous jugez de l'effet que ces
paroles devaient produire sur des Parisiens nouvellement enrôlés. Mais ce fut bien autre chose, quand la
réalité leur apparut tout entière. On voyait, de chaque
côté de la route que nous suivions, plusieurs rangées de
tentes, en forme de pains de sucre, alignées comme les
arbres d'une allée. Sous ces tentes, il n'y avait absolument d'autre installation que la terre nue. « Allons ! disait chaque chef, telle compagnie, voici votre cantonnement ! » — « C'est là que nous allons coucher ! répondaient
les hommes. Eh bien ! et la paille ? » Ils ignoraient que
dans l'état militaire on ne doit jamais ni se plaindre ni
rien demander. La paille vint réglementairement, je me
hâte de le dire, mais enfin elle se fit attendre, et le moblot défiant commençait à n'y plus croire.

C'est égal, même après l'arrivée de la paille, la première soirée ne brilla pas par la folle gaîté des nouveaux
venus. En passant la tête à l'entrée de chaque tente, j'ai
vu plus d'une figure longue et plus d'un visage arrosé de
larmes. Il y avait entre autres un jeune homme à l'air
chétif qui faisait peine à voir. Deux grosses larmes glissaient lentement sur ses joues; dans sa douleur muette
il pensait sans doute à sa mère, aux doux soins qu'elle
lui donnait, au bon lit que le soir il retrouvait au foyer
domestique. Mais comme la nature a des ressources ! Tel
on voit un arbre battu par l'orage redevenir plus vert
après la tempête, tel fut ce jeune soldat, qui pleurait à la

première nuit passée au camp et qui chanta plus tard, robuste et vigoureux, sous les balles de l'ennemi.

La première impression due à une installation fort peu confortable, une fois effacée, et cela fut l'affaire de quarante-huit heures, on se casa, on s'organisa, et bientôt le camp du 7ᵉ ressembla, à s'y tromper, au camp d'un bataillon de zouaves. En effet, on dit qu'il y a du zouave dans le moblot parisien. Je ne veux pas faire injure aux zouaves, mais je crois plus juste de dire que si ces deux corps se ressemblent, c'est parce qu'il y a beaucoup de Parisiens chez les zouaves. Il fallait un grand fond de gaîté et de fameuses ressources dans l'esprit et le caractère pour s'arranger commodément dans ce camp où l'on manquait de tout.

Pour surcroît de malheur, un orage affreux vint troubler notre première nuit ; les tentes craquaient sous le vent, comme le grand mât d'un vaisseau ; la foudre grondait au-dessus de nos têtes et la pluie tombait à torrents. C'était peu fait pour préparer de jeunes citadins à la vie des camps, et si quelque chose m'étonne, c'est la résignation et la bonne humeur de nos soldats. J'avoue que moi, couché comme eux sous la tente, j'ai trouvé plus d'une fois ce gîte insuffisant et humide. Le lendemain de l'orage, tous les visages étaient radieux comme le ciel et le soleil d'août.

Les tentes étaient bien organisées ; les unes avec une certaine recherche, les autres avec soin, mais plus modestement. Il y avait, dans une tente, une rangée de lits de fer avec des matelas et des oreillers sortis de terre comme par enchantement. C'était la tente aristocratique. Le sergent-major, vieux soldat endurci, qui ne connaissait que le rang de taille et les escouades, me signala cette installation comme un abus qui devait disparaître.

Je me crois autant soldat que mon sergent-major ; mais j'avais sur l'état militaire d'autres idées que lui. Je pense que s'il vaut mieux avoir des lions couverts d'une peau d'âne que des ânes couverts d'une peau de lion, la peau d'âne n'est pas du tout nécessaire quand on a la rare fortune d'avoir des lions à mener au combat.

C'est un système absurde que d'étouffer l'intelligence des gens, en développant leur courage ; ces deux choses se tiennent, et s'il est vrai de dire qu'il y a des poltrons pleins d'intelligence, il n'est pas moins vrai d'ajouter que l'homme de cœur et d'esprit vaut deux fois mieux qu'un autre. Mes jeunes aristocrates gardèrent leurs lits de fer ; mais je m'occupai de leur éducation militaire ; je flattai leur amour-propre ; je leur fis comprendre tout ce que j'étais en droit de leur demander, et ces jeunes gens devinrent, les uns d'excellents sous-officiers ; les autres, au nombre de quatre, des officiers distingués dans plusieurs autres bataillons. Les derniers restés dans le rang apprirent graduellement à aimer jusqu'aux rigueurs de la discipline, et aujourd'hui, bien loin de leur supprimer leurs lits de fer, il faudrait peut-être les forcer à en avoir.

Les autres tentes n'étaient pas toutes aussi confortablement organisées, mais pourtant chacun s'était casé selon ses moyens et son caractère. On pouvait remarquer l'esprit de ces escouades improvisées, d'après les inscriptions tracées au charbon sur la toile des tentes. J'en ai recueilli quelques-unes que je veux relater ici, pour montrer que le Parisien est toujours un grand rieur. Il y avait : « Le petit Vatel. » — « La rue de Saarbruck, » ainsi nommée à la suite de cette fausse joie patriotique qui fut pour nous l'occasion d'une illumination non renouvelée depuis cette époque.

On était si sûr de vaincre, qu'on accueillait, sans le moindre doute, le bruit de ce premier succès bien vite compromis! Je dois dire, pour être fidèle à la vérité historique, qu'il y avait, dans la joie de nos moblots, une pensée de retour vers Paris. Ils voyaient déjà nos soldats à Berlin, et ils se voyaient eux-mêmes réinstallés au foyer domestique. Que voulez-vous? on ne devient pas soldat en quinze jours. La rue de Saarbruck expliquée, citons encore : « La Langouste atmosphérique,—le Retour de Paris, — la Tontine, — l'Hôtel de la Puce qui renifle, — les Gamins de Paris, — les Accoucheurs de madame la Gloire! — l'Hôtel des Locaux mobiles, — l'Hôtel des Crève-la-Faim, *salon des douze sans couverts!* » Oserais-je citer: « La Smala des Barbes à poux, » où l'on logeait à la corde, en avertissant les locataires, « qu'une mise négligée était de rigueur!» — J'écris un livre de souvenirs militaires et je prie le lecteur de ne point s'effaroucher de certaines expressions un peu crûes de la vie des camps. Il y avait encore : « Le Blaguing-club, — la Rigolade-street, — Côté des dames, côté des hommes.» — On y lisait les inscriptions suivantes : « Réparations de pipes et d'honneur. » — Un peu plus loin : « Ne sonnez pas! la clé est dans le plomb. »

Toutes ces plaisanteries d'un goût plus ou moins athénien, égayaient nos moblots et leur faisaient oublier les premières rigueurs du métier de soldat. Ils s'accoutumaient ainsi plus facilement à ne pas trop critiquer ce qu'on appelle *l'ordinaire,* en termes militaires. Cet ordinaire leur paraissait, au début, aussi dur à accepter que le régime des rations auquel il a bien fallu habituer nos Parisiens pendant le siége. Les officiers fermaient les yeux sur ces petites espiègleries qui ne faisaient point souffrir le service. Au surplus, ils étaient eux-mêmes fort occupés, et cette vie nouvelle était aussi pour eux un apprentissage difficile. Il y avait ce qu'on nomme *la semaine* et *le service en campagne*, choses nouvelles avec lesquelles il fallait se familiariser. Ce n'est pas une petite affaire que d'être *capitaine de semaine*, et je dirai, à l'honneur de mes collègues, qu'ils s'en sont tous très-bien tirés. Voyez-vous, d'ici, un homme du monde habitué à toutes les douceurs de la vie parisienne, obligé de se lever à quatre heures du matin pour surveiller les cuisiniers et assister aux distributions de pain, de viande et de légumes. Dans un régiment tout cela n'est pas une grande affaire, parce que chacun connaît son métier; chez nous, le capitaine avait la grosse besogne, nos cadres étant encore trop novices. Tout marcha donc bien, grâce aux officiers de semaine ; mais aussi que d'ennuis pour eux ! Je ne l'oublierai jamais. Je me rappelle encore un diable de cuisinier qui n'avait pas mis dans son vin l'eau dont il allongeait ses sauces, et qui légèrement ému, reçut fort mal les observations du capitaine de semaine. On fut obligé d'enfermer ce Vatel récalcitrant dans une tente transformée en salle de police. Il fallut des hommes armés pour contenir ses fureurs, auprès desquelles celles d'Ajax n'étaient qu'un jouet. Bref, le commandant intervint, et quinze jours de prison changèrent tellement ce moblot indocile, qu'il est devenu depuis, l'un des meilleurs soldats de sa compagnie. Vous le voyez, tout n'était pas rose dans le métier ; mais nous sommes loin de ce temps-là, et notre vie actuelle ne ressemble plus guère à celle de Châlons. Il nous en est resté quelque chose cependant ; c'est la facilité avec laquelle le 7ᵉ baladeur se disperse en dehors de son cantonnement. C'est ce qu'on appelle, en style moblot, *se tirer les pieds*. Aujourd'hui, l'on se tire les pieds vers Paris, comme alors vers le Grand-Mourmelon. Paris vaut mieux, au dire des moblots qui ont déjà oublié les plaisirs de ce petit village qu'ils appelaient assez drôlement *l'Amour Melon*.

On s'amusait bien, pourtant, au Grand-Mourmelon, appelé ainsi, par opposition au Petit-Mourmelon, autre village où se trouve la gare du chemin de fer. Jamais je n'ai vu plus grande réunion de militaires de toutes armes ; le plus triste était de rencontrer ces soldats déguenillés et démoralisés échappés à nos désastres. Ils n'encourageaient guère le patriotisme de nos moblots, et plus d'une fois nous fûmes obligés de leur imposer silence. Quant aux moblots, ils employaient les heures laissées libres par l'exercice à faire des promenades au Mourmelon. C'était le rendez-vous général des touristes du camp. On y buvait, on y dansait, on s'y baignait, et surtout on y mangeait mieux qu'à la cantine. Étrange village, prédestiné aux occupations militaires ! Car les Prussiens y vinrent à leur tour et il est probable (je le dis avec regret) que les houris de ce séjour plus ou moins enchanteur les auront accueillis avec autant d'empressement qu'elles en ont montré par nos moblots. Tant pis pour les Prussiens ! — Après la fausse joie de Saarbruck, nous eûmes encore le succès de Borny et les illuminations du 15 août. Ah ! elle ne fut pas brillante cette dernière fête de l'empereur ! Chacun sentait ce qu'il y avait dans l'air et les moblots avaient peu de lampions à leurs balcons. Comme il fallait bien faire quelque chose, il y eût une retraite aux flambeaux qui n'était à vrai dire qu'une occasion de s'amuser. Ces fêtes, plus bruyantes qu'enthousiastes nous ennuyaient bien, car elles se prolongeaient si avant dans la nuit, qu'on ne pouvait plus fermer l'œil, et on a besoin de sommeil quand, couché sous la tente, il faut se lever à quatre heures du matin. Nos journées, grâce à l'activité du commandant, étaient employées, soit à des exercices, soit à des promenades militaires.

L'exercice offrait peu d'attraits, car nous n'avions pas encore de fusils et les promenades militaires avaient au moins l'avantage de nous préparer à la marche, en nous faisant connaître le pays que nous habitions. Le commandant avait un cheval appelé *Porthos,* qui semblait tout fier de marcher à notre tête, et ce bel animal se détachait d'une façon toute pittoresque sur le fond vert des plaines du camp. Il fallait bien la distraction de ces promenades pour nous faire oublier les tribulations de notre nouvelle vie. La paille était rare et mouillée; pourtant c'était notre seule couche. La cuisine se faisait en plein vent et je vous assure que les parts n'étaient pas grosses. On se battait cependant pour les avoir. Quant au reste du service, il ne manquait pas que de laisser à désirer. Il y avait le chapitre des sergents-majors que je ne veux point passer sous silence.

Vieux soldats habitués à toutes les difficultés, à toutes les formalités, j'allais dire à toutes les ruses du métier, les sergents-majors étaient aussi redoutés des moblots que des officiers et des officiers que des moblots. Les livrets d'ordinaire étaient de tels grimoires qu'avant d'en avoir la clef, on n'y savait pas lire entre les lignes. De là mille réclamations de la part des hommes, mille ennuis pour les officiers. Le sergent-major est l'homme indispensable d'une compagnie. C'est lui qui prépare les feuilles d'appel, de prêt, de situation, etc..... c'est lui qui établit l'effectif et fait les mutations. Il y a avec l'intendance des rapports fréquents qui sont d'une grande

2

difficulté et qui peuvent amener de grands abus quand on n'y regarde pas de près. Le sergent-major est là pour veiller à tout cela. Quand il est honnête et scrupuleux, tout va bien et le capitaine peut dormir sur les deux oreilles. Mais quand le sergent-major veut abuser de sa position, celle du chef de la compagnie devient très-difficile et celle des hommes vraiment intolérable. On voit souvent dans les troupes de nouvelle formation de vieux soldats se présenter pour remplir ces fonctions délicates. C'est au chef à se défier de cet empressement où, le plus souvent, le patriotisme n'a aucune part. Attirés par un calcul odieux, mais juste, les postulants comptent sur l'inexpérience de tous ceux qui les entourent et se font une petite situation qu'on n'a pas toujours dans le civil. Nous ne pouvions pas être à l'abri de ces abus; nous en avons souffert cruellement à Châlons et plus tard à Saint-Maur, jusqu'au jour où nous avons pu prendre des sergents-majors dans les rangs des mobiles. Ces derniers n'avaient pas toute l'aptitude des premiers, mais du moins avec eux, les plaintes et les abus disparurent à notre grande satisfaction. Ce n'est pas que les moblots fussent très-malheureux au fond à Châlons. Ils avaient encore bien des écus dans leurs escarcelles et ne se refusaient aucune distraction, pas même celle du théâtre. Il y avait en effet un spectacle au front de bandière près du quartier-général. J'y ai entendu de fort jolies chansons, des facéties très-drôlatiques et même quelques romances classiques. Le moblot était le seul acteur de cette scène improvisée. Chaque soir on donnait une représentation fort courue du public de l'endroit. Le Parisien sait s'amuser partout et sa gaîté le suit en tout lieu. Nous aurons plusieurs fois l'occasion de parler de ces représentations qui s'organisaient rapidement dans chacun de nos cantonnements, avec la permission de l'autorité supérieure. Pour passer à un sujet plus grave, je dois dire qu'enfin l'on se décida à nous donner des fusils à tabatière. Cette arme a du bon; mais le moblot s'en défiait singulièrement. Il avait des préventions. Il faut dire qu'il se rappelait encore le chassepot de l'année précédente et quelle que soit la valeur du fusil à tabatière, quand on a tenu dans ses mains, un chassepot, on ne peut s'accommoder de cette autre arme, si lourde et si disgracieuse.

Puis, quel nom bien fait pour discréditer l'arme! — Fusil à tabatière! — N'est-ce point là l'engin des vieillards et des hommes qui prisent. Ce fusil n'eut aucun succès chez nous. Heureusement que nous ne l'avons gardé qu'à titre de dépôt, juste le temps nécessaire pour le rapporter à Paris.

C'est égal, quand on n'a eu que des bâtons pour toute arme pendant huit jours, on est bien fier d'avoir un fusil, même à tabatière! Il fallait voir avec quel orgueil les moblots, jusqu'alors désarmés, montaient leur faction. Gare à qui passait leurs lignes! Ils n'étaient pas commodes! Un officier d'état-major, tant soit peu étranger par la tournure, faillit en faire l'expérience à ses dépens. Il fut arrêté par nos hommes et aurait été quelque peu percé de coups de baïonnettes, sans l'intervention de notre commandant qui le connaissait.

Cet officier était M. Titre, homme charmant et instruit, mais qui avait la mauvaise chance de joindre à un accent particulier, une figure à l'allemande et une longue barbe rapportée d'Afrique. Ajoutez à cela qu'il courait à cheval dans le camp, sans crier gare, et en jetant partout le coup d'œil investigateur de l'officier d'ordonnance. Il était dans son rôle, mais il faut dire qu'on at-

tendait les uhlans depuis si longtemps, que l'imagination des moblots s'échauffait et qu'on en voyait partout,
quand il n'y en avait nulle part. Le moblot armé devint
féroce et dangereux. Les bataillons de banlieue, avec
leurs mauvaises plaisanteries, faillirent amener des rixes
fâcheuses. Ils venaient attaquer nos sentinelles et enva-
hir nos cantonnements. C'était chaque soir une alerte
nouvelle. L'humeur guerrière grandissait évidemment ;
elle se traduisit par un duel dans la première compagnie. Le maître d'armes y figura. Il y eut du sang versé,
pas beaucoup, je me hâte de le dire, mais assez pour un
baptême. — « C'est qu'on se tuerait tout de même à ce
jeu-là, » disait l'un des combattants, curieuse réflexion
que j'ai retenue au passage! On était très-éveillé, trop
même, car une nuit, me trouvant de garde, je fus obligé
d'intervenir pour ramener au logis une troupe de bon-
nets de coton armés jusqu'aux dents et qui avaient été
éveillés par une fausse alerte. De mauvais plaisants
d'autres bataillons, ivrognes attardés, avaient annoncé
les Prussiens! Vous jugez d'ici l'alerte des moblots. Chacun sortait de sa tente avec son costume de nuit ; c'était
grotesque et rassurant à la fois, pour l'entrain de la
jeune troupe. Il fallut pourtant les raisonner et leur dire
que les Prussiens étaient bien loin. Les mystificateurs
passèrent la nuit au poste. Ainsi finit cette mascarade
qui égaya tout le camp.

Mais en réalité, comme les Prussiens avançaient, on
nous fit déloger lestement de Châlons, en un jour fort
imprévu pour nous. L'ordre fut donné de nuit, et le lendemain nos hommes faisaient, pour la première fois,
une étape de dix lieues, l'étape du camp à Reims. — Je
m'en souviendrai toujours. — Malgré une halte où fut
servi un excellent dîner que découvrit notre comman-

dant, les moblots trouvaient; la course un peu longue, et quand ils arrivèrent à la gare de Reims, la plupart des hommes étaient à bout de force et de courage. Le chemin de fer leur parut une belle invention et s'il y avait eu quelques traînards sur la route, il n'y en eut plus à la gare. On rentrait à Paris! La vapeur ramenait au logis ces voyageurs qui avaient tous le mal du pays. Malgré les malheurs de la France, ils avaient, je rougis de le dire, une pointe de gaîté. Le clocher du grand village leur apparaissait à l'horizon et quand nous aperçûmes la gare de Nogent-sur-Marne, personne ne se fit prier pour rejoindre le camp de Saint-Maur, notre nouvelle destination.

2.

CHAPITRE III

Saint-Maur. — Nouvelle installation.— La redoute de la Gravelle.
—Pluie et misère.— Les chassepots de Vincennes.—Les promenades militaires à Charenton. — Les chants des mobiles. — Les
jambons de Mayence, chant de la 4e. — L'invasion des dames et
des parents. — Joinville-le-Pont et ses plaisirs. — Le théâtre
des moblots. — Le service intérieur. — L'exercice. — La cible.
— Nouvelle alerte nocturne.— Le quartier-général au Champ de
course. — Le départ pour le fort de Clamart-Châtillon.

Nous avions quitté le camp de Châlons le 18 août à
deux heures du soir; nous y laissions l'Empereur et sa
dernière armée, cette armée qui devait finir si triste-
ment à Sedan. Un fameux Conseil de guerre eut lieu au
quartier-général avant notre départ. Notre commandant
y assista en simple spectateur, car malheureusement il
n'avait pas voix délibérative au chapitre. Avec sa franchise habituelle il eût sans doute dit très-haut ce que les
courtisans ne savaient que taire. Dans ce Conseil de
guerre, on prévit le cas d'un siége de Paris et d'une retraite de l'armée sur cette capitale. Pourquoi ce plan ne
fut-il pas adopté? *Homines sicut sidera fata sua habent.*
Autre trait historique de ce Conseil! Ce fut dans cette
réunion que le prince Napoléon proposa, pour gouverneur de Paris, celui qui devait succéder à l'Empire,
comme pouvoir exécutif, le général Trochu. Quant aux
moblots, on n'en voulait à aucun prix : aussi les dirigeait-
Paris à grande vapeur ! On en était à se demander ce qu'on pourrait bien faire d'eux. On verra plus

tard comme la garde mobile eût pu tirer d'embarras ceux qui la jugeaient si mal.

L'arrivée à Saint-Maur fut assez joyeuse, le moblot revoyait, nous l'avons dit, le clocher du village. Pourtant le camp n'était guère préparé pour nous recevoir. Quelle boue et quel abandon! Nos Parisiens retrouvaient un camp bien moins confortable que celui de Châlons. On aurait pu croire que près de Paris ce camp vaudrait mieux qu'un autre. Il n'en était rien. La seule installation que nous y eûmes fut due à l'industrie de nos moblots.

Après quelques jours de résidence, ils avaient suppléé à tout ce qui leur manquait. On avait dû compter sur leur esprit inventif. L'administration n'avait fait pour eux aucun frais. Ce fut toujours une des singulières destinées du 7e mobile que de s'être constamment trouvé en présence des plus grandes difficultés, et de les avoir toujours surmontées. Autre lot non moins singulier du sort, c'est qu'après avoir vaincu toutes les difficultés, il lui a toujours fallu quitter au plus vite sa nouvelle installation.

Cet esprit créateur ne fut jamais ralenti par les obstacles, et la fortune ne s'est jamais lassée de le mettre à l'épreuve. Nous avons un aide-major aussi charmant que possible qui me disait un jour, à ce propos : « Quand je veux savoir si nous partons, j'organise mon ambulance, et le jour où l'organisation est complète, je suis sûr de recevoir l'ordre du départ. » Ainsi parlait le docteur Bourdon, et il disait vrai, si vrai, que nous avions fini tous par en faire la remarque, en plaisantant, chacun de notre côté.

A Saint-Maur l'installation ne fut jamais aussi bonne cependant qu'au camp de Châlons. Les officiers ne savaient où se loger. Quelques-uns seulement avaient des tentes ; les autres s'étaient réfugiés dans la redoute de la Gravelle, où les attendaient les persécutions du sous-officier, gardien du fort. Ce personnage, dont il était difficile d'apprécier le grade, car on ne le voyait jamais qu'en bourgeois, pour ne pas dire en pékin, ne se souciait guère de la redoute, puisqu'il ne s'y trouvait pas, quand nous nous y installâmes, mais son zèle se réveilla le jour où il pensa qu'il pouvait être désagréable à quelqu'un. Il ne tarda pas à nous fermer toutes les portes et et à nous enlever les quelques matelas qui nous servaient de lits. Il ne sut même pas accomplir cette petite persécution, avec cette politesse qui fait pardonner bien des choses. On eût dit qu'il se complaisait à être insolent envers des supérieurs d'un autre corps que le sien. C'est bien là ce sot esprit de jalousie qui a toujours gâté l'armée française.

Le *génie* a en horreur l'*artillerie,* qui ne peut à son tour souffrir la *ligne,* et cette dernière est fort mal avec la *cavalerie.* Harmonisez tout cela, si vous pouvez. La tâche n'est pas facile ! Notre gardien abusa de son pouvoir, au point de fâcher un jour le commandant, homme qui sait toujours se faire respecter. Ce jour-là notre persécuteur passa quelques heures au poste de la mobile. Cette petite aventure nous parut à tous une punition méritée et nous soulagea quelque peu le cœur et l'esprit. On quitta cette redoute où, du reste, nous habitions avec mille hôtes de l'espèce des insectes contre lesquels les rigueurs du féroce gardien auraient bien dû s'exercer. Nous couchâmes dès lors sous la tente, jusqu'à notre départ pour Châtillon.

La vie s'écoulait à Saint-Maur entre l'exercice, les courses à Paris, la visite des amis et des parents qui foisonnaient dans ce camp essentiellement parisien. Je dis parisien, car on y avait réuni, sous les ordres du général Berthaut, une véritable division formée des dix-huit bataillons de mobiles de la Seine. L'ensemble représentait à peu près 12 à 13,000 hommes, bien diminués, comme on voit, par de nombreuses désertions à l'intérieur. La désertion a toujours été le péché mignon du moblot de Paris. Peut-être n'a-t-on pas assez réprimé, dès le premier jour, cette tendance qui ne se modifia guère par la suite. Des exemples sévères eussent été nécessaires dès le principe, et l'arme tout entière y eût beaucoup gagné, en ordre et en discipline. Il fut toujours difficile de persuader à ces jeunes soldats qu'il leur était interdit d'aller visiter, pendant deux ou trois jours, leurs familles. Grâce à cette erreur trop accréditée dans leur esprit, on ne put jamais, à Saint-Maur, compter sur un effectif en rapport avec celui des contrôles. Cependant, comme il faut être juste, je dois dire que le moral de la jeune troupe était encore assez bon, puisqu'il a pu résister à l'épreuve d'un changement de gouvernement.

Le 4 septembre, la République venait d'être proclamée, et nos soldats pouvaient se croire affranchis du joug de la discipline. Il n'en fut rien. Rompus à la vie militaire, habitués à leurs chefs, ils restèrent ce qu'ils avaient été jusque-là, des soldats inexpérimentés mais animés d'un excellent esprit. On doit reconnaître que c'est une grande chose que la vie militaire, quand on peut voir plus de 10,000 jeunes gens de Paris, réunis dans un camp voisin de la capitale, accueillir, sans un acte de rébellion, la proclamation de la République. Nos moblots, même ceux de Belleville et des faubourgs, ne se rendirent coupables d'aucun acte d'indiscipline et restèrent sourds aux nombreuses et maladroites excitations qui leur venaient du dehors. Le général Trochu, qui les passa tous en revue, fut frappé de leur bonne attitude et dut concevoir un grand espoir pour le salut de la patrie. La République française fut accueillie avec calme et sans désordre. Il est vrai que cette nouvelle République fut tout d'abord sage et libérale. Tous les bons Français se sentirent à l'aise sous un drapeau où on lisait ces mots patriotiques : « Gouvernement de la défense nationale. »

Chose étrange et consolante, cette République n'amena pas plus de désordre parmi les soldats que parmi les citoyens. Nos moblots plantèrent quelques arbres de la liberté ; ce fut tout. Il ne leur vint pas à l'idée qu'ils pouvaient discuter des ordres donnés par des chefs que l'Empire avait nommés. Plus tard, même, comme on le verra dans le chapitre suivant, ils n'hésitèrent pas à ratifier par l'élection les choix du régime déchu. Ce n'est certes pas là ce qu'on peut appeler une troupe indisciplinée, et si la mobile eût été formée, comme à Paris, dans tout le reste de la France, les Prussiens ne seraient jamais venus sous les murs de Paris et nous serions peut-être allés, nous-mêmes, sous les murs de Berlin. Nous devenions de jour en jour davantage des soldats sérieux. L'autorité militaire cédant à nos légitimes désirs, remplaça nos fusils à tabatière par des chassepots, que nous allâmes chercher à Vincennes.

Pour la punition de mes péchés j'étais, depuis plusieurs semaines, capitaine-major, et en cette qualité je fus chargé de cette distribution d'armes. Je ne vous souhaite pas, lecteur, de devenir jamais capitaine-major. Quelle galère ! Quel luxe d'écritures ! Il faudrait avoir tous les cartons de l'étude d'un notaire de Paris pour y enfouir tous les papiers que l'on reçoit et les copies de ceux qu'on envoie à droite et à gauche. J'avais toujours

cru, pour ma part, que l'administration militaire était
d'une extrême simplicité. Je vous assure que je suis bien
revenu de cette erreur, et que je la considère aujour-
d'hui comme une administration tout aussi compliquée
que nos administrations civiles.

Quelque jour un grand ministre ou un grand général
comprenant que l'encombrement de tous ces papiers
jure avec la rapidité d'une armée par ce temps de chemins de fer et de télégraphes, voudra mettre bon ordre
à ces abus d'écritures. Pour ma part, j'appelle ce réfor-
mateur de tous mes vœux et je souhaite qu'il réussisse
dans ses utiles réformes.

Les moblots munis de chassepots n'étaient plus recon-
naissables. On voyait qu'ils avaient confiance dans l'arme
nouvelle et qu'ils n'attendaient qu'une occasion de s'en
servir. Pour commencer on les envoya à la cible, après
qu'on eût pu obtenir des cartouches, ce qui ne fut pas
sans difficulté. Le premier tir, très-remarquable, fut,
je regrette de le dire, le premier et le dernier de notre
séjour à Saint-Maur. C'était une fâcheuse lacune dans
l'éducation militaire de ces jeunes gens qui ne demandaient qu'à apprendre. S'il n'y avait eu encore que cette
faute de commise! Enfin notre vie se passait, tant bien
que mal, entre l'exercice, les promenades militaires et la
vie du camp. Cette dernière se partageait entre les appels
sur le front de bandière, les distributions de vivres et les
différentes sonneries de la journée. Les promenades militaires avaient lieu, tous les matins, sous les ordres de
notre cher commandant. Le magnifique Porthos marchait
plus que jamais fièrement à notre tête et semblait trouver ces excursions matinales tout aussi de son goût que
celles du camp de Châlons. Les moblots chantaient gaie-
ment en descendant les hauteurs de Charenton. Il y

avait surtout un air qu'ils affectionnaient : c'était la chanson de la 4ᵉ compagnie. On l'appelait les *Jambons de Mayence*. Ce n'était guère de saison! mais enfin nous n'avions pas perdu tout espoir de la chanter, dans l'enceinte de la forteresse allemande.

Signalons, en passant, un abus qui nous a ravi plus d'un soldat pendant la guerre actuelle. J'ai promis de n'en oublier aucun, dussé-je déplaire à bien des gens. Je tiendrai parole. La génération actuellement sous les drapeaux n'a pas produit, il s'en faut de beaucoup, seulement des volontaires pleins de patriotisme, comme ceux de la première République. Elle compte dans ses rangs bon nombre de jeunes gens qui n'ont de l'homme que le sexe, encore ne faudrait-il pas être trop affirmatif sur ce point. De là une véritable course au clocher de postulants qui fuient le drapeau et se glissent dans les administrations militaires, pour éviter les balles ennemies. Les ambulances ont trouvé dans ces pacifiques soldats, une foule de recrues qui ont singulièrement augmenté leur personnel. Comment a-t-on supporté cette désertion véritable de tant de jeunes gens âgés de vingt à vingt-cinq ans? Je l'ignore; mais je déplore ce fait que j'ai constaté plus d'une fois, avec un grand sentiment de tristesse. Il ne devrait y avoir, dans les ambulances, que des femmes ou des hommes hors d'état de porter les armes. C'est ainsi que je comprends le patriotisme. En faisant l'addition de tous les jeunes gens attachés aux ambulances, de tous ceux qui, à un titre quelconque, font ou ont fait partie des administrations nées de la guerre, on arrive à un chiffre tellement considérable qu'il diminue sensiblement l'effectif présent sous les drapeaux. Voilà comment un bataillon de 2,500 hommes se trouve réduit à 1,000 hommes. Qu'on s'étonne ensuite de notre infériorité numérique devant l'ennemi. Pauvre époque, pauvre génération, pauvre France !

Nos moblots, ceux qui restaient sous les tentes de Saint-Maur, avaient une grande ressource dans les distractions de Joinville-le-Pont. Cette petite ville, coquettement assise sur les bords de la Marne, était bien déserte depuis la guerre, et l'on ne rencontrait plus que des soldats ou des gardes mobiles dans ses rues. Mais si l'habitant avait disparu, le militaire y venait volontiers tous les jours. Entre les appels, nos moblots y allaient prendre le café ou chercher des provisions de bouche. Le soir, ils y trouvaient les plaisirs du café-concert et du théâtre. Ce n'était pas tout à fait la Comédie-Française ; mais à la guerre on n'est pas difficile, et il fallait voir avec quel enthousiasme on accueillait les quelques maritornes qui posaient en artistes sur les planches mal jointes de ces salles de spectacle improvisées.

Ces déesses au teint couperosé, aux allures masculines, avaient une foule d'adorateurs qui ne s'en tenaient pas à l'amour platonique. J'avoue que je n'ai jamais compris ce culte du guerrier pour le rebut de la plus belle moitié du genre humain !

Il y avait pourtant une exception à faire, pour une petite chanteuse, fraîche et timide, égarée au milieu de ces bacchantes. Fille d'un officier supérieur frappé par des revers de fortune, la jeune artiste errait, en chantant et en quêtant, par les rues de Joinville. Elle avait conservé, malgré les traces profondes laissées sur son visage par la souffrance, une distinction et un charme qui la faisaient remarquer. Son regard était doux et calme, quoique triste ; ses longs cheveux blonds tressés avec soin encadraient d'une façon poétique ce visage attristé par bien des larmes. Cette main qui tendait une

3

séLile destinée à recevoir l'aumône du passant, semblait plus faite pou saisir la main qu'on portait vers la mendiante et la garder non en suppliante, mais en personne habituée à commander aux autres. Pourtant la jeune fille restait déclassée en ce singulier séjour et je l'y ai rencontrée bien des fois, tout en plaignant son destin que je ne pouvais changer. Que sera-t-elle devenue en ce temps de deuil et de désolation? Une rose fanée de plus, peut-être? Je l'ignore. J'ai voulu, en passant, esquisser ce portrait de femme qui nous apparut un jour et nous laissa tous rêveurs et pensifs. Ce jour-là nous nous contentâmes de jeter à la chanteuse quelques pièces blanches, qui furent pour elle une bonne fortune de quelques jours. Puis on l'oublia. Ses larmes s'effacèrent dans le brouillard du lointain, comme ces mille tableaux saisissants que les yeux rencontrent à la guerre et dont le regard s'éloigne attiré par une impression plus émouvante et plus terrible. Dans les loisirs de la paix, dans les champs de la Grèce ou de l'Italie, les spectateurs attendris se seraient peut-être, comme les lutteurs des Olympiades ou comme les chevaliers des tournois, disputé la faveur d'un regard ou d'un sourire de cette belle jeune fille ! De chanteuse et de mendiante qu'elle était, elle serait peut-être devenue, en un instant, la reine du combat; au lieu de recevoir l'aumône, elle eût peut-être distribué des couronnes lyriques ou des rubans à ses couleurs, comme au moyen âge. Mais il n'en fut rien. Il n'y avait là ni la Grèce, ni l'Italie, ni le soleil du Midi, ni les chevaliers, ni les poètes de l'antiquité; il y avait la guerre et notre civilisation avec tout leur prosaïsme. La jeune fille chanta, partit, et le rêve fut fini.

Les moblots cependant se formaient; je me rappelle une certaine alerte nocturne qui prouva qu'ils ne dor-

maient que d'un œil et qu'on pouvait compter sur eux.
Les temps étaient critiques. On disait que Belleville descendait sur Saint-Maur; que les insurgés, pour ne pas
dire la canaille, accouraient au camp prendre les fusils
de la mobile. Si vous aviez vu la figure de nos moblots!
Ah! c'est qu'ils auraient défendu leurs fusils, comme on
défend une chose sacrée! Tout se résumait, en somme, à
quelques pillards échappés je ne sais d'où et qui erraient
en bande dans les plaines de Vincennes. Néanmoins, grâce
à ces drôles, le camp fut debout presque toute la nuit.
C'était chose curieuse et rassurante que de voir ces jeunes
soldats en armes, à deux heures du matin, formés en
rangs serrés et attendant en silence le moment de marcher.

J'ai compris ce jour-là que la mobile était sauvée! L'esprit de corps existait. Il n'y eut cependant rien de sérieux
et l'on en fut quitte, je ne dirai pas pour la peur, mais
pour un dérangement inutile. Le lendemain, les moblots
avaient dormi sur l'incident et il n'en fut plus question.
On parla alors de départ et l'on prépara la longue file
des voitures qui devaient emporter nos tentes. Je n'ai jamais bien compris pourquoi l'intendance nous faisait
transporter des tentes qu'elle devait nous reprendre plus
tard. Mais il y a des mystères qu'il ne faut pas sonder.
Toujours est-il que le 7e défila suivi de quelque chose
comme vingt-cinq à trente voitures. Combien fut diffé-
rent le retour à ce même Saint-Maur, dont nous parlerons plus tard et qui s'effectua avec trois ou quatre voitures seulement! Mais n'anticipons pas sur les événements. L'on partit pour un fort qui n'existait que sur la
carte, et qu'on nommait, en théorie, le fort de Châtillon,
pour ne pas dire de Clamart. Quel ne fut pas l'embarras
du commandant pour trouver ce fort, que la bataille de

Châtillon devait rendre célèbre quelques jours plus tard. Notre long convoi traversa ce Paris que les moblots regardaient d'un œil tendre, et se dirigea lentement vers Clamart, pour s'arrêter à un gracieux village nommé *la Tour de Crouy*, situé au-dessus de Châtillon. C'est là que commence véritablement l'histoire du 7ᵉ, car c'est là qu'il fit ses premières armes, comme nous le verrons dans le chapitre suivant.

CHAPITRE IV

L'arrivée à la Tour de Crouy fut assez pénible, car nous
n'avions aucune indication précise sur le lieu de notre
nouveau can'onnement; cependant on finit par se caser,
et cette fois les moblots étaient contents, car on les plaçait
dans des maisons. La nôtre, celle des officiers, était fort
belle. C'était un petit palais, avec écurie et remise, avec
balcon sur un jardin. Nous étions logés comme des princes.
Nous dormîmes le premier soir dans un salon, étendus
sur des matelas, ce qui était nouveau pour nous. Cependant la construction de la fameuse redoute de Clamart
continuait, lentement, il est vrai.

Des ouvriers civils, embauchés par le génie militaire,
faisaient sortir de terre ce fort qui existait depuis long-

temps sur la carte. Hélas! il ne fut pas prêt pour recevoir les Prussiens! C'est toujours la même histoire, dans le même pays! Ces lourds Allemands nous ont montré qu'on pouvait être plus leste que nous.

Les compagnies du 7e étaient logées dans de jolies maisons de campagne qui bordaient la rue de la Tour de Crony. Ce village abandonné sembla réveillé par notre présence. On y vit des marchands de vin, des cantines, etc., une foule d'habitants qui se rapatriaient, et les moblots foisonnaient chez eux, achetant des provisions de toute nature.

Faut-il l'avouer, cette position exceptionnelle de Clamart-Châtillon qui devait être plus tard, pour Paris, un épouvantail, entre les mains de l'ennemi, n'était gardée que par le 7e bataillon. Il est vrai qu'il gardait bien. Le lendemain de notre arrivée, le commandant qui veillait toujours, avait organisé des grand'gardes et des postes avancés. En voilà un soldat qui fait la vraie guerre! Grâce à lui, nous n'avons jamais été surpris, jamais été en défaut. Nous avions trois grand'gardes : l'une au *Moulin de la Galette,* sorte de pigeonnier flanqué d'une échoppe de marchand de vin, où il fallait, officiers et soldats, passer la nuit à veiller. Cela nous semblait dur, et pourtant c'était bien nécessaire. L'autre grand'garde n'était pas plus confortable; elle avait pour corps-de-garde une maison rouge à peine terminée, dont le rez-de-chaussée contenait aussi un marchand de vin. Ces commerçants sont les derniers à se retirer devant l'ennemi, parce que leurs soins sont toujours utiles. Il n'y a que la peur qui les éloigne et l'intérêt les retient, jusqu'à ce que la peur l'emporte sur l'intérêt. La Maison rouge avait un poste avancé, où je me souviens qu'on avait mis en dépôt des tonneaux de pétrole destiné à

l'incendie des bois de Clamart et de Meudon. Nous avions
à garder ces terribles engins qui n'ont guères servi, car
ces bois séculaires, aussi patriotes que nous, n'ont jamais
voulu prendre feu et déserter le sol natal qu'ils avaient
si longtemps embelli de leurs ombrages. Grande leçon
pour les hommes! La nature se révoltait contre l'invasion. C'était un prélude. L'homme de Paris imita ensuite
la nature. Il fit comme elle et fit bien. Le troisième
poste était placé sur le haut des coteaux de Clamart. Il
fut supprimé, car il ne défendait rien et fatiguait les
hommes. Ces grand'gardes furent une bonne école pour
nos moblots; c'était un commencement d'éducation militaire que nous devons encore au commandant de Vernon.

Riche et belle nature, ce soldat savait se faire aimer,
malgré quelques orages qui grondaient parfois autour
de ses paroles. Il était bon jusque dans sa sévérité. On
sentait l'homme de guerre sous le vernis de l'homme du
monde. Le sang généreux d'un cœur trop plein l'emportait quelquefois avec fracas, plus loin qu'il n'eût voulu
lui-même; mais peut-on se contenir quand, essayant
une œuvre difficile, on voit parfois les éléments dont on
dispose, s'échapper de ses mains! Soyez indulgents pour
nous, hommes de la vie civile qui me lirez! Le soldat a
souvent besoin de la colère pour se faire obéir, et la
colère n'est la plupart du temps qu'une protestation d'un
noble cœur contre l'incapacité ou la mollesse de ceux
qu'il commande. Pour ma part j'excuserai toujours un
chef qui s'emporte, même mal à propos, parce que je
comprends ce que doivent lui faire souffrir certaines
natures incomplètes chez lesquelles on ne peut jamais
réveiller le sentiment de l'honneur et du devoir. Ce que
je pardonnerais moins, ce serait le calme froid de l'in-
différence chez celui qui, chargé de diriger le vaisseau,

le verrait sombrer d'un œil sec, en disant : « J'ai fait tout
ce que j'ai pu, que les destinées s'accomplissent ! » Un
vrai soldat ne tient jamais ce langage, et quand il échoue,
c'est qu'il est tombé sur le champ de bataille.

Châtillon fut, pour nos moblots, un séjour de délices,
à côté de Châlons et de Saint-Maur. La saison n'était
pas rigoureuse encore : c'était septembre qui éclairait ces
riches coteaux de ses lueurs poétiques. Rien ne manquait.
On en était aux premiers jours du siége. Le moblot avait
tout en abondance, et le beau sexe, essentiellement
nomade et voyageur, venait ajouter les charmes de sa
présence à ceux de la belle nature qu'il nous était donné
de contempler.

Quel délicieux séjour que Châtillon à l'automne !
Comme les vallons de Fontenay et de Châtenay sont
embaumés de mille parfums ! Quel paradis et dans quel
moment l'avons-nous connu ! Nous foulions du pied ces
plate-bandes de roses et de violettes qui auraient fai
l'ornement d'un square de la capitale. Nous parcourions,
en les regardant à peine, ces jardins enchanteurs qui
font de ce pays un véritable Éden, et notre unique
pensée était d'y chercher quelques légumes pour notre
nourriture ou quelques morceaux de bois pour notre
chauffage. Comme la guerre rend indifférent pour tout
ce qui ne trouve pas place dans son grand cadre !

La nature n'apparait plus, avec tous ses charmes, que
comme une belle femme que son amant oublie ou repousse presque brutalement, si elle intervient dans quelque querelle où l'honneur parle seul et qui demande,
comme réparation de l'injure reçue, l'effusion du sang.
Rien n'était beau, cependant, comme ces bois de Clamart,
de Meudon, de Robinson, comme ces vallons qui entourent de leurs replis tortueux la maison Hachette, cette

position stratégique qu'on n'a pas su garder, malgré les rapports et les notes fournis par nos chefs de grand'-garde.

Je n'oublierai jamais la poésie de ce pays charmant, et je dois dire que les environs de Paris, quoique fort éprouvés par la guerre, ont encore conservé quelque chose de leur charme d'autrefois.

Le sillon tracé, sur ce sol béni, par le char d'où cette divinité cruelle qu'on nomme la guerre a frappé ses coups les plus terribles, ce sillon, quoique profond, ne m'apparaît encore que comme la cicatrice qui rend plus mâle le visage frais d'un beau jeune homme.

Paris, ville des fleurs, des arbres, des plaisirs doux, oh! mon Paris! on a cru t'ensevelir dans un tombeau, tout sanglant et découronné; grâce à ta valeur, tu es resté debout, assis sur le marbre de ce tombeau; les fleurs sont tombées de tes mains, comme le rire de tes lèvres joyeuses; mais cette même main qui savait manier la lyre poétique et qui charmait les peuples, a saisi le glaive du guerrier et tu t'es relevé plus grand que jamais.

On voit à ton front une cicatrice sanglante, mais c'est une couronne que t'envient les martyrs et qu'aucune révolution ne fera tomber de ta tête. La ville des fleurs s'est réveillée de son doux sommeil; de ses jardins où l'amour et les travaux de la paix troublaient seuls les échos d'alentour, de ces jardins poétiques sont sorties des légions de soldats.

Ces bras qui façonnaient des ornements de luxe pour les peuples étrangers, ont fait des canons et des fusils destinés à venger la patrie. Les femmes elles-mêmes, dont les doigts délicats n'étaient employés qu'à ces fins ouvrages de l'art qui font l'admiration des siècles, les

3.

femmes maniaient avec intrépidité les engins les plus des-
tructeurs, et ces mains faites pour répandre la paix, l'a-
mour et la vie, ont fait naître sous leurs doigts empressés mille instruments de mort. Tel est notre Paris!
Tremblez! barbares qui ne croyez qu'à la force. Le génie
qui nous inspire peut la dérober à votre bras victorieux, comme autrefois un héros audacieux ravit la foudre au dieu de l'Olympe.

Nos moblots commençaient à comprendre la nécessité
des grand'gardes et leurs sentinelles veillaient scrupu-
leusement au salut du bataillon. Gare aux étrangers qui
traversaient nos lignes! Personne ne passait sans avoir le
mot de ralliement. Avec de pareilles troupes on n'aura
jamais à craindre les surprises dont nos armées ont tant
de fois été victimes. Il fallait voir, à la Maison rouge et
au Moulin de la Galette, comme nos officiers veillaient,
comme les patrouilles circulaient avec prudence et intelligence. Comme les postes étaient bien choisis! Un vaste
cordon de soldats défendait nos lignes de l'approche de
l'ennemi. Nous gardions ainsi, non-seulement le plateau
de Châtillon, mais tous les environs, à une lieue à la
ronde. Nos grand'gardes allaient d'un côté jusqu'à la
route de Choisy, et de l'autre jusqu'auprès du Petit-Bicêtre. Ces deux points avaient une grande importance,
démontrée plus tard par le combat de Châtillon. C'était
le chemin stratégique que devait suivre l'armée prussienne dans sa marche sur Versailles. On ne me croira
pas quand je dirai que nous l'avons occupé et défendu
seuls vingt-quatre heures avant l'arrivée de l'ennemi.
Pendant cette veille pas un éclaireur ne s'est glissé du
camp ennemi dans nos lignes.

Il y aurait un travail utile à faire, au point de vue militaire, sur les grand'gardes et les postes avancés. En

France, on a trop oublié l'art de la guerre. Les ennemis savent mieux que nous se servir des bonnes traditions militaires. Ils sont si bien gardés qu'il nous est presque toujours impossible de savoir où sont leurs forces principales, et quel nombre de soldats elles représentent.

J'ai remarqué dans cette guerre, que l'ennemi avait un grand respect pour nos grand'gardes, et qu'il ne les attaquait presque jamais qu'au moment d'une action décisive. Il est présumable que, de même que les siennes nous cachent sa véritable situation, les nôtres le laissent dans une incertitude dont il ne juge pas prudent de sortir. On pourrait même ajouter que comme nous n'avons pas l'habitude de nous garder, en le faisant sur certains points, nous le rendons encore plus circonspect par l'étonnement que nous lui causons. Avec deux ou trois sentinelles placées à propos, on garde mieux un bataillon qu'avec une troupe d'hommes mal disposés et faciles à enlever. Les quelques sentinelles que vous placez à vos avancées ne paraissent pas à l'ennemi un obstacle suffisant pour le décider à une attaque sérieuse, et s'il s'y résout, des hommes isolés peuvent toujours dissimuler leur retraite sans compromettre le corps qu'ils rejoignent, et auquel, au contraire, ils vont porter un avertissement salutaire. Ce système est excellent à la guerre, et grâce à lui, il est certain qu'un chef habile, qui a dans les mains des soldats lestes et audacieux, peut jeter un regard scrutateur jusque dans le camp ennemi sans compromettre ses positions. Les moblots le savent aussi bien que les Prussiens.

J'aurai plus tard l'occasion de revenir sur cette théorie, qui explique l'investissement de Paris et l'ignorance où nous sommes restés pendant le siége, au sujet des forces de l'ennemi et des positions qu'elles occupaient.

Cette vigilance des grand'gardes a de grands avantages ; elle évite les surprises, elle prépare les attaques que l'on médite, et c'est aussi une surveillance utile qui chasse loin du camp les espions de l'ennemi. J'en donnerai pour exemple, entre mille, une maison suspecte qui fut occupée par nous dans le village de Châtenay. C'était une auberge mal famée dont l'enseigne portait ces mots : *Au Vieux-Robinson.* Ce restaurant paraissait inhabité. Nous y remarquâmes d'abord des traces d'habitation récente ; puis nous entendîmes des bruits de voix humaines. La maison fut fouillée par nous et amena la découverte d'un certain nombre de kilos de poudre, d'une installation qui paraissait destinée à une troupe qu'on attendait, et de personnages assez suspects pour être immédiatement arrêtés.

Notre perquisition sauva peut-être le bataillon d'une surprise. Plût à Dieu qu'on eût toujours tenu aussi bien compte de nos observations ! Nous avions signalé et remarqué les deux positions exceptionnelles de la maison Hachette et du Petit-Bicêtre, points qu'il fallait occuper en forces et qui eussent été infranchissables pour l'armée ennemie. De la maison Hachette on dominait le pays à cinq lieues à la ronde et une batterie eût balayé toutes les routes en les rendant inabordables. Le Petit-Bicêtre, que nous trouvâmes gardé seulement par quatre gendarmes, était la bifurcation de quatre routes qui furent bien vite occupées, quelques jours plus tard, par les Prussiens. Voilà à quoi servent les grand'gardes. Les nôtres auraient pu, grâce à leurs indications, dont on ne tint pas compte, retarder ou empêcher le combat de Châtillon, qui eut lieu lorsque nous eûmes abandonné ces postes importants.

Après avoir parlé de l'utilité des grand'gardes, je veux

en faire connaître la physionomie au lecteur. C'est un
spectacle curieux dont on ne se rend bien compte que
lorsqu'on y a assisté. Parlons de celle de Châtenay, assurément la plus exposée, puisqu'elle était à près de
trois kilomètres du cantonnement et située sur le passage de l'armée ennemie. Figurez-vous nos moblots arrivant pour coucher et veiller vingt-quatre heures dans un
village abandonné, et s'y garder en bien petit nombre
contre les incursions possibles d'une armée envahis-
sante! Il fallait songer à la fois à sa sécurité personnelle,
à son installation, à l'organisation d'un repas que nos
cuisiniers avaient négligé de nous préparer au moment
du départ. En somme, c'étaient beaucoup de choses à la
fois. Eh bien! tout fut réglé pour le mieux; les officiers
se chargèrent du placement des sentinelles, c'est-à-dire
de la question de sécurité, les hommes se partagèrent
le reste de la besogne : les uns disposèrent les chambrées aussi convenablement que pouvait le permettre un
séjour qui devait être fort passager; les autres préparè-
rent le dîner, et pour un observateur, ce n'eût pas été le
côté le moins curieux de la grand'garde. En un clin
d'œil, il y avait dans les marmites deux poules, deux lapins, des oignons, des choux, etc... Un vrai dîner de
ménagère en temps de paix. Où les moblots avaient-ils
trouvé ces victuailles? C'est un secret de maraudeur qu'il
ne faut pas chercher à pénétrer, car il couvre un des
côtés faibles de la vie du soldat en campagne; je veux
parler de la facilité avec laquelle il vit sur le bien d'au-
trui. Les chefs punissent bien quelquefois ces tours habiles qui, en temps ordinaire, vous conduisent un homme
en police correctionnelle; mais le moyen de se fâcher,
quand on a affaire à des hommes qui manquent de tout
et que d'ailleurs on n'a pas pris le coupable sur le fait!
Il ne faut pas croire cependant que nos moblots ne vi-

vaient que de rapines! Des habitants généreux et véritablement patriotes sont venus souvent au secours de ces défenseurs du sol. Honneur à ces braves gens qui compatirent aux souffrances du soldat, et honte à ceux qui se sont vengés de quelques larcins regrettables, mais peu nombreux, en poursuivant de leurs dénonciations exagérées de jeunes soldats dont on pouvait briser l'avenir! Ces habitants, tout spoliés qu'ils fussent, étaient souvent peu intéressants, car ils gardaient, pour le vendre à l'ennemi, ce qu'ils refusaient de donner à leurs compatriotes. Il y a eu des abus fâcheux pendant cette guerre, je le reconnais, mais il faut surtout les attribuer à deux causes : la première, à l'abandon trop rapide des propriétés sous l'influence d'une terreur qui était au moins prématurée, et en second lieu, au peu d'empressement mis par l'habitant à venir en aide aux soldats logés chez lui. Je ne dirai pas cela assurément pour ce bon curé de Châtenay, qui régala notre 5ᵉ compagnie un jour de grand'garde, en lui offrant quelques bouteilles d'excellent vin. Un paysan, qui ne voulut pas rester en retard, se montra, un autre jour, aussi généreux que son curé. Voilà de braves gens que le soldat respectera toujours et dont on regrette de ne pas savoir les noms, pour les proposer comme des exemples honorables de désintéressement et de patriotisme. Si vous riez de mon enthousiasme, lecteur, je vous répondrai que vous n'avez pas connu la guerre et ses rigueurs.

Le seul incident curieux de nos grand'gardes était ordinairement la ronde faite par les cent-gardes de l'empereur, dernier débris d'une troupe aussi irréprochable par le courage que par la tenue ; ils m'ont toujours paru fort aventurés sur cette route où l'on attendait les Prussiens. Ils ont eu vraiment de la chance qu'une sentinelle avancée ne se soit pas trompée en tirant sur eux ou sur leurs magnifiques chevaux. Le danger était d'autant plus réel, qu'une sentinelle de la 1re compagnie affirma avoir blessé un uhlan dont on n'a jamais retrouvé la trace dans Châtenay. Les camarades, jaloux de ce premier succès, ont bien dit que le fameux uhlan était un cuirassier français ou un dragon de l'Impératrice! Mais c'est un propos méchant qui n'a jamais été prouvé. Toujours est-il que l'on tirait sur les cavaliers à notre grand'garde, et les cent-gardes, mêlés à des gendarmes, à des dragons, à des cuirassiers, voire même à des lanciers, formaient une cavalerie si bizarre que des yeux exercés auraient pu s'y tromper. Il n'arriva pourtant pas d'autre malheur, et l'on n'eut à constater que deux alertes, dont l'une fit lever tout le camp du 7e mobile. Je m'en souviendrai toujours, car nous passâmes une bien mauvaise nuit. Il faisait très-froid, et nos hommes restèrent déployés en tirailleurs depuis minuit jusqu'à l'aurore. Cette alerte était due à l'apparition de quelques cavaliers que les grand'gardes avaient entendu galoper sur la route de Choisy. De là des coups de feu et un signal à l'aide d'une torche enflammée qu'on agita du haut de la tour de la maison Hachette.

Un branle-bas général succéda à ce cri d'alarme et tout le bataillon fut sur pied pendant quatre ou cinq heures. C'était la troisième alerte que nous avions à subir depuis Châlons. Elle fut encore mieux supportée que les deux précédentes, et j'ai constaté, avec satisfaction, que le moral des moblots se formait tous les jours davantage. Il y avait bien encore quelques sentinelles inexpérimentées qui jetaient leurs coups de fusil sans trop réfléchir et se repliaient sous l'impression mal définie d'un danger imaginaire. J'ai bien ri, pour ma part, un soir, à l'une de nos veillées de poste avancé. Quatre sentinelles

gardaient un parc dénoncé comme suspect, bien à tort
probablement; un bruit étrange, inexpliqué, se fit entendre; un coup de feu suivit ce bruit, puis un second, puis
un troisième, puis enfin un quatrième et dernier. Nous
vîmes alors accourir vers le poste, les quatre sentinelles
qui se présentèrent à nous, dans un état de démoralisation bien piteux, mais qui n'excita que nos rires. Ce fut
le châtiment de cette poltronnerie d'un instant. Les sentinelles reprirent leur faction, et depuis cette époque
elles n'eurent pas plus l'envie de tirer un coup de feu in-
considérément que de s'effrayer des fantômes de leur
imagination.

Nous en étions là de nos grand'gardes et de nos
avant-postes, lorsque le 18, on nous fit partir pour le
bois de Clamart, en nous annonçant que nous y reste-
rions campés plusieurs jours. Nous n'y passâmes qu'un
jour et une nuit. Le jour fut employé à organiser de
nouvelles grand'gardes qui s'étendaient dans tout le
bois. Je vous assure que l'ennemi n'eût pas facilement
pénétré dans nos lignes. La nuit, nous dormîmes dans
des gourbis improvisés à la hâte, d'après les conseils du
commandant qui était notre guide ordinaire.

Les moblots supportèrent assez bien cette première
épreuve de la vie de campagne; mais je leur reprocherai
toujours le bruit qu'ils faisaient malgré nos recomman-
dations. Impossible de les faire taire! Impossible également de les obliger à se ranger par escouades et par
compagnies dans leurs gourbis. Ils ne comprenaient pas
encore le grand intérêt qu'il y a à ne pas se séparer des
camarades auprès desquels on doit combattre. Le moblot
a conservé de la vie civile, l'esprit de coterie qui est re-
belle à la vie militaire. Il veut se trouver avec tel ou tel
camarade et non avec tel autre. De là une très-grande

difficulté à réunir les escouades autour de leurs caporaux.
Aujourd'hui, encore, après six mois de campagne, on a
bien de la peine à obtenir ce résultat. On le sent, la caserne leur a manqué. Il fallait commencer par là leur
éducation militaire. C'est un vice primordial dont ils
souffrent et dont ils souffriront longtemps, que ce premier laissez-aller qui présida à leur formation.

Quoi qu'il en soit, à trois heures du matin, le 19 septembre, on rassembla les hommes du 7ᵉ mobile et on les
fit défiler en silence à travers bois, jusque sur le plateau
de Châtillon où ils devaient prendre leur place de bataille. Ce fut en effet, ce qu'on pourrait appeler la première journée de Châtillon, car ce lieu a été célèbre par
plus d'un combat. Le général Ducrot, commandant en
chef, avait réuni autour de nous une trentaine de mille
hommes disposés : la droite au bois de Clamart, le centre devant la redoute et la gauche derrière les bois du
Plessis-Piquet. La droite et la gauche se composaient de
mobiles et d'infanterie de ligne. Au centre, il y avait
une nombreuse artillerie derrière laquelle était massée
une division de cavalerie de réserve. Le plateau de Châtillon est si connu que je n'en fais pas la description ;
cependant je dirai pour plus de clarté que la redoute
avait à sa droite Clamart et Meudon ; en face d'elle, la
vallée de la Bièvre, le Petit-Bicêtre et la route de Choisy
à Versailles ; à sa gauche les bois de Verrières, du Plessis-Piquet, la maison Hachette, la vallée de Sceaux et de
Châtenay, enfin une partie de la route dont nous venons
de parler.

Je crois qu'à l'origine, la mobile et les zouaves devaient agir dans les bois de Clamart, l'artillerie sur le
plateau, et la ligne tout-à-fait sur la gauche, au Plessis-
Piquet. Bientôt ce mouvement se modifia et nous mar-

châmes par divisions, sur plusieurs lignes de profondeur, jusqu'à la route qui conduit à Meudon, par les bois de Val-Fleury.

Là il y eut un temps d'arrêt dû au retard causé par les zouaves qui se faisaient attendre. On envoya la 5e compagnie du 7e à leur rencontre et cette compagnie se déploya en tirailleurs, sur la route qu'ils devaient prendre. Ils arrivèrent enfin, je les vis défiler; mais quelle déception! Leur procession peu militaire annonçait déjà ce que serait leur départ du champ de bataille. Quelle débandade! Je n'ai jamais rien vu de pareil. Heureusement pour la 5e compagnie que quand ce singulier défilé fut terminé, ne trouvant plus de position convenable pour elle, placée qu'elle était entre une ligne de zouaves devant elle et une ligne d'infanterie derrière elle, je la reconduisis auprès de son bataillon où était sa vraie place de bataille. Sans cette précaution, la pauvre 5e eût été entraînée peut-être dans la déroute des zouaves qui fut la cause principale du mouvement de retraite par lequel se termina cette journée. Lorsque nous eûmes rejoint le bataillon, nous nous aperçûmes que la 1re compagnie, celle du capitaine Denis de Rivoire, avait été déployée en tirailleurs, en avant de la ligne de bataille, et qu'elle avait délogé d'une briqueterie située sur la route du Petit-Bicêtre, les tirailleurs ennemis. L'attitude de cette compagnie fut très-bonne et fit honneur à celui qui la commandait. Une fois la briqueterie évacuée par l'ennemi, le commandant, que je vois d'ici à cheval sur Porthos, s'avança résolûment en avant des lignes et, armé seulement de sa lorgnette, plaça lui-même et fit pointer sous ses yeux, la première pièce d'une batterie d'artillerie qui nous accompagnait. Elle dirigea contre les masses prussiennes cachées dans les bois de la vallée de la Biè-

vre, un feu si meurtrier, qu'on a attribué à ce premier
tir si heureux, tout l'avantage que notre artillerie obtint
alors sur l'artillerie prussienne. Ce fait est très-intéres-
sant à relater, car ce premier combat de Châtillon n'a
été véritablement qu'un combat d'artillerie auquel nous
avons assisté l'arme au bras et sous une grêle de boulets
et de balles. On estimait alors les pertes de l'ennemi à
10,000 hommes hors de combat. Quant aux nôtres, n'é-
tait la déroute des zouaves à notre droite, elles eussent
été insignifiantes. Ce combat d'artillerie, engagé vers le
matin, dura avec une grande vigueur jusqu'à près de
onze heures. Nous traversâmes alors le plateau, et le 7ᵉ
se logea dans la fameuse briqueterie, tout prêt à se lancer
en tirailleurs, sur l'ennemi, au moindre signal. Pour la
première fois qu'ils voyaient le feu, nos moblots furent
vraiment admirables, et ils ont bien répondu à l'appel
que leur faisait un général au commencement de cette
journée. On leur avait dit qu'on les faisait marcher pour
donner du cœur à la ligne. Je ne change pas une syllabe
à ce propos qui m'a été répété sur le champ de bataille,
dans les termes un peu crûs où je l'exprime. Eh bien ! la
mobile, je le dis hautement, s'est conduite de manière à
donner du cœur à tout le monde, et elle a été la dernière
à quitter ce plateau que nous eussions gardé, sans la fuite
incompréhensible des soldats placés à notre aile droite.
Ce n'était pourtant pas fort agréable pour des conscrits,
que de rester plus de deux heures exposés, sans défense,
au feu de l'ennemi. Ils ont montré dans cette journée le
courage le plus difficile à la guerre, celui qui consiste
à attendre froidement la mort, pour ne pas abandonner
un poste où l'on doit rester sans combattre. Bien des soldats aguerris n'ont pas ce courage.

Aussi le général Ducrot leur a-t-il dit, en passant près

d'eux, à la fin de la journée : « Messieurs, je vous félicite de votre bonne attitude ! » Elle fut excellente en effet. Mais l'honneur en revient aussi à notre chef et à mes camarades.

Le commandant de Vernou s'est montré, dans cette occasion comme ailleurs, aussi habile que brave, habile en dirigeant le feu de l'artillerie qui a véritablement protégé notre retraite, et causé de grandes pertes à l'ennemi ; brave, en s'exposant au danger, à la vue de tous, avec le plus grand sang-froid. Pourquoi tairais-je que j'ai été fort content des officiers du bataillon qui, eux aussi, voyaient le feu pour la première fois.

Je me rappelle encore le courage mâle et froid de *Venel*, qui gardait une porte criblée de balles. J'ai parlé de la tenue hardie de *Rivoire* ; je veux dire un mot aussi de l'attitude simple et naturelle d'un autre capitaine : c'était *Cambourg*. On eût dit qu'il était là à une petite guerre ou à une revue du Champ-de-Mars. Je l'ai vu tirer sur un lièvre un coup de revolver, et d'un autre coup achever un pauvre cheval mutilé par un boulet. Avec de tels chefs nos moblots devaient être ce qu'ils ont été, des conscrits devenus en une heure des vétérans. Il serait injuste de ne pas faire dans ce combat de Châtillon la part de chacun. Si le 7e a eu une bonne attitude, il faut parler aussi de la belle conduite des gardes mobiles de Bretagne, qui ont montré au feu une grande résistance et qui, enfermés dans la redoute, ont supporté l'effort agressif de l'ennemi, jusqu'à ce que la position ne fût plus tenable pour personne.

En résumé, ce premier combat de Châtillon a causé de réels dommages à l'armée prussienne que nous avons surprise en marche sur Versailles, mais il n'a point donné le résultat qu'on en devait attendre, la retraite de l'ennemi.

Au contraire, notre aile droite ayant faibli, la gauche se défendant mollement, nous craignîmes de sacrifier notre artillerie et nous battîmes en retraite, sans même pouvoir conserver cette redoute de Clamart, qui était la clé de l'importante position de Châtillon, qu'il fallait à tout prix disputer aux Prussiens. Plus tard, nous avons fait de vains efforts pour la reprendre. Il eût été bien plus simple de la conserver. Mais il fallait alors la défendre, non pas avec 30 ou 40,000 hommes, mais avec 60 ou 80,000. Il fallait forcer l'ennemi à chercher une autre route pour aller à Versailles et grâce à l'importante position de la maison Hachette, on eût singulièrement élargi de ce côté la ligne d'investissement.

Je signale avec regret cette lacune dans notre histoire militaire du siége, parce que le commandant et les officiers du 7e mobile n'ont cessé, pendant leur séjour à Châtillon, d'appeler l'attention des hommes de guerre sur cette importante position qui n'était pas suffisamment gardée et qu'il fallait, à tout prix, disputer à un ennemi qui profite de tout.

Vers onze heures la retraite commença, et nous descendîmes en bon ordre vers Châtillon. Le bataillon eut le temps de prendre sa part d'une distribution de biscuits, et se dirigea vers les Invalides, à Paris, lieu de rendez-vous qui lui avait été assigné. Coupé plusieurs fois par l'infanterie, la cavalerie et les ambulances, le bataillon ne parvint pas tout entier jusqu'aux portes de la capitale : une division était restée en route; je la rencontrai. J'y trouvai Cambourg et mon lieutenant Chalamet, deux braves qui voulaient, avec les hommes, retourner au feu; j'avais le même désir. Un général nous renvoya vers Paris, en nous disant que la retraite était un mouvement prévu d'avance. J'avais été retardé

moi-même par la distribution des biscuits à laquelle
j'assistais comme capitaine-major, et aussi par un incident que je veux raconter. Une fois revenu à notre
ancien logis de Châtillon, je me demandai comment je
pourrais sauver mes bagages et ceux de mes camarades
de chambrée. Le mal que j'eus pour arriver à ce résultat
me fit prendre l'engagement de renoncer, pour l'avenir,
à conserver avec moi le moindre coli. J'ai tenu parole,
et voici bientôt quatre mois que je voyage de cantonnement en cantonnement, avec les seuls effets que mon
ordonnance et moi nous pouvons porter sur notre dos.
Toujours est-il qu'il fallait sauver ma cantine et celles de
mes camarades. Comment faire? J'avisai dans la rue un
charretier qui descendait à vide avec sa lourde voiture
et ses lourds chevaux. Je le retins, moyennant la promesse d'une récompense honnête : un louis, ma foi!
Le charretier consentit, et je l'envoyai avec les ordonnances chercher nos malles restées à la maison. Pour
moi, faisant les fonctions de groom, je tenais par la
bride ces gros percherons qui avaient un mètre de plus
que moi. J'en étais là, pestant et maugréant sur le retard
des ordonnances qui n'en finissaient pas, lorsqu'un
malencontreux gendarme s'avisa de me disputer ma voiture, qu'il prétendait requérir pour les ambulances. Il
ne tint nul compte ni de mes observations ni de mon
grade, et je dois dire qu'un officier de gendarmerie qui
vint à passer plus tard ne me délivra pas de cet insolent.
Quand je vis que je ne devais compter que sur moi pour
triompher de l'outrecuidance de ce drôle, qui abusait de
sa position de cavalier, je tins bon, je montrai les dents
et je le menaçai de mes moblots. Cette dernière menace
produisit sans doute un certain effet, car lorsque les ordonnances arrivèrent armés de leurs chassepots, le gen-

darme s'éclipsa, et je n'en ai plus entendu parler depuis.

Je cite ce fait pour montrer où en était la discipline à cette époque. Eh bien, jamais il ne fût venu à la pensée d'un de nos moblots de molester ainsi un officier de l'armée, même dans la confusion d'une retraite. Parmi les petits incidents du combat de Châtillon, outre le chien Fox du caporal Critot, qui est aujourd'hui un invalide blessé de deux balles, j'ai à rendre compte de la façon dont les obus prussiens sont tombés dans la marmite de nos cuisiniers.

Nous avions reçu la veille du combat un contingent de cent et quelques conscrits ne sachant pas tirer un coup de feu. Naturellement on ne fut pas pressé de les mener à l'ennemi, et l'on décida de les laisser avec les cuisiniers, à la garde des sacs et des fourneaux.

Ils étaient campés dans le bois, à l'endroit où nous avions passé la nuit. Mais, par un de ces hasards fréquents à la guerre, le lieu que nous avions jugé le plus sûr avant l'action, devint plus tard le plus exposé. Les Prussiens nous croyant cachés dans ces bois où, la veille, ils avaient aperçu des feux, lancèrent de ce côté leurs obus que reçurent à notre place nos pauvres conscrits et nos infortunés cuisiniers. Les ennemis auraient-ils jamais pu penser que nous étions tranquillement à les attendre en plaine sur la crête d'un plateau dénudé, tandis que nous avions des bois à notre portée! Voilà qui prouve qu'à la guerre il ne faut pas trop raisonner, mais s'en rapporter à ses propres yeux; en effet, le vrai n'y est pas toujours vraisemblable. Sans parler davantage de théorie, de stratégie ou d'autre chose savante, je vous laisse à penser ce que durent être les figures de nos conscrits, voyant tomber un obus dans la marmite des cuisiniers qu'ils avaient mission de garder.

Ah! je ne les ai pas vus à l'œuvre, mais je puis vous assurer que ce spectacle étrange et nouveau ne s'est pas offert deux fois de suite à leurs yeux étonnés! Les obus prussiens n'ont plus trouvé, cinq minutes après, que d'inoffensifs bidons grands et petits, ou autres objets de campement. Pendant que, le cœur gros et la larme à l'œil, nous regardions tomber ces projectiles sur Châtillon, en regagnant malgré nous ce Paris où nous avions l'ordre de rentrer, nos conscrits étaient sans doute déjà en sûreté derrière les remparts. Ne soyons pas trop sévères pour eux, et avouons qu'un obus dans la marmite est une singulière surprise pour un soldat qui n'a pas encore goûté la soupe du bataillon.

CHAPITRE V

Comme on était tranquille aux Invalides ! Il semblait
à nous voir que le siége de Paris fût levé et la guerre
finie. Nos moblots passaient de grasses matinées dans
leurs familles. On en était encore au beau temps des gi-
gots de mouton et des poulets. Quels déjeuners on faisait dans les cafés du quartier en allant à l'appel du
matin aux Invalides ! J'ai tort de dire les Invalides,
car en réalité notre quartier nouveau et temporaire
était situé boulevard de Latour-Maubourg et n'était
qu'une annexe des Invalides, reste des constructions éle-

4

vées à l'époque de la grande exposition. C'est là que le
20 et le 21 nous réunîmes nos hommes, casernés provi-
soirement dans leurs familles. Ils ne se sont pas plaints de
cette caserne-là. Le 20 fut un jour sérieux. On vota. Les
moblots redevinrent citoyens, mais citoyens-soldats. Ce
fut une bonne journée pour les chefs presque tous réélus,
mais une mauvaise journée pour la discipline qui en
souffrit beaucoup.

Notre commandant, qui fait toujours bien les choses,
parce qu'il les fait humainement (j'entends ce mot dans
le sens où l'on dit au Palais qu'il faut pratiquer humainement les choses humaines) ; notre commandant, dis-je,
s'arrangea pour faire comprendre aux hommes que leurs
nouveaux droits ne les dispensaient pas de leurs devoirs
de soldats ; on vota, puis tout rentra dans l'ordre, et
quelques jours après il n'y paraissait plus.

Mais il faut dire qu'on usa largement du vote en cette
occasion ; tout fut renommé : commandant, capitaines,
lieutenants et sous-lieutenants. Ces chefs passaient pou^r
avoir une tache originelle. Je dois dire que le baptême
de Châtillon l'avait tellement effacée, que les soldats ne
'ont plus retrouvée. La preuve, c'est qu'à quelques exceptions près, ils ont maintenu tous leurs chefs au poste
qu'ils occupaient. N'allez pas plaindre les officiers non
réélus, la suite a prouvé que leur position valait bien
celle des autres. Ils sont presque tous montés en grade et
décorés, ce qui fait qu'on se demande pour quel motif
les élections ont été faites. N'importe, il est convenu en
France, qu'à chaque nouveau régime on change les noms
des rues et les étiquettes des sacs, mais que le contenu
reste le même. Vous n'attendez pas que je vous explique
comment on a voté. La chose s'est faite comme à la
Chambre, avec des urnes et des petits papiers. Je pense

que désormais on ne perdra plus l'habitude de voter, et
j'espère que ce sera le moyen à la mode de faire les révolutions, sans barricades et sans coups d'État. Si la République nous donne ce bien-être, je la bénirai.

Puisque les élections du 7e sont faites, laissez moi vous
dire un mot des élus. Je ne parlerai pas du commandant
qui est un peu l'âme de ce livre. Il est aujourd'hui colonel, en attendant qu'il soit général; c'est un brave cœur
et j'ai trop de bien à en dire pour ne pas attendre la suite
du récit qui me ramènera naturellement sur ce sujet.
Parlons un moment des capitaines qu'il avait su grouper
autour de lui à l'origine de la mobile : le plus ancien
était un honnête officier sorti des rangs de la garde nationale ; toujours correct dans son service, le capitaine
de Vilar s'était fait remarquer dans le 4e bataillon de
cette milice. Il voulut prendre un service plus actif et
quoique resté à Paris à la compagnie de dépôt, il n'a
pas eu le rôle le moins laborieux. Brave cœur, bon soldat et loyale nature du Midi! Le suivant, le capitaine
Raoul, sortait aussi de la garde nationale et même du
barreau de Paris. Il a pris part à toutes les opérations du
7e, et si vous me demandez mon avis sur son compte, je
vous renverrai à ses camarades qui l'aimaient assez
pour lui rendre la vie très-heureuse, et à son colonel qui
l'a proposé pour le grade de chef de bataillon. Le capitaine de Venel, homme des plus distingués, n'avait pas
hésité à quitter, pour la vie active des camps, une position administrative des plus élevées. Il fut un des ornements de ce bataillon où l'on comptait beaucoup d'officiers de mérite. La 1re compagnie était commandée par
Denis de Rivoire, chef actif, courageux, alerte, véritable
soldat qui, dans des circonstances difficiles, s'est toujours montré à la hauteur de son rôle.

Le capitaine qui vient ensuite sort de l'Anjou. C'est le baron de Cambourg. Aussi intelligent que brave, il était doué de toutes les qualités du cœur et de l'esprit. En voilà un dont il serait difficile de médire! Je l'ai connu dans l'intimité et je ne souhaite à nos armées qu'une chose, c'est d'avoir beaucoup de chefs qui lui ressemblent. Le cercle de fer des Prussiens a étouffé dans Paris toutes ces intelligences d'élite et tous ces courages qui eussent produit de brillants faits d'armes en rase campagne. Cambourg avait l'esprit si ingénieux, que sa troupe ne fût jamais tombée dans les piéges prussiens et qu'il eût montré plus d'une fois à ces habiles adversaires, qu'un gentilhomme peut unir toutes les ressources de l'invention au courage le plus éprouvé. Jeune et hardi, rien ne l'eût arrêté. Mais à quoi bon rappeler tout cela. L'éteignoire administratif a été le tombeau de toutes ces qualités et de toute cette valeur qu'il a fallu bon gré mal gré conserver stériles en ses cœurs!

Nous avions deux autres capitaines, dont l'un donna sa démission avant l'élection, et dont l'autre fut attaché à la personne du gouverneur de Paris. Le premier, de Lesterpt, était un homme charmant, fort actif, qui rendit de réels services auprès de l'amiral Du Quilio, et qui avait payé de sa personne, au camp de Châlons, à l'époque de notre entrée en campagne. Nous l'aimions beaucoup, et on l'appelait le capitaine Brun, pour le distinguer d'un autre dont je ne veux pas dire de mal, et que le commandant de Vernou appelle encore le capitaine Blond. Le capitaine détaché auprès du général Trochu, était d'Hérisson, déjà connu par sa campagne en Chine. Il n'hésita pas à revenir d'Amérique au moment de la guerre, et pendant le siége, il a joué un rôle qui le rattache à l'histoire générale de la guerre, bien qu'éloigné

du théâtre où le 7e mobile figurait plus particulièrement. Je ne dirai donc rien de plus de cet officier, que
nous avons toujours reconnu pour un homme distingué
et que nous avons eu le regret de perdre trop tôt. Les
élections nous ont renforcés de trois capitaines, de Beaufort, de Vandeul et de Gonteau-Biron ; ces trois officiers
ont bien porté chez nous leurs beaux noms. Quoique
d'une promotion différente, ils se sont montrés dignes
de leurs vieux camarades. Mais tel est l'esprit militaire,
que déjà la question d'ancienneté avait établi une petite
ligne de démarcation au point de vue de la camaraderie.
Les vieux se tutoyaient entre eux, mais ne tutoyaient
pas les nouveaux, et tous n'avaient pas encore trois
mois de campagne ! Jugez si l'on devient vite soldat ne
France !

Pour terminer cette petite biographie, je citerai quelques noms de braves officiers, lieutenants et sous-lieutenants, qui donneront une idée de la composition de nos
cadres. Nous avions le comte Réné d'Héliand, capitaine
adjudant-major, devenu plus tard notre commandant.
Puis de Brosse, de Kergorlay, de la Giclais, de Cler-
mont, de Saint-Pierre, Aublet, Leroy, Nicolet, Cellier,
Claire, Paillet, etc., tous jeunes gens des plus braves et
des plus distingués. Je passe sous silence les sous-officiers et les soldats, car je n'en finirais pas et mon intention est de reprendre le cours de l'histoire du 7e mobile.

Je l'ai laissé aux Invalides : là n'était pas sa place, le
général Ducrot, qui l'avait remarqué au feu à Châtillon,
l'appela dans son armée, et le 21 nous partîmes pour la
Porte-Maillot, auprès de notre nouveau général en chef.
On nous logea rue Montrosier, dans des maisons où nous
étions trop bien pour des soldats, et où nous sommes restés trop longtemps pour notre entente cordiale avec les

4.

habitants du lieu, peu habitués sans doute à loger des troupiers.

On nous a beaucoup reproché, je le sais, notre séjour chez l'habitant. A Neuilly, il y a eu des plaintes, les unes fondées, les autres complétement fausses de la part des gens dont les logements furent réquisitionnés. D'abord, pourquoi livrait-on aux troupes les maisons sans discernement et sans qu'un préposé quelconque vînt les y installer? Je n'ai jamais compris cette fuite des habitants de Neuilly protégés par le Mont-Valérien. Si l'habitant fût resté chez lui, on n'aurait pas occupé sa maison, et si sa maison a dû être évacuée administrativement, pourquoi y laissait-on des meubles et des provisions? Le soldat à la guerre n'a que deux préoccupations fort légitimes en dehors du service, se chauffer et se nourrir. Il se chauffe où il peut et comme il peut. Il se nourrit avec ce qui lui tombe sous la main. Les chefs ont beau veiller, il est fort difficile de suivre les hommes pas à pas, et quand ils ne sont pas campés loin des habitations, de surveiller leurs faits et gestes. Les caves de l'habitant, ses placards, ses boiseries, son bois, son charbon, quelques meubles même ont dû souffrir beaucoup de l'occupation. Nous en avons souffert, nous aussi, par tous les ennuis et tout le mal que cela nous a donné. Il y a eu de grands abus, mais aussi un manque absolu de surveillance de la part des habitants et des autorités civiles qui n'étaient plus à leur poste.

On a fait grand bruit de quelques espiègleries, comme par exemple d'une mascarade de moblots qui, ayant découvert, je ne sais où, des vêtements de femme, se sont montrés au balcon d'une maison en un costume qui n'avait rien de militaire. Ce fait a scandalisé beaucoup. Sans doute il était répréhensible, mais il faut faire la part des temps et de l'âge. On ne peut pas attendre de jeunes conscrits la discipline et la raison qu'on n'obtient pas toujours des vieux soldats. Il n'y avait pas que le personnel de Neuilly qui fût changé, le pays tout entier était transformé. Le bois de Boulogne avait en partie disparu ; la fameuse fabrique de savons qu'on reconnaissait à cinq cents pas, aux parfums que l'air apportait, n'existait plus. La villa du bois et toutes les maisons étaient démolies. Paris, le beau Paris était devenu place de guerre. Les habitants, les pacifiques gardes nationaux étaient eux-mêmes transformés en soldats de remparts ; c'était un spectacle curieux pour des gens qui arrivaient de Châlons et de Saint-Maur. Notre installation dans les maisons, assez confortable pour nous donner du repos, nous laissait aussi des loisirs, car la vie des camps était remplacée pour nous par la vie plus douce de la garnison. J'ai toujours considéré comme une faute cette habitation des maisons par une jeune troupe qui n'était pas suffisamment rompue à la discipline militaire. Si vous joignez à cela la proximité de Paris, qui obligeait presque les chefs à donner des permissions de vingt-quatre heures qui n'empêchaient pas les absences irrégulières, vous jugerez du mal que nous faisait ce campement par trop citadin. Nous eûmes donc alors quelques loisirs. Les hommes ne s'en plaignaient pas ; aussi je leur ai plus d'une fois depuis entendu dire qu'ils regrettaient Neuilly. Quelques officiers, les plus jeunes surtout, étaient assez de cet avis. Qui nous eût vus alors ne se serait jamais douté que nous défendions une ville assiégée. Neuilly avait même changé de physionomie depuis notre arrivée. Les boutiques se rouvraient ; les petits commerçants revenaient ; on y coiffait, on s'y baignait. Les voitures circulaient dans la grande avenue comme dans les Champs-Élysées. Puis, quelle procession de parents, d'amis, de visiteurs et de visiteuses! Les familles des moblots arrivaient en bandes! Je ne sais si tout ce personnel avait un état civil bien régulier, mais je dois dire qu'il y avait là de bien jolies femmes!

Parlons de ce que faisaient les moblots à Neuilly. Ils avaient quitté la rue Montrosier pour aller habiter avenue Sainte-Foye et rue du Château. Le bataillon était divisé en trois détachements, chaque chef de détachement avait les pouvoirs du commandant. C'était une bonne pensée de notre chef de bataillon ; il habituait les capitaines au commandement. Notre travail quotidien consistait pour le moment à construire ces inutiles barricades que l'on vit si longtemps dans cette charmante ville de Neuilly et qui étaient destinées à la défendre contre une attaque de l'ennemi. Je n'ai jamais compris l'utilité de ces travaux, qui ne servirent qu'à exercer un peu nos hommes à la fatigue. Il y eut alors un véritable luxe de barricades à chaque avenue et à chaque rue. Ces travaux, mal compris, n'ont jamais servi qu'à embarrasser la marche des batteries d'artillerie dans nos différentes sorties. Voilà comment on faisait de la science militaire à l'époque du siége de Paris! On se barricadait à l'intérieur et on négligeait l'attaque des travaux extérieurs de l'ennemi. Toujours la routine et la vieille école! Ce n'est que plus tard, quand l'ennemi s'est rapproché de nous, qu'on a compris combien alors il était loin, et combien il eût été facile de l'éloigner encore plus.

Nous étions donc installés à Neuilly, faisant notre cuisine dans les jardins ou dans les rues, avec les vivres de campagne. On appelle ainsi certaines distributions quotidiennes faites aux troupes par l'intendance. On donne une quantité voulue de riz, de pain, de sel, de vin, d'eau-de-vie, de café, de viande fraîche ou conservée en boîte. Ce système d'alimentation est loin d'être parfait. Vous voyez-vous à la tête d'un superbe rosbeef, lorsque vous allez au combat; mieux vaudrait le moindre grain de mil ou de saucisson. Les Prussiens nous ont encore donné là une leçon de plus. Leurs soldats reçoivent légumes et viande, sous un petit volume, de façon à n'en être pas gênés pendant la marche, et à pouvoir s'en servir agréablement après la bataille. Pour moi, j'avoue que les boîtes de conserves, le saucisson et le pain arrosé d'un peu de vin m'ont fourni mes meilleurs repas de campagne. Foin de ceux qu'il faut prendre au milieu des soucis, dont le moins grand n'est pas celui de rester à jeun! J'aime mieux un festin moins chaud, mais plus sûr. De cette façon, les troupes ne sont pas surprises au moment où elles font la soupe. On pourrait faire à ce système un autre reproche : Les distributions sont aussi souvent intempestives par le moment où elles sont faites que par les aliments qu'on y donne. Je me rappelle qu'à Châtillon nous sommes restés deux jours sans biscuit et sans pain; il a fallu réquisitionner celui du pays. Après cette disette, nous avons eu une abondance de biens qui n'a servi qu'aux Prussiens. 34 voitures de biscuits nous sont arrivées. Je m'en souviens encore, nous avons eu tant de peine à les mettre en sûreté! Après la retraite de Châtillon, il a fallu les laisser derrière soi. Les Prussiens ont dû nous trouver bien aimables!

On le voit, l'intendance n'est pas parfaite. Nous nous en étions aperçus à Châlons, où quelqu'un de cette administration s'est pendu peu après notre arrivée. Ce suicide n'avait pas été étranger à l'émotion qu'on a tant reprochée aux moblots de Paris. Ils manquaient de tout, et le désespoir les a poussés à une révolte qu'on a bien exagérée, et qu'on aurait rendue impossible à l'avenir, par une répression sévère. A Paris, l'intendance, malgré quelques fautes inhérentes à cette institution, nous a beaucoup mieux traités. Nous n'avons jamais manqué de rien, et je dois ajouter que les approvisionnements étaient si complets, qu'après l'armistice nous avons pu céder huit jours de vivres à la population civile. Vous voyez si les Prussiens auraient jamais pu nous prendre par la famine. M. Jules Ferry et ses bons maires auraient bien dû faire comme nous. Paris n'aurait pas eu la honte de se rendre.

L'intendance a l'inconvénient d'être trop en dehors de l'action disciplinaire; il faudrait dans chaque corps un homme toujours présent et toujours responsable, que le chef pût, au besoin, frapper sévèrement à la moindre irrégularité. Dieu nous délivre de la bureaucratie! Voilà la grande plaie de la France. Nous avions sous l'Empire une armée de 300,000 hommes et 600,000 fonctionnaires attelés au char de l'Etat. Jugez si la marche en devait être facile. Laissons l'intendance et ne nous brouillons pas avec elle; nous n'aurions pas le dernier. En France, un abus est toujours plus solide qu'une réforme. Voilà pourquoi les 600,000 fonctionnaires nous disent si souvent à l'oreille que nous sommes un grand peuple.

Les propriétaires de Neuilly n'étaient qu'à demi satisfaits de loger les moblots. Nous avions cependant quelques amis rue du Château. Au nº 24, la maison de M. Clerc nous était très-hospitalière. Je me rappellerai toujours les fricots de la bonne Victoire, une Alsacienne qui aimait mieux les moblots que les Prussiens. Nous avions encore pour voisins le père Kromer et sa femme, d'autres Alsaciens, les meilleurs gens du monde, établis

dans une petite échoppe de cordonnier où l'on allait
sans cesse demander un service immédiatement rendu.
Le père Kromer avait cependant, grâce à son caractère
un peu vif et à son accent allemand, passé près d'une
heure au violon. Mais il ne nous en voulait pas, et le
racontait souvent lui-même en riant.

Nous avions aussi nos ennemis. Ceux qui auraient
voulu nous envoyer devant les Cours martiales qu'on
venait d'installer un peu partout.

Il y a des gens qui veulent faire à tout prix de la spé-
culation. J'en connais qui voulaient mettre leur chômage
ou leur ruine sur le compte de l'occupation militaire,
après l'avoir appelée de tous leurs vœux. De là des
plaintes continuelles qui arrivaient aux oreilles de l'autorité. Un beau jour elle se fâcha; j'ai tort de dire un
beau jour, car nous avons passé ce jour-là plus d'un
mauvais quart d'heure. Un locataire de mauvaise foi,
sorte d'usurier de bas étage, nous dénonça comme ayant
dévalisé son logement. Le 7e fut mis en suspicion, et
particulièrement la compagnie du capitaine Raoul. Ce
dernier n'avait rien à se reprocher, car il avait placé
des sentinelles devant le logement en question, le jour
de notre installation, et la surveillance avait été des
plus sévères; mais on devrait toujours faire venir un
notaire et un clerc pour dresser l'inventaire des lieux
qu'on occupe militairement. Malheureusement les notaires
étaient au rempart, un fusil transformé sur l'épaule, et
ornés d'une belle paire de moustaches à la place de leurs
gros favoris.

Le général Ducrot se fâcha tout de bon. Il réunit le
bataillon dans l'avenue de Neuilly, et le capitaine Raoul
fut vertement interpellé. Le pauvre garçon ne souffla
mot, mais il touchait de la main la poignée de son

revolver pour se faire sauter la cervelle. C'eût été faire
croire qu'il avait eu la négligence qu'on lui reprochait.
En pareil cas, il n'y a que les coupables qui devancent
l'heure de la justice ; les innocents l'attendent avec
patience, forts de leur conscience, et certains que si la
justice humaine les frappe injustement, celle de Dieu
saura les glorifier un jour. Au surplus, une enquête fut
ordonnée et faite par le grand prévôt ; elle prouva que le
dénonciateur avait menti. Les moblots, émus du soupçon
qui avait plané sur eux, voulaient faire des pétitions ;
on les en empêcha. Ils voulaient faire un procès au
diffamateur. Ils ne savaient pas ce que c'est qu'un procès. Enfin, la chose tomba dans l'eau, et le sordide usurier en fut pour son mensonge et sa courte honte. Plus
tard, le capitaine Raoul eut dans les mains une lettre
par laquelle ce drôle déclarait qu'il n'avait jamais eu
qu'à se louer des moblots. Vous voyez que nous avions
pour ennemi un fort joli sujet ! Au moyen âge, les troupiers l'eussent pris et se fussent rendu justice eux-
mêmes, en fouettant de verges, sur la place publique, ce
calomniateur éhonté ; mais, dans nos temps de démo-
cratie, il est permis de calomnier les honnêtes gens sans
que ces derniers puissent se défendre. Il y a même des
personnes qui prétendent que la calomnie est une
réclame qui fait plus de bien que de mal ! Drôle de
siècle et siècle de drôles ! Toujours est-il que le général
fut satisfait de l'enquête, et comme réparation militaire,
nous envoya coucher en armes dans l'avenue de Neuilly !
La réparation vous étonne. Votre étonnement cessera
quand vous saurez que nous devions aller au feu.

Nous n'y allâmes pas, mais en revanche nous couchâmes sur la terre. Je me rappelle encore un certain tas de
sable durci qui me servit d'oreiller. J'étais enchanté de

ma trouvaille et elle m'était disputée par les camarades
moins heureux que moi. Au surplus, tout est une affaire
d'habitude, excepté de se passer de manger. A quelques
jours de là, nous allâmes camper sans tentes, dans l'île de
la Grande-Jatte, située près du pont de Neuilly. Cette île
est immense, et nous fûmes chargés d'en surveiller les
bords. Il fallut faire sentinelle au bord de l'eau, et dans
l'intervalle des factions dormir dans la rosée et dans
l'herbe. Le moblot s'y habituait tellement qu'à l'heure
des gardes et des patrouilles, il devenait difficile de le
réveiller. A ce propos, je recommande pour les chefs
l'emploi de la lanterne sourde des veilleurs de nuit d'An-
gleterre et de Hollande ; c'est un merveilleux instrument.
Vous le cachez dans vos vêtements ; puis, quand vous voulez vous en servir, vous ouvrez l'un des battants et vous
projetez la lumière sur le point que vous avez à inspecter. Si nous avions eu, cette nuit là une pareille lanterne,
nos moblots espiègles n'auraient pas échappé à leur
tour de garde, en se cachant dans l'herbe et dans le
fourré. Cependant, rendons-leur justice ; ils faisaient con-
sciencieusement leurs patrouilles. L'une d'elles a même
surpris un poste de quatre hommes.... français, placé au
bout de l'île, sans qu'on nous en ait prévenus. Voilà l'intelligence ordinaire des états-majors français ! Ajoutons la
négligence habituelle de nos braves fantassins qui dormaient de leur mieux, confiant sans doute dans la fortune
de la France. En Prusse, ces fautes-là sont sévèrement
punies. On a raison, car elles peuvent perdre une armée ;
chez nous on n'y fait pas attention. Il y aurait tant de
fautes à punir, et puis nous sommes des révolutionnaires !
Ces gens-là sont au-dessus de la discipline ; ils combat-
tent pour une idée ! Je vous fais grâce de la fin. Vous la
connaissez ; elle est satisfaisante pour notre orgueil !

5

Après les grand'gardes de nuit, nous avions les expéditions de jour : ce qu'on appelait aller en fourrageurs, aux pommes de terre. C'était un moyen employé pour utiliser les troupes, en augmentant les vivres de Paris. Nous étions les pourvoyeurs de la grande ville. Pourquoi n'avait-on pas laissé tout simplement chez eux, les habitants des communes suburbaines. Quel danger couraient-ils à l'abri du Mont-Valérien? Mais on connaissait si peu la nouvelle guerre et, disons-le, on était si effrayé, qu'on voyait l'ennemi partout et qu'on perdait facilement la tête. Comprend-on qu'on ait renfermé dans une ville assiégée de 1,500,000 âmes, 500,000 campagnards qui n'avaient rien de mieux à faire qu'à récolter les nombreux légumes perdus pour tous, dans l'immense périmètre de la banlieue de Paris ! Il y a des fautes impardonnables. Mais, *quos vult perdere deus dementat.* La promenade dite des pommes de terre se faisait donc journellement : on partait avec des voitures de réquisition et l'on se déployait en tirailleurs dans la partie de la presqu'île de Genevilliers, située entre Nanterre, le Mont-Valérien, le pont de Bezons et le chemin de fer. Les moblots aimaient assez cette corvée de légumes, qui n'était pour eux qu'un prétexte pour aller à l'école de tirailleurs devant l'ennemi. Ce sentiment, naturel chez des troupes jeunes et peu disciplinées, aurait dû être encouragé par des sorties continuelles qui eussent singulièrement fatigué l'ennemi. Nous ne demandions qu'à marcher tous les jours, et l'oisiveté du cantonnement nous semblait plus dure que les fatigues des marches et des combats.

Qu'était-donc devenue dans cette guerre la *furia francese* et l'agilité des généraux? Le grand Tilly n'aurait pas reconnu les Français.

Le pont de Bezons était ordinairement le but vers lequel tendaient nos moblots tirailleurs; pendant que leurs camarades piochaient les pommes de terre, ils se glissaient comme des serpents de l'autre côté du chemin de fer de Saint-Germain, à travers les herbes et les choux. On n'avait pas besoin de leur recommander la position du tireur couché. Je les ai vus souvent engager de la sorte un feu de tirailleurs avec les Prussiens, sans perdre un seul des leurs. L'ennemi n'en pouvait pas dire autant. Pourquoi n'avoir pas aguerri de telles troupes? Pourquoi même les avoir laissées sous cette cloche de verre de Paris? Quelle faute! Dans l'armée de Faidherbe, ils eussent rendu de grands services, car si le Parisien est indiscipliné, il est du moins toujours brave.

Bien entendu il y avait chaque jour une hécatombe de Prussiens, en paroles du moins, car si le Parisien est brave, il est encore plus hâbleur. Cependant, ce qui prouve que la partie était sérieuse, c'est que nous eûmes un jour un blessé dans la 4e compagnie. Il s'appelait Tallard. Le pauvre diable reçut une balle dans le cou et en mourut quelques jours après.

Le capitaine Raoul eut aussi, comme ses camarades, son engagement de tirailleurs avec les Prussiens. Il fut même grondé par le général pour cette ardeur qui convenait mieux aux combats de nos pères qu'à la guerre moderne, sorte de partie d'échecs ou le sang-froid vaut mieux que le courage et où l'on ne doit pas commettre une seule faute.

A Neuilly, nous faisions chaque jour l'école de bataillon dans le bois de Boulogne. Il fallait voir le commandant monté sur Porthos. Il était superbe au milieu de ce beau cadre du parc de Bagatelle. Ces exercices étaient excellents pour les moblots et prouvaient une fois de plus ce que la France avait perdu par la mort du maréchal Niel. Le commandant était un instructeur parfait. Prenant, comme il le disait, le taureau par les cornes, il parvenait à faire exécuter à sa troupe les mouvements les plus compliqués que l'on comprenait mieux encore par la pratique que par la théorie. Il avait un tel ascendant sur les hommes, qu'ils l'auraient suivi partout et qu'ils avaient en lui la confiance la plus complète. Il est vrai qu'il ne négligeait rien pour leur bien-être. Grâce à ses soins et à ceux de notre aimable aide-major, le docteur Bourdon, nous avions à Neuilly une fort belle ambulance où les hommes malades étaient soignés mieux qu'à Paris. Le soldat est sensible à ces attentions, donnez-lui de quoi boire, de quoi manger ; faites-le reposer, quand il est fatigué ou malade, et il vous suivra jusqu'au bout du monde. Ces soins furent en partie le génie des grands conquérants. Notre nouveau chef de brigade, le général Martenot de Cordoux, voyait avec plaisir le perfectionnement apporté à l'éducation militaire du 7e mobile. Le général était un homme aimable et gracieux qui sortait de la gendarmerie, et nous n'aurions pas regretté ce changement de général, s'il nous avait été donné de le conserver. Malheureusement à Paris, il en était un peu comme en province, on changeait trop souvent de chefs. C'est un système regrettable qui tient à un vice de notre organisation militaire. Le soldat s'attache à ses chefs et tel qui combat mollement sous un chef inconnu de lui, se fait tuer bravement sous les ordres d'un chef qu'il a appris à apprécier.

Les brigades devraient être comme les bataillons et les régiments, de grandes familles où l'avancement et la mort amènent seuls des changements de personnes. Ce qui précède me rappelle une réponse d'un soldat de l'armée

de la Loire auquel on demandait comment il se trouvait à
son corps. Ce paysan répondit finement : « Nous chan-
gions de chemise tous les mois et de général tous les
jours. » Soyez donc vainqueurs avec un pareil système!
A Paris nous n'en étions pas arrivés là.

Chaque jour les moblots se formaient davantage ; on
leur apprenait quelque chose de nouveau. Un dimanche
le commandant passa l'inspection des chambrées. Ce
jour-là nous le vîmes fort en colère, parce que les moblots
peu patients, après avoir attendu quelque temps son arrivée, n'étaient plus prêts pour le recevoir. Le commandement : « à vos rangs, fixe! » les trouva très-mal ali-
gnés. Le commandant, qui avait servi, les gronda très-
fort de cette négligence et ils ne se mirent plus dans le
cas de mériter un pareil reproche.

Vers cette époque, on nous envoya de grand' garde à
la Porte-Maillot pour surveiller les abatis d'arbres du
bois de Boulogne, livré au pillage du premier occupant.
C'était près de cette grand'garde que se trouvait, à la
maison Gillet, le quartier-général de notre armée. Le
chef de poste avait l'honneur de s'asseoir à la table du
général Ducrot. J'eus l'occasion de le revoir de plus près
et même de causer avec lui : le général recevait d'une
façon aimable et hospitalière ; il était entouré d'un brillant état-major aujourd'hui décimé par la guerre. Les
éclaireurs Franchetti formaient une partie de son escorte.
Il aimait beaucoup leur chef, brave officier tombé plus
tard au champ d'honneur. Puisque l'occasion s'en présente, disons que ces éclaireurs valaient beaucoup mieux
que tous les corps francs formés à la même époque. Bien
équipés et bien montés, ils rendirent à l'armée de véri-
tables services et ils poussaient fort loin leurs audacieu-
ses reconnaissances. Ce corps comptait dans ses rangs
des jeunes gens du meilleur monde, et je les ai vus, tou-

jours infatigables, prendre part à toutes nos sorties. J'y
ai retrouvé M⁰ Benoît-Champy et M. Rodrigues-Henri-
quez que j'avais souvent rencontré au bal, chez la regrettable Mᵐᵉ Furtado.

Ce n'était pas la seule troupe remarquable de notre
armée; nous avions auprès de nous des mobiles de province qui avaient fort bon air. J'ai souvent admiré le beau
bataillon de l'Aisne que commandait le comte Gaspard
de Puységur; il avait un effectif de 1,800 hommes toujours présents. C'était une troupe belle et solide. Les
officiers du bataillon nous invitèrent un jour à prendre
le thé dans la charmante villa de M. d'Osmond qu'ils
avaient sauvée du pillage, en y installant leur casino;
c'était bien la plus délicieuse demeure qu'on pût imaginer. Construite dans le style mauresque, elle offrait
aux regards des visiteurs tous les raffinements du luxe
parisien dont le goût est si parfait.

On avait ainsi, comme on le voit, à Neuilly, quelques
distractions; mais nous avions aussi nos nuits d'insomnie.
A cette époque nous fûmes réveillés par un branle-bas
nocturne des plus effrayants; c'était à croire que le sol
allait s'enfoncer autour de nous. Les remparts et le
Mont-Valérien lançaient leurs foudres sur l'ennemi,
dont on voulait sans doute troubler le sommeil. La
canonnière Farcy, qui promenait sur la Seine, de Paris
à Saint-Cloud, un canon monstre, tonnait de toutes
ses forces, mêlant sa grosse voix à ce concert infernal.

Les gens qui ne sont pas habitués à ce tapage, en sont
toujours très-impressionnés; mais lorsque l'habitude
vient et qu'on peut raisonner à l'aise, on s'aperçoit vite
que tout ce vacarme ne produit pas grand résultat. En
arrivera-t-on quelque jour à ne tirer qu'à coup sûr?
c'est fort désirable, car les coups de canon coûtent cher,
et il deviendrait impossible de suffire à de pareilles

dépenses. Déjà nos fantassins ont appris à tirer moins aveuglément. Le tour des artilleurs viendra sans doute. A l'artillerie ennemie il faut avoir soin d'opposer une artillerie égale ou supérieure. Notre premier tort dans cette guerre a été de vouloir combattre l'artillerie avec des fantassins ou des cavaliers. Mais pourquoi se laisser entraîner à tirer toujours au jugé? Un chasseur qui agirait ainsi courrait grand risque de rentrer au logis la carnassière vide et la cartouchière dans le même état.

Je ne connais rien de désagréable pour des gens armés de fusils, comme ces combats d'artillerie auxquels il leur faut assister l'arme au pied. La Prusse, sachant bien qu'elle nous était supérieure en artillerie, mais que son infanterie ne valait pas la nôtre, a eu, dans cette guerre, la rare habileté de faire parler presque toujours le canon avant la mousqueterie. En étant meilleurs tacticiens, nous aurions su déjouer ce plan habile; car enfin, si les canons ont des roues, les fantassins ont des jambes et les chevaux aussi. Le tout est de savoir s'en servir.

Nous assistâmes vers cette époque, à la mi-octobre à un grand combat du genre dont nous parlions tout à l'heure et qui fut livré près de Nanterre. On nous plaça derrière le Mont-Valérien, en réserve avec plusieurs bataillons. Nous ne vîmes rien, sinon le ciel en feu toute la journée. C'était un vacarme à n'y pas tenir. Puis vers le soir, les feux cessèrent, le bruit s'apaisa et nous reçûmes l'ordre de rentrer dans nos cantonnements, par l'éternel pont de Neuilly, resté seul de ses confrères pour livrer passage à notre armée. Tel fut notre premier combat sous le Mont-Valérien. Nous commencerons le chapitre suivant par le récit d'un second combat assez semblable au précédent.

CHAPITRE VI

Le combat de la Malmaison du 21 octobre 1870. — La retraite. — La 1re compagnie dans la redoute de Montretout. — Les soldats mouillés.—Le poste des pommes de terre.—Les officiers du 72e. — Notre hospitalité écossaise. — Capitulation de Metz. — Propositions d'armistice apportées par M. Thiers.— Reprise du Bourget par les Prussiens. — Les deux aurores boréales. — L'alerte du 31 octobre. — Le général Trochu arrêté puis délivré. — Le 7e, de neuf à onze heures, avenue de Roule.—Les élections municipales de Paris. — Le candidat des moblots du 8e arrondissement. — Série de discours à l'ambulance. — Le plébiscite du 3 novembre. — L'armistice. — Le théâtre des mobiles. — Représentation donnée par la 5e compagnie.—Réunions électorales. — Fin de l'armistice. — Les trois armées de Paris. — Le froid. — Les capotes bleues sans boutons. — Les élections nouvelles. —Encore le théâtre. — Le déjeuner chez le commandant. — Le portrait. — Note militaire. — L'île de Puteaux. — Départ pour Bobigny.

Le combat dont il est question à la fin du chapitre précédent s'est appelé « combat de la Malmaison.» — Il fut assez brillant, et nos troupes chassèrent un instant les Prussiens du château de l'impératrice Joséphine. Toutes les fois, en effet, que notre infanterie a pu donner seule contre l'infanterie prussienne, elle a été victorieuse. Pourquoi n'avons-nous pas su mieux nous en servir ? Les Français occupèrent ce jour-là, le parc de la Malmaison tout entier et firent dans le château quelques prisonniers. C'était une étape pour Versailles. On eût pu facilement y arriver de ce côté, en prenant à revers les travaux que les Prussiens avaient faits derrière Saint-Cloud, vers la route de Ville-d'Avray. La part du 7ᵉ mobile dans ce combat ne fut pas grande, quoique cependant plus active que précédemment.

Le bataillon était développé en tirailleurs, à cheval sur la ligne du chemin de fer de Versailles ; les premières compagnies à droite du talus et les dernières à gauche. La droite seule a donné. La gauche s'est contentée d'entendre le bruit assourdissant de la canonnière Earcy. Grâce à cette absence de lignes télégraphiques portatives dont les Prussiens savent si bien se servir, dans nos armées françaises on ne sait jamais, nulle part, quelle est la tournure générale de la bataille et rarement on connaît le point précis de l'attaque. Ce qui précède explique un mot charmant d'un officier supérieur, homme de beaucoup d'esprit. Il parcourait nos lignes. En nous voyant si pacifiques, et pourtant si nombreux, il nous fit cette question en passant à cheval près de nous : « Messieurs, où est l'ennemi ? » En effet, cet ennemi paraissait souvent imaginaire et nous qui étions placés à gauche du chemin de fer, nous ne voyions que les obus qui nous indiquaient, par le point où ils éclataient, la marche de l'affaire. Notre occupation consistait à rester à plat-ventre dans les vignes de Sûresne et à interroger les rares habitants de Saint-Cloud qui passaient dans nos lignes. Nous arrêtâmes quelques espions prussiens. Je gage que l'ennemi faisait rarement de ces arrestations-là. Nous étions si bien informés de tout ! Pendant que nous attendions paisiblement à la gauche cette retraite en bon ordre qui ne tarda pas à terminer, comme d'habitude, la journée ; notre 1ʳᵉ compagnie allait avec de Rivoire s'emparer de la redoute de Montretout évacuée par l'ennemi. Mon camarade m'a raconté qu'il y serait resté tout le temps de la bataille, sans la batterie

Mortcmart qui, n'étant pas dans le secret de ce mouve-ment, continuait sur la redoute, le terrible feu qui en avait chassé les Prussiens.

La retraite eut lieu pour tous vers cinq heures, après un combat acharné qui avait duré toute la journée. Nous ne perdîmes que quatre canons imprudemment placés dans un pli de terrain gras d'où il fut impossible de les retirer. L'élan des troupes avait été très-grand, dans cette affaire qui prouvait que l'armée de Paris commen-çait à se former. Nous n'en étions qu'au troisième mois du siége. Si l'on avait multiplié les sorties de ce genre, on eût aguerri davantage les troupes, et les Prussiens, harcelés sans cesse, eussent peut-être demandé grâce. Malheureusement ces sorties étaient rares. On passait presqu'un mois entier à les organiser, ce qui leur ôtait le mystère dont on devait les entourer, en faisant per-dre patience à nos soldats qui ne savent jamais atten-dre. Les Prussiens pourront se vanter d'avoir pris Paris, d'une manière psychologique, mais ils ne diront pas à la postérité qu'ils l'ont pris les armes à la main. Ils ne diront pas non plus qu'ils ont eu souvent l'avantage dans les combats livrés sous les murs de Paris. Pour ma part, je les ai vus battre en retraite plus d'une fois. Mal-heureusement il fallait toujours, à la fin de la journée, prendre un parti et comme nous n'avions pas d'objectif sérieux au-delà des lignes prussiennes, on rentrait en bon ordre dans Paris et l'ennemi reprenait ses positions perdues. Voilà l'histoire de tout le siége. Résumons-la par ces mots : Bravoure des chef, et des soldats; mais absence ou changement trop fréquent de plan général. On ne savait pas non plus tirer parti des circonstances. Par exemple, pourquoi dans ce combat de la Malmaison ne pas rester dans les positions conquises? N'avions-

nous pas le Mont-Valérien pour nous protéger? Qu
nous empêchait d'occuper la redoute de Montretout et la
route qui conduit de ce point à Rueil et à la Malmaison?
On ne dira pas que ces positions pouvaient être tournées
par les Prussiens; le Mont-Valérien les eût écrasés.

On aurait peut-être pu obtenir que la batterie Morte-
mart tirât au-delà de la redoute occupée par nous, c'est-
à-dire sur l'ennemi. Le lendemain on eût conquis un autre point et pendant ce temps on eût tenté quelque diversion à l'une des extrémités de la ville, pour empêcher
les Prussiens d'accumuler toutes leurs forces vers le point
précédemment menacé par nous. Voilà comment les livres militaires nous enseignent l'art de la guerre. C'est
à croire vraiment qu'on ne les lit plus aujourd'hui. Nous
sommes tellement enivrés d'orgueil à cause de nos découvertes scientifiques, que nous en étions arrivés à croire
notre siècle absolument supérieur aux autres, et nos procédés si différents de ceux de nos pères, qu'il n'y
avait plus rien à demander aux vieilles traditions!
Voilà le grand mot lâché! Aujourd'hui on ne veut pas
des traditions, pas plus des traditions militaires que des
traditions sociales, politiques et religieuses. Les Prussiens n'ont pas été si maladroits que nous. Ils ont uni
les vieilles traditions aux découvertes de la science moderne. Voilà pourquoi nous avons été battus. Vous auriez
des millions de mitrailleuses, de celles préparées avec un
si grand secret à Meudon, qu'elles ne vous serviraient de
rien, sans la stratégie et la tactique qu'il faut apprendre
dans les livres qu'on n'a pas assez le temps de lire en
Afrique. Le combat du 21 octobre 1870 à la Malmaison,
eût été un succès véritable si on avait su en profiter. Les
mobiles de province s'y conduisirent fort bien. Le Père
Tailhan, notre aumônier, attiré chez eux par le bruit de

la mitraille et le désir de sauver quelques âmes, nous a raconté leur bravoure en termes fort élogieux. Il aurait pu nous parler de la sienne, mais le général Ducrot s'en est chargé dans un ordre du jour aussi flatteur que mérité. Blessé d'une balle à la tête, le Père Tailhan est resté jusqu'à la fin du combat sur le champ de bataille.

Avant de terminer le récit naturellement incomplet d'un combat auquel nous n'avons assisté que de fort loin, je dois raconter l'accident arrivé à un jeune moblot blessé à la jambe par un maladroit. L'un de nos sous-officiers, ancien militaire ayant fait campagne, voulut désarmer un chassepot, et il commit l'imprudence trop habituelle d'en diriger le canon vers ses camarades. J'ai remarqué que les anciens militaires se croient si supérieurs aux conscrits qu'il ne leur semble pas qu'ils aient rien à apprendre, même après avoir quitté le service depuis des années. Cette suffisance ridicule, qui est bien dans le caractère français, explique les maladresses de plus d'un genre, commises pendant cette guerre par d'anciens militaires peu au courant des armes nouvelles et de la nouvelle théorie. Tout le monde sait que le passage du cran de sûreté à l'abattue, dans le maniement du chassepot, est une opération délicate, à cause de la grande sensibilité de l'arme. Notre sous-officier, dédaignant de se familiariser avec une arme qu'il ne connaissait pas, envoya bel et bien une balle qui traversa le gras de la jambe du jeune moblot. On emporta le blessé à l'ambulance de Neuilly, où nous allons le suivre, pendant que l'armée rentre en bon ordre, par une seule route et l'unique pont qu'on ait oublié de faire sauter.

L'ambulance du 7e mobile, grâce aux soins du docteur Bourdon, avait été installée dans un magnifique couvent appartenant à des religieuses dites dominicaines. Il y

avait là de vastes dortoirs, de grands réfectoires et de
beaux jardins. C'était un pensionnat de jeunes filles. Nos
malades, je ne dirai pas nos blessés, nous en avions si
peu, se trouvaient à merveille dans cet établissement.

Nous étions réinstallés dans notre cantonnement, où
arrivaient, trempés jusqu'aux os, des officiers et des soldats du 22ᵉ de marche, ancien 72ᵉ de ligne ; ces malheureux soldats n'avaient point de gîte, et il était dix heures
du soir. On les logea tant bien que mal dans une maison
vide du quartier ; leur poste fut placé dans un endroit
que nous avions surnommé le poste des pommes de
terre, parce que nous en avions fait le magasin de ces
tubercules rapportés de nos expéditions de fourrageurs.
Les soldats furent très-reconnaissants de notre accueil et
de quelques litres de vin que nous leur offrîmes. Quant
aux officiers, ils furent invités à la table de ceux du 7ᵉ
mobile, et en partant le lendemain, ils nous remercièrent
de notre hospitalité modeste mais cordiale.

Vers cette époque, c'est-à-dire le 31 octobre, on affi-
cha dans Paris la capitulation de Metz. C'était notre dernière espérance qui s'envolait. Quelle douleur
nous éprouvâmes ! Mais depuis lors tant de malheurs
sont arrivés qu'on oublia vite celui-là. M. Thiers, qui a
eu l'insigne honneur de prédire nos désastres et de les
réparer, apportait des propositions d'armistice. On eût
peut-être bien fait de les accepter. C'était notre intérêt ;
mais personne ne voulait de la paix. Il y avait chez nous
une question à vider, la question d'honneur. Le siège de
Paris n'eût-il eu que ce résultat, qu'il ne faudrait pas
le regretter. Quand un peuple, divisé et révolutionné
comme le nôtre, est encore assez sensible à l'honneur
pour le préférer à tout, il y a lieu d'espérer qu'un jour ce
peuple saura se relever.

Le temps n'était pas aux bonnes nouvelles. Après la prise de Metz nous apprenions la reprise du Bourget par les Prussiens. On a fait grand bruit de cette affaire qui fut surtout honorable pour les Français tombés en défendant ce point peu important par lui-même. Les Prussiens avaient au Blanc-Ménil, derrière le Bourget, un parc d'artillerie qui rendait les lignes prussiennes inabordables de ce côté. Ce n'était pas le Bourget qu'il fallait prendre par un coup de main, comme le firent nos courageux francs-tireurs, c'était le Raincy, d'où l'on pouvait tourner les positions de l'ennemi. On a bien essayé, comme nous le verrons plus tard, à Avron, de réparer cette faute. Mais il était trop tard. Malgré cela, je dois dire que la reprise du Bourget découragea beaucoup les Parisiens, précisément parce qu'ils s'étaient exagéré l'importance de ce point. Puis on avait tant chanté la victoire du Bourget! Mais soyons de bon compte; n'avait-on pas autant crié, jadis, « à Berlin ! » et nous n'y sommes allés... que prisonniers de guerre !

Tout semblait tourner contre nous. Le ciel lui-même nous donnait le spectacle de phénomènes qui eussent impressionné des peuplades sauvages. Mais les Parisiens sont-ils gens à croire à quelque chose de sérieux? Nous eûmes, le 25 et le 26 octobre, deux aurores boréales qui m'ont toujours paru devoir nous annoncer deux grandes calamités. Le 25 étant le jour de la prise de Metz, je crus d'abord que cet événement était l'un de ces malheurs; mais depuis que j'ai vu le règne de la Commune, je vois dans ce double phénomène, l'image sanglante des deux siéges de Paris.

Nos moblots, assez peu crédules de leur nature et passablement loustics, expliquèrent ces aurores boréales par quelqu'appareil électrique qui devait fonctionner du haut de l'Arc-de-Triomphe. L'un d'eux assurait même, que l'un de ses cousins, électricien de profession, lui avait annoncé une belle expérience pour ces deux jours-là. Si jamais ces incrédules assistent aux phénomènes célestes qui doivent précéder la fin du monde, ils les attribueront à quelque physicien en renom. Allons, les gens d'esprit sont comme les riches, ils entreront difficilement dans le royaume des cieux. Au fait, on fera peut-être bien d'en exclure nos Parisiens, car ils trouveraient le moyen d'y faire des révolutions.

Le 31 octobre ils nous donnèrent une fameuse alerte. Le général Trochu et tous ses collègues furent un moment prisonniers de MM. Mégy, Pyat et compagnie; heureusement les mobiles bretons étaient là. J'y avais un ami qui se conduisit fort bien. C'était le capitaine de Livaudais, bien digne de commander à de tels soldats. Ils ne tardèrent pas à tirer pour de bon sur les frères et amis. Ceux-ci crièrent à la trahison et se sauvèrent dans toutes les directions. Le gouvernement fut délivré, et grâce au sang-froid de M. Picard, la garde nationale fidèle vint établir un cordon sanitaire autour de nos gouvernants. Cette facétie révolutionnaire nous valut une soirée passée à la belle étoile, sur l'avenue du Roule. Le gouvernement, consolidé par l'insuccès de l'émeute, fit aux électeurs un appel qui lui donna l'immense majorité des suffrages. Ce plébiscite eut lieu le 3 novembre 1870.

Voilà de quoi l'on s'occupait dans Paris pendant que les Prussiens étaient à nos portes. Ces derniers y mirent du reste une discrétion qui m'a toujours étonné. Ils n'attaquèrent point. Nous eûmes même un armistice. Probablement le prince de Bismark nous croyait à notre agonie, après cette tentative de suicide.

Mais nous étions vraiment de drôles de gens. Vous

croyez peut-être qu'après ce vote et cette belle équipée nous sommes retournés en masse aux remparts? Point du tout. Il a fallu voter ensuite pour nommer des maires et des adjoints. Il y eut dans ce Paris assiégé des réunions électorales. C'était à n'y pas croire. Je les ai vu fonctionner cependant. Les auditeurs en képi n'avaient pas l'air de se douter que l'ennemi fût à leurs portes. C'est, à ce qu'il paraît, dans la destinée des grandes villes, puisqu'on raconte la même chose des Byzantins aux prises avec les Turcs.

Cette fièvre d'élections atteignit les moblots eux-mêmes. Nous eumes nos candidats et nos réunions électorales. La discipline ne s'en trouva pas mieux pour cela; croyez-le bien. Le capitaine Raoul fut même candidat pour l'un des arrondissements de Paris. Des moblots, habitués des clubs ou aspirants clubistes, l'interrogèrent et lui demandèrent sa profession de foi politique. Il y eut une série de discours dans une des salles basses de l'ambulance. Le capitaine Raoul, qui avait été avocat, réussit assez bien et fut nommé candidat des moblots. Les électeurs de Paris ne furent pas du même avis. Si j'osais donner mon opinion d'auteur (ce qu'on ne doit jamais faire), je dirais qu'ils ont bien fait, car je plains les gens qui sont quelque chose à Paris. Paris est une chose étrange et merveilleuse que je mettrais sous verre, comme les objets qu'il est permis de regarder, mais auxquels on ne doit pas toucher. C'est une machine énorme et compliquée qu'il faudrait toujours avoir soin de monter comme une horloge, mais en gardant la clé dans sa poche.

Les Prussiens nous laissèrent, du 3 au 6 novembre, trois jours de répit, c'est-à-dire d'armistice, pour nous livrer à toutes ces folies; le mot n'est pas trop dur, quand on sait les noms de ces élus hétérogènes qui sortirent des urnes parisiennes. Notre salle électorale une fois vide de ses orateurs, on la transforma en théâtre, et nos moblots du 7ᵉ y donnèrent des représentations. Il faut toujours que le Français s'amuse! Ce fut la 5ᵉ compagnie qui fournit le personnel de ce spectacle. Les acteurs (parmi lesquels il y en avait un véritable, nommé Flicon au bataillon et Gâtinais dans la coulisse); les acteurs, dis-je, méritèrent des applaudissements qu'on ne leur ménagea pas. Nous avions, outre Gâtinais, le roi de toutes les pièces et qui possède un véritable talent de comique, deux autres acteurs assez bons; ils se nommaient Prétet et Cretté. Il y avait aussi un excellent chanteur appartenant à la 4ᵉ compagnie et qui s'appelait Niveleau. Le programme annonçait une série de chansons et une tragédie burlesque, où l'on voyait Gâtinais déguisé en princesse. Il était fort drôle. Un jeune moblot, nommé Honoré, lui servait de soubrette. L'illusion était complète, et si nous n'avions pas été dans le secret des sexes, la suivante de la princesse aurait reçu, le soir même, plus d'une chaude déclaration. Nous eûmes plusieurs séances, et à chaque fois la salle était comble. L'enthousiasme et la gaîté des moblots n'étaient tempérés que par la présence des officiers, et surtout du commandant, qui faisait d'eux ce qu'il voulait. Je n'ai jamais vu d'homme avoir plus d'autorité sur les foules. Il était grand, ce qui est déjà un avantage; de plus, il avait la parole facile et savait s'en servir. Joignez à cela un courage téméraire connu de tous; il y en avait assez pour en faire un demi-dieu, et les moblots ne juraient que par lui. Ce soir-là (je veux parler de la première représentation au Théâtre-Moblot), il présidait dans un grand fauteuil placé en face de la scène et il était entouré de tous les officiers du bataillon. Derrière eux les mobiles étaient rangés par compagnie sur une série de banquettes parallèles. Toutes ces têtes ornées du même képi et chargées du même nombre de printemps, offraient un ensemble à la fois plein de gaieté et d'originalité.

Il fallut cependant songer aux choses sérieuses. Aussi bien l'on venait de prendre de nouvelles dispositions militaires. L'armée de Paris désormais allait former trois armées, placées sous les ordres des généraux Ducrot, Trochu et Clément Thomas; ce dernier commandait la garde nationale; on sait la récompense qu'il a reçue de ses soldats.

Le 7ᵉ mobile fit partie de la 1ʳᵉ brigade de la 1ʳᵉ division du 1ᵉʳ corps de la 2ᵉ armée, sous les ordres des généraux Martenot de Cordoux, Malroy, Vinoy et Ducrot. Ces changements de corps ne nous impressionnaient plus. Ils étaient trop fréquents et n'amenaient d'ailleurs aucun changement dans le système général. En principe, rien n'est mauvais comme ce chassez-croisez de chefs. La province a eu, sous ce rapport, plus à souffrir que nous. C'est bien simple, elle avait plus de généraux ! Pourquoi ne pas faire comme les Allemands? Il faut nous résigner à les imiter si nous voulons les battre un jour. Nous l'avons déjà dit, mais il ne faut jamais se lasser de revenir sur cet important sujet. Les Prussiens organisent les cadres de toute leur armée d'une manière permanente. De cette façon, les soldats savent en temps de paix sous quel général ils serviront pendant la guerre. Le soldat apprend à connaître et à aimer ses chefs. Ces derniers se familiarisent avec les aptitudes, les besoins, et même les visages des hommes placés sous leurs ordres. C'est un moyen d'éviter bien des méprises, bien des bévues, et particulièrement cette gène naturelle

à l'homme qui ne sait pas sur quel terrain il marche. Il
faut être malade moralement, comme nous le sommes
en France, pour qu'on ait besoin de dire et d'écrire ces
vérités élémentaires.

Il y a des gens qui, voulant mettre toutes les chan-
ces favorables de leur côté, examinent scrupuleuse-
ment les petites ou grandes réformes à introduire
dans leur système politique ou militaire. Nous autres,
nous passons notre vie à chercher s'il reste encore en
France quelque chose à désorganiser. La nation tout
entière en est là. Un particulier qui conduirait ainsi ses
affaires, ne tarderait pas à être poursuivi en interdic-
tion par sa famille, et ce serait rendre un service à ses
enfants!

Nous touchons au terme de notre séjour à Neuilly. Il
commençait à faire grand froid. On nous fit la gracieu-
seté de nous distribuer des capotes bleues, fort belles et
fort chaudes. Il est vrai qu'elles n'avaient pas de boutons! Les moblots ne tardèrent pas à s'en procurer. Seulement il ne fallait pas les regarder de trop près. Il y
avait dessus tous les numéros de la table de Pithagore,
et l'on voyait des aigles à côté du coq gaulois et du fais-
ceau des licteurs romains. Ce désordre ne m'étonne pas.
Quand les hommes n'ont plus de logique, il reste la logique des choses. C'était l'image de l'ordre qui règne
dans notre société moderne.

Le lendemain de la seconde représentation du Théâtre-
Moblot, où l'on avait vu des choses nouvelles et surpre-
nantes, entr'autres un caporal imitant le violon avec ses
lèvres, le capitaine Raoul fut invité à déjeuner chez le
commandant. Ce dernier habitait une maison située à
l'intersection des avenues du Roule et Sainte-Foye. Il
avait à sa table tout un état-major, composé du capitaine

adjudant-major, de l'aumônier, du docteur, d'un officier d'ordonnance et d'un sous-officier secrétaire, tous gens du meilleur monde. C'étaient le comte d'Héliand, le comte de Gontaut-Biron, le Père Tailhan, le docteur Bourdon, MM. Chalamet et Ambroise Rendu. Le comte de Vernou-Bonneuil présidait cette table avec sa gaieté ordinaire. Dans la vie privée, le commandant s'effaçait chez lui derrière l'homme du monde. Mais en revanche, sur le terrain, le commandant reparaissait tout entier.

Ce jour-là, M. de Vernou, jetant un coup d'œil rétrospectif sur les événements, nous raconta ses conférences avec le maréchal Niel, qui le tenait en grande estime. Il nous tint longtemps sous le charme de sa conversation, jusqu'à ce que le moblot, qui faisait son portrait (car nous avions aussi des peintres parmi nous), vint lui rappeler qu'il était l'heure d'aller poser. Le commandant emmena le capitaine Raoul à l'atelier improvisé par son ordre. C'était un véritable atelier; seulement il était vide de son peintre et de ses tableaux.

Neuilly nous offrait de grandes ressources, et notre chef, avec la manière heureuse dont il savait tirer parti de tout, en usa largement à notre profit. Outre notre ambulance, notre salle de spectacle, l'atelier de peinture, nous eûmes des salles de police, des prisons, des cachots, des bains qui avaient une excellente influence sur la santé des moblots; ces bains ne leur coûtaient rien, ce qui les leur faisait paraître encore plus agréables. Nous eûmes encore des magasins à fourrage, quatorze cibles organisées par les soins du capitaine de Venel. Je n'en finirais pas si je donnais le détail de tout ce que nous avions à notre disposition à Neuilly. C'était un pays de cocagne. Aussi, les moblots l'ont bien regretté depuis.

Le capitaine Raoul assistait donc à la séance du peintre qui reproduisait les traits du commandant. Ce dernier, poursuivant le sujet entamé pendant le déjeuner, dit au capitaine : Prenez une plume et de l'encre. Je vais vous donner une note sur la question militaire, et il dicta ce qui suit :

« Le 22 octobre 1867, ayant assisté à un dîner chez le
» maréchal Niel, j'entendis ce dernier nous dire, à pro-
» pos de la question militaire : Si d'ici à quatre ans la
» France n'a pas une réserve aussi considérable que la
» landwehr, la France est perdue. Ces paroles prophéti-
» ques n'ont été comprises que d'un très-petit nombre
» de personnes. A cette époque, la garde mobile était
» déjà arrêtée dans son esprit. Ceux qui ne connaissent
» la pensée du maréchal que par la loi du 1er février
» 1868, se trompent complétement sur l'idée créatrice
» de cet homme de bien, qui osa dire au gouvernement
» et à la nation que la défense contre l'Allemagne était
» d'une complète impossibilité. Nous tenons d'un té-
» moin, d'un confident, et même d'un coopérateur du
» maréchal, des détails intéressants qui ne seront pas
» inutiles quand la France voudra se mettre en état de
» veiller à sa sécurité pour l'avenir.

» A cette date, du commencement de l'automne de
» 1867, les idées du maréchal n'avaient pas encore été
» modifiées par la nécessité absolue où il s'est trouvé de
» faire approuver son projet par les hommes puissants
» qui gouvernaient alors la France. Les modifications
» imposées au maréchal étaient toujours faites dans un
» but, celui de placer constamment toute création nou-
» velle entre les mains de l'administration civile, afin de
» ne point élever, dans l'avenir, des compétitions nou-
» velles qui eussent nui aux candidatures officielles,
» l'arche sainte portant César et sa fortune.

» Voici en peu de mots le squelette du projet :

» Ceux qui connaissent l'organisation de la landwehr
» en Allemagne, reconnaîtront de suite les rapports qui
» devaient rapprocher l'organisation de la garde mobile
» de celle de la landwehr. L'infanterie de ligne en
» France comportait cent régiments à trois bataillons.
» Le maréchal décida la création de trois cents batail-
» lons de garde mobile correspondant aux trois cents
» bataillons de ligne. De même qu'en Allemagne les ré-
» giments sont binés; en France, ces bataillons de-
» vaient être placés par série de trois dans les cent régi-
» ments de ligne. Le lieutenant-colonel qui, en France,
» n'a pas de commandement direct dans l'infanterie, et
» dont l'oisiveté est une pénible charge pour les titulai-
» res, se trouvait particulièrement chargé de l'organi-
» sation et de l'administration des trois bataillons de la
» garde mobile du régiment, sans cesser de relever du
» colonel. Les régiments ainsi composés, mi-partie d'in-
» fanterie de ligne et mi-partie de garde mobile, for-
» maient des demi-brigades dont l'existence et la cohé-
» sion devaient être assurées par les détails suivants
» d'instruction et d'organisation : chaque bataillon d'in-
» fanterie devait envoyer à son bon frère de la garde
» mobile, quatre capitaines pour commander les divi-
» sions; les sergents instructeurs devaient être envoyés
» de la même manière. Le maréchal, sans qu'il se soit
» expliqué autrement sur l'emploi à faire de la réserve
» de l'armée, c'est-à-dire des hommes envoyés par an-
» ticipation dans leurs foyers, après avoir accompli un
» certain nombre d'années sous les drapeaux, avait bien
» l'intention, surtout dans les commencements, de pro-
» fiter de ces soldats déjà instruits pour constituer une
» partie des cadres. La plus grande partie des cadres,

» celui des officiers, sauf les capitaines divisionnaires,
» devaient être remplis par des volontaires présentant
» des aptitudes militaires sérieuses. Le maréchal pen-
» sait, avec raison, trouver parmi les officiers démis-
» sionnaires qui, jeunes encore, quittent l'armée pour se
» marier, et qui forment la partie la plus riche des jeu-
» nes officiers ; le maréchal pensait trouver parmi eux
» des éléments excellents pour agir sur ces soldats re-
» présentant sous les drapeaux cette partie de la jeu-
» nesse à qui la fortune avait permis de se faire exemp-
» ter du service militaire. Dans un avenir relativement
» court, le maréchal comptait rencontrer, dans la garde
» mobile, des candidats très-aptes à remplir toutes les
» fonctions, sauf celles de capitaines divisionnaires, qu'il
» réservait aux jeunes capitaines de l'armée sur les-
» quels il fondait des espérances pour créer un état-ma-
» jor comparable à celui qui a fait la fortune de la
» Prusse, dans la campagne de 1866 en Bohème, et dans
» celle de 1870 en France. Les régiments de la garde
» mobile devaient être, chaque année, réunis dans un
» camp par circonscriptions territoriales et exercés sous
» la surveillance du lieutenant-colonel, et passés en revue
» à la fin des exercices, le dernier jour, par le colonel
» en personne. Les chefs de bataillon devaient être
» chargés de l'instruction des cadres, en ayant les
» quatre capitaines divisionnaires pour les seconder et
» les remplacer.

» Il était beaucoup laissé à l'initiative des chefs, afin
» de gêner le moins possible les jeunes gens formant les
» cadres, dans leurs occupations journalières. Le maré-
» chal avait été très-impressionné du rapport que je lui
» avais fait sur l'organisation d'une institution qui est
» comme la base de la landwehr en Allemagne, et sans
» laquelle il serait à peu près impossible, à un homme

» versé dans la connaissance des choses militaires, de se
» rendre compte de la solidité de cette landwehr. Nous
» voulons parler des engagés d'un an. En Allemagne,
» les jeunes gens qui suivent les cours de l'Université
» s'engagent pour un an. Cet engagement consiste à
» suivre les cours militaires qui leur sont faits journel
» lement; c'est, en un mot, le cours théorique et prati-
» que de l'école de Saint-Cyr, fait dans toutes les Uni-
» versités et suivi par tous les étudiants.

» A la fin de l'année scolaire, en même temps que
» leurs autres examens, les étudiants engagés d'un
» an (ils le sont dès l'âge de dix-sept ans, s'ils le
» désirent) passent des examens devant une commission
» militaire, et reçoivent, comme en sortant de Saint-Cyr
» des brevets de sous-lieutenants, et de sous-officiers
» pour ceux qui ont moins bien satisfait aux examens.
» Les uns et les autres sont immédiatement immatricu-
» lés avec leurs grades dans la landwehr, et d'ors et
» déjà ils sont exemptés du service actif dans l'armée
» permanente.

» Cette magnifique institution est la véritable base
» de la puissance militaire en Allemagne. Elle est pro-
» fondément inconnue en France et elle ne saurait trop
» y être étudiée. Le maréchal Niel m'avait recommandé
» de lui soumettre un projet, pour faire, dans les lycées
» de France, l'application des principales dispositions
» de cette organisation. Malheureusement la mort vin,
» le surprendre au milieu des épreuves de toute nature
» des déboires sans nombre qui, chaque jour, venaient
» mettre obstacle à la réalisation de ses patriotiques
» desseins. Le maréchal Lebœuf qui lui succéda, ne par-
» tageait, en aucune façon, ses appréhensions vis-à-vis
» de l'Allemagne.

» La création de la garde mobile lui paraissait au

» moins une inutilité, certain, comme il l'a tant répété
» depuis, qu'il ne ferait qu'une bouchée de l'armée al-
» lemande. Peut-être ceux qui sont appelés à réorgani-
» ser les forces de la France auront, pour les vues du
» maréchal Niel, le respect et la considération qu'elles
» méritent. Peut-être comprendront-ils que les phrases
» dorées du maréchal Lebœuf ne cachaient qu'une pué-
» rile vanité? peut-être enfin voudront-ils doter notre
» pauvre pays de moyens suffisants pour le mettre à
» l'abri d'outrages semblables à ceux dont il est abreu-
» vé! Malheureusement l'ignorance des principes les
» plus élémentaires est telle, dans les états-majors
» français et parmi les personnes qui ne connaissent
» l'armée que par eux, qu'il est possible que l'œuvre du
» maréchal Niel reste encore à l'état latent, jusqu'à ce
» que nous rencontrions un homme de guerre, comme
» le maréchal Gouvion Saint-Cyr, sous la Restauration,
» ou comme le maréchal Soult sous le gouvernement de
» Juillet. »

Là s'arrêta la dictée du commandant, au grand mécontentement du capitaine Raoul, interrompu par une
visite, et à la grande satisfaction du peintre qui venait
de faire un œil de travers, en s'excusant sur la mobilité
de son modèle.

Le capitaine Raoul allait être menacé d'une grand'-
garde dans l'île de Puteaux, ce qui lui eût rappelé celle
de la Grande-Jatte; mais des projets de départ le firent
échapper à cet ennui. Cette grand'garde n'avait en effet
rien d'agréable. Il n'y avait aucun combat à espérer et
on n'y pouvait gagner que des rhumatismes. Cependant
on faisait bien de se précautionner contre toute surprise
de l'ennemi.

Je dois parler des raisons qui nous firent changer de

cantonnement. Cela demande une explication, car notre changement de résidence n'était rien moins qu'une disgrâce.

Nos moblots étaient charmants, nous l'avons déjà dit, vifs, spirituels, alertes. Ils avaient toutes les qualités des Parisiens, mais un grand défaut : ils *se tiraient des pieds*. Le général Martenot avait accordé un congé de vingt-quatre heures, à l'occasion des élections, et on lui avait promis de ne pas en abuser. Il y avait un engagement solennel. Je n'ai pas besoin de vous dire que les moblots n'en tinrent aucun compte. Il y eut beaucoup d'absents à l'appel du surlendemain. Le général, habitué à la discipline sévère de ses gendarmes, se montra fort mécontent de ce manque de parole. Je me rappelle l'avoir rencontré à cheval, rue du Château, et avec cette franchise qui le faisait aimer, il nous tint ce langage significatif : « Je ne vous aime plus ! nous sommes brouillés ! vous m'avez trompé ! nous allons nous séparer ! » Il avait compris que le séjour de Neuilly représentait un peu trop, pour nous, les délices de Capoue. Au fond, il avait raison. On nous envoya du côté de Pantin et plus tard au plateau d'Avron, séjour moins délicieux qui fut une rude école pour nos moblots, mais qui contribua beaucoup à les former à la discipline et à la vie militaire.

Voilà pourquoi nous partîmes le 10 novembre 1870 pour Bobigny surnommé Bobigny-les-Bains, en raison de sa boue et de ses averses.

CHAPITRE VII

— La nuit de grand'garde. — Les feux des chasseurs à pied. —
Le fort de Nogent fâché! — Le colonel Valette à Montreuil.

Nous nous souvînmes longtemps de cette étape de
Neuilly à Bobigny. Comme si l'inclémence du ciel s'était
jointe à celle de l'autorité, il neigeait ce jour-là à gros
flocons. La neige et la pluie sont les deux plus grands
ennemis des soldats en campagne. Cette neige nous accompagna dans ce voyage depuis dix heures du matin
jusqu'à cinq heures du soir, c'est-à-dire pendant toute
sa durée. J'avais été chargé de surveiller l'arrière-garde
et en particulier un convoi de quinze voitures qui formaient le déménagement du bataillon. Je pensais involontairement à ces voitures impériales qui furent un
si grand embarras pour nos armées de l'Est. Le bataillon
emportait de la paille, du foin, des sacs, toutes les pail-
lasses des hommes et je ne sais combien d'autres choses.
Cela ressemblait au déménagement de Saint-Maur à
Châtillon dont nous avons déjà parlé !

Ce convoi marcha du reste avec une telle rapidité,
qu'il arrivait à destination très-peu de temps après le
bataillon. J'ai fait, à cette occasion, une remarque qui
pourra servir aux hommes de guerre. La marche rapide
d'un convoi ne dépend pas de la vivacité du mouvement,
mais de sa régularité. Ayant remarqué que certaines voitures n'avaient pas l'allure des autres, j'arrêtais le convoi tous les quarts-d'heure, une minute seulement. Ce
temps d'arrêt, fréquemment répété, maintint la cohé-
sion de la colonne, et ce fut une grande économie de
temps. Cette colonne était d'ailleurs encadrée entre deux
lignes de moblots et deux pelotons commandés chacun
par un officier. Une des grandes erreurs commises sous
mes yeux, pendant la guerre, a été l'habitude qu'avaient

certains chefs de précipiter la marche de leurs têtes de colonne, pour arriver au but désigné. Presque jamais le reste des troupes ne suivait le mouvement de celles qui étaient en tête. Un arrêt, un ralentissement fait à propos, eût tout réparé. Mais, à une certaine distance, il est impossible de se rejoindre et les troupes restées en arrière, n'ayant plus ni chef, ni direction, finissent par faire fausse route, ce qui est une nouvelle perte de temps. Les Prussiens courent moins vite, mais ils arrivent en masse compacte. En un mot, nos Français habitués à marcher en tirailleurs, ne savent pas le faire à rangs serrés, et leur attaque, comme leur retraite, n'est plus qu'une débandade. Cette grave erreur, et ce défaut capital engendrent toujours, dans une colonne, l'hésitation qui aboutit souvent à un complet désarroi ; je me hâte de dire que ma remarque pourrait s'appliquer tout aussi bien aux troupes de province qu'aux nôtres. Cette habitude funeste était générale dans les armées françaises. Des officiers de l'armée de la Loire m'ont assuré qu'après le combats d'Orléans, des traînards se sont égarés jusque dans le Midi de la France.

J'ai fait plusieurs fois l'expérience du système de marche que j'indique plus haut. Un jour, entre autres, nous revenions d'un de ces nombreux combats livrés sans résultat, sous le Mont-Valérien. Il fallait traverser ces barricades de Sûresne, Puteaux et Neuilly, que nous devions à l'esprit malfaisant de Rochefort. A chaque barricade, on marchait par le flanc droit et par file à gauche, puis une fois la barricade passée, on se reformait par pelotons en ligne. Tout cela demandait du temps et surtout de l'ordre. La tête du bataillon nous avait quittés depuis longtemps. Voulant ramener ma compagnie tout entière, je la maintins en bon ordre et je ralentissais le

6.

pas, quand je m'apercevais d'un retard dans les dernières files. Grâce à cette précaution, non-seulement je
ramenai ma compagnie et le demi-bataillon qui la suivait en rangs compactes et serrés, mais encore nous arrivâmes à Neuilly en même temps que la tête de colonne
qu'il avait fallu reformer à l'entrée de la grande avenue.

Notre marche vers Bobigny, faite d'après ce principe,
ne fut marquée d'aucun incident fâcheux, sauf celui
d'une voiture versée que nos hommes remirent lestement sur ses roues. La route les avait un peu fatigués.
Mais quelle surprise désagréable les attendait à Bobigny !
Je n'oublierai jamais l'expression de leurs figures, lorsqu'ils arrivèrent dans ce reste de village, car Bobigny
n'était plus qu'un monceau de ruines. Les Prussiens,
les obus français et les éclaireurs des deux nations
avaient passé et repassé par-là jusqu'à ce que la destruction la plus complète s'en fût suivie. Il n'existait
plus que quelques maisons perdues au milieu des dé-
combres. On ne voyait partout que toits effondrés, pans
de mur écroulés, pierres accumulées, boue épaisse dans
les rues et des monceaux d'ordures ou d'objets brisés et
à moitié brûlés. Voilà ce qu'était Bobigny quand nous y
arrivâmes. C'est ce qu'on appelle en langage familier un
joli port de mer. Aussi les moblots lui donnèrent-ils
toute sorte de surnoms : Bobigny-les-Bains, Bobigny-les-
Boues ; c'était en réalité Bobigny-le-Brûlé. Ce village est
un de ceux des environs de Paris qui ont le plus souffert
du siége. On voyait qu'après l'ennemi, il avait reçu la
visite de ces bandes de maraudeurs civils et militaires
qui achèvent de piller ce que la guerre n'a pas détruit.
Ce sont des corbeaux d'une espèce particulière qui suivent aussi les armées et ce ne sont pas les meilleurs, car
du moins les corbeaux du ciel ne se portent sur les ca-

davres que pour s'en nourrir, tandis que les autres ne s'en approchent que pour les dépouiller. Bobigny avait dû voir des nuées de ces corbeaux-là. Il n'y restait plus rien qui vaille. On y trouvait à peine quelques chaises ou des tables cassées. Au milieu de la boue qui remplissait les rues, vous jugez de notre désappointement. Il était aussi complet que la ruine de ce pauvre village. Notre commandant avait eu cependant la chance de trouver une maison presque entière. On avait réuni toutes les chaises du pays, pour lui composer un mobilier. Ce n'était pas brillant ; mais enfin on pouvait s'asseoir. Il nous invita ce soir-là à dîner avec lui, c'est-à-dire à joindre notre dîner au sien, car nous n'étions guère plus approvisionnés les uns que les autres. Il n'y avait pas eu de distribution de vivres !

C'est encore-là un des côtés regrettables de notre organisation militaire. Quand les troupes se déplacent, n'importe où et n'importe à quelle heure, il devrait toujours y avoir à leur portée, un convoi de munitions et de vivres. C'est à cette précaution que les Prussiens ont dû la moitié de leurs succès. Des troupes qui mangent et qui ont des cartouches, se battent toujours bien. La démoralisation s'empare de celles qui manquent de ces deux choses. Elles se croient abandonnées ou trahies et voilà comment on perd les batailles par une coupable négligence. Il ne suffit pas d'armer des soldats, il faut surtout veiller à leur repos et à leur nourriture. Chez nous les chefs de corps ont toujours l'air de croire qu'ils commandent à des automates n'ayant aucun des besoins de la nature humaine !

Qu'on ne m'accuse pas de répéter les mêmes choses ! Je le fais à dessein, pour fixer l'attention sur les abus que je combats.

Nous dînâmes donc tant bien que mal chez le commandant.

Ce fut Ambroise Rendu, un avocat à la Cour d'appel, portant noblement un beau nom, qui se chargea de la cuisine. Il nous prépara un excellent plat de pommes de terre frites. Quand il plaide aujourd'hui au Palais, il doit bien rire de ces souvenirs. Eh bien! il faut remercier le ciel d'avoir permis que nos Français pussent retrouver, en un jour de deuil, leur virilité d'autrefois. Que de jeunes muscadins qui n'auraient pas ramassé leur cigare tombé sur l'asphalte de nos rues, j'ai vus cirer eux-mêmes leurs souliers et faire les corvées les plus pénibles et les moins poétiques! La guerre est une rude école; mais elle forme bien les hommes. Il naîtra plus de caractères de cette dernière campagne que des longues années de paix qui l'ont précédée. Oui, la guerre nous a rendu l'esprit de discipline que la révolution nous avait absolument fait perdre. Notre armée régulière était atteinte du mal révolutionnaire. Jamais je n'ai mieux compris, que dans cette guerre, la stérilité de ces doctrines dont la France s'était éprise et qui ont failli la perdre à jamais. Qu'on vienne nous parler à présent de la grande cause démocratique, des idées modernes, de la civilisation européenne, de la solidarité des peuples, de la fraternité universelle! En voilà des mots creux qui sont devenus des obus entre les mains des Allemands! Ah! comme ils ont dû se moquer de la crédulité de ce peuple français qu'on assure être le plus spirituel des peuples! Jusqu'où n'allait pas, en effet, cette crédulité? Nous en étions arrivés à croire que nous menions le monde; que nous avions à la main le flambeau des idées. Quelles illusions! Quelles sottises! Les gens de lettres qui ont contribué à nous entretenir dans ces folles rêveries, sont vraiment bien coupables! La guerre nous a montré ce qu'il fallait penser de l'école révolutionnaire et des idées modernes. Tout cela nous a conduits à nous faire battre, quand nous avions plus d'argent que nos adversaires et autant d'hommes en état de porter les armes. A la voix de notre République, les trônes de l'Europe devaient tous vaciller sur leurs bases! Nous avons en effet proclamé la République, mais elle ne nous a pas donné un allié de plus que l'Empire. Aucun trône n'a bougé, et le féroce Mazzini, lui-même, s'est tenu dans un silence des plus prudents. On cherchait en Europe les républicains, on n'y trouvait que des adorateurs de nos ennemis, c'est-à-dire des adorateurs de cette puissance fatale qu'on appelle *la force*. Voilà ce qu'a produit cette école moderne dont nous étions les professeurs. Nos élèves nous ont reniés dans le malheur. Saurons-nous revenir à ces grandes traditions qui donnèrent à la France quatorze siècles de gloire! C'est pour les avoir abandonnées que nous sommes tombés si bas!—J'entends parler partout de trahison! Vous dites qu'on vous a trahis, ne pouvant expliquer le désarroi de vos idées! Vous, ne voyez pas que c'est vous qui avez trahi votre passé, qui avez déserté le drapeau de vos pères! Ils combattaient jadis pour le droit et la religion. — Vous combattez, vous, pour la révolution! — Dans ce camp-là, les alliés ne viennent à vous que lorsqu'on est victorieux. Que la France reprenne sa vieille épée des croisades; qu'elle soit encore le champion de la justice et du droit, de l'Église et de Dieu; vous la verrez redevenir la grande nation; vous n'entendrez plus alors ses fils crier « à la trahison!» Il vous semblera plutôt que le ciel combat avec eux, car vous retrouverez en eux cette *furia francese*, foudre ravie un instant à leurs mains par ce Dieu qu'ils avaient trahi.

C'est avec bonheur que je verrai luire le soleil de cette civilisation-là. — C'est avec joie que je servirai dans cette noble armée qui délivrera la France du joug honteux auquel la Révolution l'a soumise en un jour d'horreur. Je gage que dans cette armée-là je ne retrouverai pas tous ces corps francs qui n'ont pu, dans la dernière guerre, nous assurer la victoire. Singulier spectacle que celui de ces troupes irrégulières sorties on ne sait d'où ! — Il semblait qu'un génie malfaisant s'acharnait à augmenter encore la confusion de nos idées. — On multipliait les différents corps, sans doute pour que cette variété stérile fût l'image fidèle de notre triste société.

Je n'ai jamais vu rien de plus grotesque et de moins militaire que tous ces uniformes inconnus jusqu'alors, et qu'on aurait cru sortis des magasins de quelque costumier de théâtre.

A Paris, il y avait des corps francs à l'infini. Je m'étonne qu'on n'ait pas formé un bataillon japonais, avec de grandes perruques couleur de feu et des masques hideux destinés à effrayer les Prussiens ! Les costumes ont manqué ou bien l'idée n'en est venue à personne !

Nous avions à Bobigny des francs-tireurs de je ne sais quelle espèce et des éclaireurs où j'ai compté plus d'officiers que de soldats. Je ne veux dire aucun mal de ces braves que je ne puis juger, ne les ayant jamais vus au feu. Je crois même qu'ils ont rendu des services, en harcelant l'ennemi aux avant-postes; mais quel spectacle affligeant pour de vrais militaires que la vue de toutes ces troupes indisciplinées et mal équipées !

Nous avons eu quelquefois à souffrir du voisinage de ces corps francs. Il y avait entre autres, à Rosny, les francs-tireurs des Lilas que l'amiral Saisset a fort adroitement désarmés en les attirant dans le fort.

La mobile n'était déjà pas trop disciplinée. Jugez ce que devaient être tous ces soldats d'aventure dont l'existence dépendait d'un caprice ou d'un hasard.

Quand on rencontre des gens honorables (il y en a d'égarés partout) ayant fait partie des bandes de bravi qui couvraient le sol français, on peut avoir quelques égards pour tant de courage et de patriotisme si mal employés, on peut même écouter, sans rire, le récit de ces hauts faits que racontent toujours les gens qu'on n'a pas vus se battre. Pour ma part, je suis de bonne composition, et quand je sers d'auditoire à l'un de ces causeurs pleins d'eux-mêmes, il ne soupçonnerait pas sur ma figure qu'au fond je me moque de ses contes. Cette manie de faits d'armes imaginaires est un peu le caractère distinctif de tous ces corps qui n'appartiennent pas à une armée régulière. Dans l'armée, on n'entend personne vous dire : « Ah! Monsieur, si vous aviez été là, vous m'auriez vu aux prises avec quatre grands diables de Prussiens. C'était au fond d'un bois. Je m'adosse à un arbre : d'un coup de revolver j'abats le premier; j'enfonce mon sabre dans la poitrine du deuxième. Il y a chez les deux autres un moment d'hésitation. J'en profite pour ajuster l'un d'eux que je frappe à la tête. Le dernier devient mon prisonnier et je l'aurais ramené au camp (saisissez bien le sens de ce futur antérieur) s'il n'avait essayé de s'échapper. Il rejoignit ses camarades. » Dans l'armée, ce sont les chefs de corps ou les collègues qui racontent les belles actions des autres; dans les corps francs, chacun est trop occupé de son affaire personnelle pour songer à son voisin.

Laissons là toutes ces troupes irrégulières dont les exploits n'existent que dans l'imagination de ceux qui en ont fait partie.

J'espère que la nouvelle loi militaire nous en débar-
rassera pour toujours.

A Bobigny, vers cette époque, on reparla de la paix.
Mais à Paris le public ne voulait pas en entendre parler.
Il faut rendre aux Parisiens la justice qui leur est due.
Quand plus tard la paix s'est faite, ils ont été fort mécontents, et ce mécontentement, plus patriotique que
raisonnable, fut l'une des causes de l'insurrection du 18
mars. Ce fut une affaire d'amour-propre froissé. Je parle
ici des honnêtes gens, car, bien entendu, les insurgés de
profession n'avaient pas besoin de ce prétexte pour faire
une révolution.

Nous avions à Bobigny un service de grand'garde
très-pénible, la 5e compagnie passa la nuit sur la route
de Bondy. C'était un point très-exposé. Les Prussiens
n'étaient pas loin et notre ligne de défense était faible; elle se composait d'une longue route fort droite,
où les postes étaient peu nombreux et qu'il fallait couvrir de sentinelles. Les balles prussiennes étaient souvent remplacées par celles des moblots d'un autre bataillon en grand'garde sur notre droite. Le fort nous
avertissait cependant à l'aide de ce qu'on appelait des
feux-signaux. Nous les nommâmes les faux-signaux,
parce qu'ils étaient presque toujours une cause d'erreur
pour les sentinelles. Le feu blanc signifiait qu'il fallait
veiller; le feu vert annonçait un mouvement chez l'ennemi; le feu rouge était le signal d'une attaque à redouter. Les moblots, doués d'une imagination vive
comme tous les jeunes soldats, voyaient partout des feux
rouges. J'ai été dérangé plus de cent fois cette nuit-là.
Il est vrai de dire que mon lit n'était pas difficile à refaire, car il se composait d'une chaise en paille à moitié
cassée, sur laquelle j'étais à califourchon.

Les Prussiens faisaient le même service que nous, mais de l'autre côté de la route. J'ai toujours admiré la manière dont ils se gardent. Leurs sentinelles ne bougent pas, ce qui fait qu'on les prend le plus souvent pour des troncs d'arbres. De plus, elles sont presque toujours cachées dans un trou profondément creusé dans la terre. Ils savent admirablement se servir des sentinelles perdues. On ne s'imagine pas l'utilité de ces vedettes qui surveillent les mouvements de l'ennemi et qui peuvent vous avertir à une grande distance. Je m'amusais quelquefois dans nos grand'gardes à faire passer une consigne verbale comme par exemple ces mots: « Le capitaine va venir, » de sentinelle en sentinelle. De cette façon, en recevan, par l'une des extrémités de mon cordon de sentinelles cette consigne donnée à l'autre extrémité, je constatais en quelques minutes que chaque homme était à sa place. Avec des vedettes bien placées on n'est jamais surpris en campagne. C'est une erreur d'ailleurs de penser qu'une sentinelle perdue soit très-exposée si elle veille convenablement. Elle n'a pas à craindre les boulets ennemis, qui ne s'adressent jamais à un homme isolé. De plus, elle voit et n'est pas vue. Enfin, quand elle a donné le signal d'alarme, elle peut toujours se mettre en sûreté. Un homme seul passe partout. J'ai déjà fait cette remarque à propos de Châtillon. Mais on ne saurait trop rappeler ces principes de la vraie guerre tombés chez nous en désuétude.

Nous avions chaque nuit une compagnie de grand'garde à droite de Bobigny, une autre à gauche et une troisième de piquet dans l'église transformée en caserne. Comme elle était abîmée, cette pauvre église ! Il n'y avait plus d'autel et la voûte s'était effondrée sous les obus. Les moblots y faisaient un feu terrible et la fu-

7

mée vous aveuglait au point de ne pouvoir plus reconnaître personne. La fumée est le grand ennui du bivouac. Je plains les Lapons et les Groënlandais qui passent leur vie dans cette atmosphère !

Nous eûmes à Bobigny une nouvelle élection. Il s'agissait de nommer un commandant, le nôtre étant passé lieutenant-colonel. Nous désignâmes l'un d'entre nous, le comte d'Héliand, capitaine adjudant-major. Il avait été notre camarade depuis le commencement de la campagne. On l'avait décoré. C'était un ancien officier de l'armée d'Italie. Tous ces titres expliquent notre choix. Il avait d'ailleurs une place difficile. Le commandant devait naturellement s'effacer derrière la personnalité brillante et populaire du nouveau lieutenant-colonel. C'était le 10 novembre que nous avions appris la distinction dont notre ancien commandant avait été l'objet. Ce fut le 14 que nous procédâmes à l'élection de notre chef de corps. Il fut nommé par les officiers seulement. Cette manie d'élections, qui distingue notre temps, s'était glissée jusque dans l'armée. Rien cependant n'était moins militaire. On a prétendu que ce système d'élections dans la garde mobile avait pour but de la séparer de l'armée active, en la rapprochant de la garde nationale. Si telle a été la pensée du pouvoir, ce fut une faute; car la mobile n'était que trop disposée à s'affranchir de la discipline et à se considérer comme un corps de citoyens armés. Au moment où nous avions remis un peu d'ordre dans les rangs, les élections sont venues, comme un coup de massue, détruire notre œuvre.

Quos vult perdere deus dementat!

Je citerai plus d'une fois encore ce vers latin, la seule

explication de bien des erreurs commises dans cette dernière guerre.

A l'occasion de la nomination du lieutenant-colonel,
il y eut un dîner et un toast porté par le capitaine
Raoul qui fit plaisir au nouveau colonel. En effet,
il rappelait à ce dernier les liens qui l'attachaient au
7ᵉ mobile, sa première création. M. de Vernou s'en est
toujours souvenu, et plus tard, alors qu'il avait sous ses
ordres ce qu'on appelait un groupe de mobiles (le mot
est bien de l'époque), il revenait toujours à son bataillon.
Je veux citer à ce propos un trait que je pourrais oublier
et qui mérite d'être raconté. Il montrera comment on
mène les hommes et les soldats. Un jour, c'était à la fin
du siége, lorsque nous fîmes l'exercice dans cette plaine
de Saint-Maur, d'où l'on entendait si bien siffler les
obus prussiens, le lieutenant-colonel était mécontent
des moblots du 7ᵉ; cela lui arrivait bien quelquefois, car
il y avait dans nos rangs pas mal d'individus dignes d'ê-
tre appelés « mauvaises têtes. » Généralement, quand le
lieutenant-colonel arrivait au 7ᵉ, les moblots accouraient
tous autour de lui comme attirés par une force magnétique. Ce jour-là, M. de Vernou, monté sur son grand
cheval, traverse les rangs sans s'arrêter. On avait cependant battu la berloque et les moblots étaient libres pour
quelques minutes. En l'apercevant, ils se mirent à courir, selon leur habitude. Le lieutenant-colonel tourna la
tête d'un autre côté et passa sans mot dire. Si vous aviez
vu les moblots revenir la mine allongée, et quelques-
uns, les derniers accourus, suspendre leur marche inutile et rester comme cloués au sol en regardant leur
commandant qui s'éloignait ! c'était chose curieuse à
voir. Ils comprirent la leçon et elle était bonne.

Mais revenons à Bobigny, que nous allons quitter

avec le bataillon, après deux alertes nocturnes qui nous
procurèrent l'agrément de passer dans la boue une partie de la nuit et de rester quarante-huit heures sans
nous laver ou nous changer.—Les Prussiens étaient-ils
ennuyés de nos grand'gardes ou de la cible que nous
avions installée à leur barbe et qui devait leur être assez
désagréable, vu la longue portée du chassepot? Je l'i-
gnore. Mais il y eut deux alertes à la suite de notre tir à
la cible, la deuxième séance de ce genre depuis le commencement de la guerre. C'était de Venel qui y présidait avec son sang-froid et sa témérité habituels. Je me
le rappellerai toujours se plaçant un peu à droite des
tireurs, à moitié chemin de ces derniers à la ligne des
cibles. Un maladroit l'eût parfaitement atteint. Il était
là impassible et calme, avec un mépris de la mort vraiment superbe. J'avais déjà fait la même remarque à Châtillon. Nos moblots, cette fois, tirèrent assez mal. J'ai
constaté dans cette campagne avec quelle parcimonie on
nous distribuait des cartouches. Le tir est une des choses les plus nécessaires à cultiver chez le soldat. On se
plaint que les Français tirent de trop loin et trop vite.
Que ne se plaint-on aussi du peu d'habitude qu'ils ont
d'aller à la cible? Les gens qui chassent me comprendront. Est-ce que vous ne voyez pas les chasseurs s'exercer en tirant sur des pierres jetées en l'air, chaque année, avant l'ouverture de la chasse? Est-ce qu'il ne faut
pas bien des années souvent pour former un vrai chasseur? Il en est de même du soldat : quand il est habitué
à tirer juste, il connaît son arme, et l'amour-propre du
tireur l'empêche de s'exposer trop facilement à manquer
le but. Nous eûmes donc une seconde alerte qui fut suivie de notre départ pour Pantin où nous retrouvâmes les
6e et 8e bataillons qui devaient faire partie de notre nou-

veau régiment. — Ce corps avait pour chef notre ancien colonel de Châlons, Monsieur Valette, dont nous étions séparés depuis le départ de Saint-Maur et qui avait laissé parmi nous les meilleurs souvenirs. Nous le retrouverons souvent dans ce récit, car depuis ce jour il ne nous quitta plus, et il sera le principal personnage de la seconde partie de ce livre intitulée : « *Les Volontaires de la Seine.* » — Il eut sous ses ordres, pendant le reste de la campagne, notre ancien commandant devenu lieutenant-colonel. Nous parlerons plus tard, à Avron, de la brigade Valette et de son organisation.

Pour le moment, la 5e compagnie protége en arrière-garde le départ du bataillon, qui s'installe à Pantin pour deux jours. Le capitaine Raoul, qui commandait cette arrière-garde, eut beaucoup de mal à maintenir les hommes, pendant qu'on chargeait sur des voitures l'eau-de-vie, les biscuits et les cartouches du bataillon. Je n'ai jamais rien vu de plus sot que la panique française; elle vient à propos de rien et s'en va de même. Ayez une défaite au commencement de la campagne et vous ne pourrez plus rien faire de vos soldats. Gagnez une première victoire, ils deviennent invincibles. Tout cela ne prouve pas, au fond, un moral très-solide. Il faut néanmoins prendre les Français tels qu'ils sont. C'est un pays où tout est permis, sauf l'insuccès! Soyez déshonnête, intrigant, menteur, fourbe, tout ce que l'on voudra, on vous pardonne si la fortune vous met sur la tête une couronne de fleurs! Soyez honnête, modeste, loyal et droit, si vous échouez, il n'y a pas assez de pierres dans les carrefours pour vous lapider.

La retraite dont je parlais tout à l'heure, s'opéra néanmoins en bon ordre. Une avant-garde, composée de quatre hommes et d'un caporal muni du mot de ralliement, précédait les voitures et la compagnie qui les escortait. Je n'ai jamais vu le capitaine Raoul marcher sans une avant-garde et une arrière garde p'acées, l'une et l'autre, au moins à cent pas de sa colonne. C'était un officier prudent. Aussi les hommes avaient confiance en lui. Ce serait peut être l'occasion de blâmer ici le courage téméraire des chefs qui s'exposent inutilement en exposant leur troupe. Mais nous y reviendrons quand nous serons aux tranchées d'Asnières et aux barricades de Courcelles.

Nous arrivâmes le soir à Pantin; il n'y avait personne pour nous recevoir. Les camarades avaient pratiqué la charité bien ordonnée qui commence par soi-même. Je les ai trouvés ronflant comme des sonneurs sur des sommiers et des matelas qu'ils avaient découverts dans la ville. Ils auraient bien mérité d'être réveillés; mais nous fûmes plus charitables qu'eux.

Cette charité nous valut une nuit passée sur des persiennes. Ne nous croyez pas cependant accrochés comme des piverts le seraient à un arbre, les persiennes étaient neuves et placées en tas dans une maison inachevée. Nous en fîmes des lits qui manquaient de moëlleux et nous dormîmes tant bien que mal. Le lendemain on avait les côtes rompues; mais on se levait de bonne heure. L'inconvénient d'un bon lit, c'est qu'on ne veut plus se lever; en campagne on est plus matinal et on se porte mieux. Le lendemain, la 4e compagnie fut envoyée en grand'garde devant le Drancy; j'ai bien cru qu'on ferait le coup de feu ce jour-là; mais les Prussiens sont des gens prudents qui ne font rien d'inutile. Quand ils attaquent, c'est que l'affaire en vaut la peine. Je me rappelle même, à ce propos, un mot singulier qui nous revint aux oreilles, lorsque nous étions à Neuilly. Nos escarmouches du pont de Bezons dérangeaient beaucoup les Prussiens. Ils se plaignirent qu'on tirait sur leurs sentinelles et nous fûmes grondés. Je ne pourrais dire ce qui m'a paru le plus étonnant, de la prétention prussienne ou du reproche qu'elle nous attira.

A la grand'garde de la 4e je vis harceler l'ennemi comme à Bezons. On lui fit même deux prisonniers. Quelle victoire et comme on les regardait! *Rara avis!* Je dois dire cependant que cette grande victoire fut immédiatement suivie d'une retraite en bon ordre. On nous laissa donc à l'abri dans les rues de Pantin. Ce n'était pas gai, le soir! Quelle obscurité! Quel désert! Aussi quand venait la nuit, on n'avait qu'une pensée, celle de regagner son gîte. Il était plus ou moins confortable. Celui de la 5e va vous scandaliser. Nous couchions dans un pensionnat de jeunes filles! Quel quartier pour des soldats de 21 ans! rassurez-vous, les jeunes filles n'y étaient plus. Il n'en restait que des résilles, des rubans, du savon et des pots de pommade de toutes les espèces. On reconnaît là les soins de toilette féminine. Le moblot qui ne s'était pas vu depuis longtemps à pareille fête, fit honneur au savon et à la pommade. Il y avait aussi des matelas et des lits de fer. Ce séjour était un véritable paradis auprès de Bobigny-les-Bains. Nos soldats avaient au surplus besoin de quelque repos. Ils avaient beaucoup souffert du froid, de l'humidité et du manque de sommeil. Un de nos caporaux, quoique fort malade, montra une énergie qui prouve ce que valaient ces jeunes gens; sa soupe, qu'il avait avalée un peu vite, entre deux services de grand'garde, était restée en route et l'étouffait. Vous savez ou vous ne savez pas comment les Turcs se saignent. Ils serrent leur cou avec un mouchoir jusqu'à ce que leur visage devienne pourpre par le sang qui y reflue et leurs doigts font l'office de lancette. C'est le nez qu'ils attaquent. Notre caporal fit comme les Turcs et c'est ainsi qu'il sacrifia sa soupe à son devoir. Cette expérience médicale nous fit bien rire. Le caporal vicomte de Barbot ne m'en voudra pas si je la rappelle ici.

Le 15 novembre 1870 nous faillîmes illuminer. On annonçait partout la grande victoire d'Orléans. Mais notre joie ne fut pas de longue durée. Nous connûmes bientôt la triste vérité. Si je n'étais l'historien des mo-blots du 7e et des volontaires de la Seine, je raconterais les campagnes de nos armées de province et leurs re-traites en bon ordre; mais je laisse à d'autres ce soin délicat. Contentons-nous de dire que, pendant qu'à Paris nous comptions sur les armées de province, ces dernières fondaient toutes leurs espérances sur l'armée de Paris. C'était l'histoire du joueur qui perd de plus en plus, en jouant quitte ou double! L'installation de Pan-tin commençait à ressembler à celle de Neuilly, c'est-à-dire à devenir véritablement confortable. Nous avions un quartier-général établi dans l'une des plus belles maisons de la ville. Cet hôtel, entouré d'un jardin et précédé d'une vaste cour plantée, avait tout-à-fait bon air. C'est-là que logeaient les deux colonels, avec un état-major où j'ai remarqué, comme invités, des officiers du 8e bataillon. Un soir, on nous présenta un caporal qui portait un grand nom, il s'appelait Cavaignac. Nous nous fîmes raconter la fameuse histoire du lycée.

Pendant que nous attendions à Pantin une autre des-tination, nous y assistions chaque matin au spectacle le plus curieux qu'on pût voir, je veux parler des marau-deurs se répandant en troupe dans la zone qui nous sé-parait de l'ennemi. Ces malheureux se comptaient par milliers; ils sortaient chaque matin de Paris, armés de

pioches, de pelles et de sacs profonds. Le soir, ils revenaient chargés de pommes de terre, de choux, de sa-
lades, de navets, enfin de tous les légumes imaginables.
Il y avait là des vieillards, des enfants, des femmes
parmi lesquelles j'en ai remarqué d'une grande beauté.
Mais quels visages! quelle misère! Figurez-vous une Vénus en robe déguenillée, avec des souliers éculés, un
chignon mal attaché tombant sur un cou dont le contour
gracieux reflétait cette demi-teinte particulière à la misère malpropre. Voilà le portrait flatté de ces femmes
que la nature a faites belles, mais que notre civilisation
a détrônées. J'ai fait souvent cette remarque au sujet de
la beauté parisienne, c'est qu'elle inspire une admiration
qui ne part que des sens. Ce n'est pas la Vénus de l'antiquité, ce n'est pas une bacchante; cette dernière représente la débauche à découvert, ce qu'on pourrait appeler un désordre naturel. La beauté dont je parle ne
représente pas la passion, mais le vice; il n'y a rien de
loyal dans ses traits charmants. Vous vous sentez attiré,
mais quelque chose vous dit que vous allez tomber dans
les bras d'une sirène. Je n'ai rien à dire de sa grâce ini-
mitable, de l'habileté avec laquelle, seule au monde
peut-être, elle sait s'habiller. Sa taille est irréprochable,
ses pieds sont mignons, sa chevelure abondante et toujours soignée; sa poitrine et son cou sont adorables. Ce
n'est pas une grande femme; c'est la grâce personnifiée
dans une petite statue de marbre. Voilà bien la matière
avec laquelle on l'a faite. Voyez son visage, c'est l'étude
intéressante à faire. Il est gracieux et plein de finesse,
ses yeux respirent le plaisir; cependant, sous ce regard
brillant, ce n'est pas la flamme de la passion qui jaillit;
c'est un feu qu'on ne peut définir, mais qui doit se retrouver dans le regard des démons.

7.

Je vous fais grâce des autres types de maraudeurs que nous voyions défiler devant nous. Il y avait le spirituel et infernal gamin de Paris. On voyait aussi ces hommes vieillis par la débauche et blanchis avant l'âge par la vie parisienne. De quels taudis! de quels bouges sortaient-ils? De ces lieux qui n'existent qu'à Paris, à Londres et dans les grandes villes qui leur ressemblent.

Chez le pauvre de la campagne, il y a comme une harmonie naturelle dans ses haillons; mais quels contrastes dans ce mendiant de Paris. Il s'abrite sous un chapeau crasseux qui a été la coiffure d'un riche; il a sur le dos un habit noir percé aux coudes; il porte aux pieds des souliers vernis couverts de boue et qui prennent l'eau; l'ensemble de sa personne a quelque chose de bizarre. C'est incohérent, inexplicable! Son visage, du reste, est comme son costume. Ses traits sont altérés ou par le vice ou par les angoisses inconnues aux pauvres des villages. Il vous aborde en parlant bas; il a peur d'être vu, peut-être reconnu; il sort d'un salon ou d'une prison; ou bien il a été riche et il a honte de sa pauvreté, ou bien il a été coupable et il a le sentiment de sa dégradation.

Voilà le personnel de ces maraudeurs que l'on chargeait d'approvisionner Paris de légumes. Ils y trouvaient leur compte, car ils les vendaient fort cher. Mais aussi ces excursions n'étaient pas sans danger; l'ennemi tirait sur eux comme on tire sur le gibier. Il en tombait tous les jours quelques-uns, ce qui ne ralentissait pas le zèle des autres. La misère est un puissant aiguillon.

On nous envoya, pour les protéger un peu, en grand' garde de jour à Bobigny. Les moblots en profitèrent pour rapporter des paillassons. Ils profitaient de tout. Le docteur Bourdon ne perdit pas non plus son temps, ce jour-là; il se distingua par un trait que je veux raconter.

Ayant appris la blessure d'un pauvre diable de maraudeur que personne n'osait aller relever, il se dirigea à
cheval vers les lignes ennemies. Il courait de gros ris-
ques, au milieu des balles amies et ennemies ; mais il
se trouva qu'il avait affaire à des Allemands du Sud et
non à des Prussiens, c'était en effet une grande différence. Il fut donc reçu fort poliment par un officier qui
lui permit d'enlever le malheureux blessé. Le jeune docteur renouvela plus d'une fois cet acte de dévouement
qui fut un jour récompensé par la croix d'honneur.

Après l'expiration d'un congé accordé aux hommes le
16 novembre, nous quittâmes Pantin pour la résidence
de Rosny-sous-Bois. Je m'y installai, le 18 novembre,
rue de Paris, avec mes camarades de la 4e, dans une
maison habitée par de bons villageois et une charmante
paysanne que chacun regardait du coin de l'œil ; on l'appelait la petite Louise. Elle était bien faite, quoique
d'une figure ordinaire Les ordonnances lui faisaient une
cour assidue. Notre nouveau commandant ayant laissé
vacante la place d'adjudant-major, pour faire taire les
compétitions des capitaines, on nomma le lieutenant de
Bourqueney, un jeune diplomate qui avait porté à Berlin
la déclaration de guerre. Le 7e mobile fut incorporé, à
cette époque, dans la 1re brigade de la 5e division de la 3e
armée, sous les ordres des généraux d'Hugues et Vinoy.
Le colonel Valette devenait notre général de brigade ;
nous le retrouverons au plateau d'Avron qu'il a contribué
à défendre par la vigilance incessante des chefs jointe
à la discipline sévère exigée du soldat. Nous n'étions
encore qu'au pied du plateau d'Avron. Malgré la grand'-
garde de la 2e et ses sentinelles avancées que de Venel
me fit voir de près un soir, au risque de me faire casser
le cou dans l'affreux chemin de la plâtrière qui lui ser-

vait de caserne; malgré les fourrageurs qui allaient chaque jour dans la plaine faire une récolte de légumes, en
inspectant les positions de l'ennemi; malgré la canonnade du fort de Rosny qui nous assourdissait, tout en
remplissant notre cœur de joie, à la pensée du mal
qu'elle faisait à l'ennemi; malgré une |promenade que
nous avions faite, Cambourg et moi, jusqu'à Neuilly-
sous-Bois, sans être inquiétés par les Allemands; malgré
une reconnaissance que nous fîmes de la même manière
avec de Rivoire et de Venel, sur le plateau d'Avron;
malgré tout ce qui précède on n'osait pas encore s'aven-
turer trop loin dans la direction d'Avron. On y suppo-
sait l'ennemi installé en forces; on était inquiet de ses
obus. Ils avaient d'ailleurs allumé un incendie que nous
avions aperçu à l'horizon du côté de Nogent. On se con-
tentait d'entourer le plateau par des grand'gardes, mais
on n'y montait pas. Nous avions un poste à la station du
chemin de fer de Rosny, avec une avancée sur la route
de Neuilly-sur-Marne. C'était un service pénible, il fallait
veiller toute la nuit. La discipline se resserrait; on mettait
en prison les récalcitrants. Malheureusement, la prison
n'était pas un *carcere duro*. Nos prisonniers sortaient par
un puits et se procuraient des sommiers et des matelas,
au grand désespoir de l'adjudant qui croyait les avoir
bien calfeutrés. A part ces espiégleries et d'autres que je
passe, le service commençait à mieux se faire. Il y avait
des rondes de nuit faites par ordre supérieur. Je me rappellerai toujours l'aventure d'un pauvre commandant fusillé par une sentinelle (il ne fut pas atteint!), trempé
par la pluie et crotté par la boue épaisse des champs.
Il y avait un certain ennui à faire ces rondes; aussi les
commandants n'y mettaient pas d'empressement. Pendant le jour on maintenait les grand'gardes pour faire la

police des routes. J'arrêtais continuellement des Alsaciens au passage et je les envoyais à la mairie, où l'on s'empressait de les relâcher. En France on ne voudra jamais croire aux espions ; cela fait l'éloge de notre caractère, mais c'est à la guerre un atout de moins dans notre jeu. Nous n'en avions pas de trop cependant, car les nouvelles devenaient de plus en plus mauvaises, et le jour de la délivrance semblait s'éloigner indéfiniment.

C'était le moment de prier Dieu, mais on n'y eût guère pensé, sans le Père Tailhan qui célébra deux messes dans l'église abandonnée de Rosny. La première fut servie, faute de moblots (ils n'étaient pas pieux, ces Parisiens !) par le capitaine Raoul qui se rappelait son temps de collége ; la seconde le fut par deux sergents du bataillon, Ambroise Rendu et le jeune de Beaufort.

Les temps devenaient difficiles. Nous étions arrivés à la nourriture peu abondante et peu variée de tous les assiégés. On mangeait du cheval, du chien, du chat, de l'âne. Les habitants de Paris étaient moins bien partagés que nous qui avions du moins une large ration de cheval tous les jours. Pour qu'il soit supportable, il faut le manger sous forme de bouilli ; il est moins dur et donne une soupe assez bonne. Grâce à de Cambourg, qui est un véritable administrateur, nous n'étions pas trop malheureux. Il avait organisé ce qu'on appelle une popotte pour les officiers de la 4ᵉ et de la 5ᵉ (ajoutez compagnie). Nous avions en magasin des saucissons, du chocolat, des conserves de légumes, des boîtes de poulet froid, de pâté de foie gras ! Toutes ces choses achetées au commencement du siége n'avaient pas coûté cher. Au fond ce qui a le plus manqué dans Paris, c'est le pain qui devenait à la fin exécrable. Si l'homme et surtout le Français pouvait se passer de pain, on eût pu prolonger

le siége. En somme, nous n'avons pas eu les horreurs
des siéges de l'antiquité, où l'on mangeait des excré-
ments et jusqu'à de la chair humaine. Je crois que
le tempérament moderne ne serait pas assez solide pour
résister à de pareilles épreuves. Nous avions donc notre
popotte. C'était une agréable réunion. Il y avait là de
Brosse et de Kergorlay, deux jeunes gens de mérite qui
s'aimaient comme deux frères ; nous en étions aux
mêmes termes de Cambourg et moi. Notre petite société comptait encore deux autres officiers d'un commerce fort agréable et gens du meilleur monde, c'é-
taient MM. de la Giclais et Aublet. Comme on s'amuse
entre camarades et comme on redevient enfant ! on se
donnait des surnoms ! Un de nos capitaines ronflant avec
une certaine vigueur avait reçu celui « de grand bugle. »
Par opposition, un jeune lieutenant qui faisait chorus en
soprano, s'appelait le « petit bugle. » Ces plaisanteries se
renouvelaient chaque jour et l'on riait sans cesse, comme
si elles avaient été nouvelles. Nous étions en famille. Il
y eut une lecture du Mémoire que vous lisez en ce moment et qu'il fallut sauver, avec beaucoup de peine,
à travers les péripéties d'une campagne. Les ordonnances ne se plaignaient pas de notre installation. Leur dîner était bruyant et long comme celui des gens, dans une
maison riche et élégante. Pendant ce temps-là on entendait la terrible canonnade des forts de Nogent, Rosny et
Noisy qui ne cessaient de bombarder le Raincy, Chelles,
Montfermeil, avec une activité que j'aurais crue plus
efficace.

On se trompe beaucoup sur ces combats d'artillerie,
quand on ne les a pas vus de près. Ils font plus de bruit que
de besogne et durent indéfiniment quand on est d'égale
force de part et d'autre. C'est une guerre nouvelle, au fond

moins dangereuse que la lutte à l'arme blanche. Ceux qui sont atteints ont d'affreuses blessures, mais on se met facilement à l'abri, sans abandonner ses positions. Il faut avoir soin de se tenir à une grande distance de l'ennemi, quand on est en masses profondes, et de n'avoir que des tirailleurs ou des éclaireurs dans la zone dangereuse. Je reviendrai quelquefois sur ce sujet important. Nous fûmes de grand'garde, la nuit qui précéda notre départ pour Avron. Le fort de Nogent ne cessait de tirer. Il y avait une immense ligne de troupes autour de ces forts que nous défendions; seulement, comme il faisait froid, les soldats avaient des feux qui se voyaient de loin et étaient un indice certain pour l'ennemi. Nous n'en avions que dans nos postes; on nous empêchait d'en faire au dehors. On avait raison, pourquoi ne pas cacher les feux la nuit, comme on cache les tirailleurs le jour? Le soldat français est aussi imprudent que brave, c'est pour cela qu'il est si facilement surpris à la guerre. Les chasseurs à pied qui campaient à côté de nous, faisaient tant de bruit ce soir-là qu'on les entendait du plateau d'Avron et qu'on devait certainement les entendre du camp prussien.

C'est vers cette époque qu'eurent lieu les premières sorties de la garde nationale. On nous envoya le fameux bataillon de Flourens qui ne fut pas brillant. Ces messieurs se réservaient pour la Commune; ils ne s'en cachaient pas. Pouvaient-ils combattre les Prussiens dont ils furent plus tard les meilleurs alliés? Je n'oublierai jamais leur indiscipline, leur tenue et leur attitude; ils ne laissèrent pas de bons souvenirs parmi nous, aussi les moblots les avaient-ils en horreur. En les voyant passer, ils criaient à leurs oreilles : « Eh! là-bas, la guerre à outrance! les perroquets, nous allons donc faire la grande trouée! » Il faut toujours que le Parisien se moque de quelqu'un ou de quelque chose. Cette fois il avait eu la main heureuse.

Avant de quitter Rosny, disons deux mots de l'installation du quartier-général à Montreuil. La brigade Valette se formait; elle était composée de trois bataillons de mobiles parisiens, d'un bataillon de mobiles bretons et d'un autre de vendéens. Il y avait aussi un bataillon de chasseurs à pied. C'était une belle et bonne brigade. Le lieutenant-colonel de Vernon avait plus spécialement sous ses ordres, ce qu'on appelait le groupe des mobiles de la Seine, c'est-à-dire les 6e, 7e et 8e bataillons.

Le colonel Valette avait installé son quartier-général à Montreuil dans une belle maison située à l'angle de deux rues, à l'entrée de la ville. On y recevait fort bien. On voyait que le maître de la maison n'était pas seulement un brave militaire; mais qu'il était encore un homme du meilleur monde. D'une tenue irréprochable, d'une humeur toujours égale, allant au feu en bottes vernies et le sourire aux lèvres, ayant les manières et la politesse de l'ancien régime; il rappelait fidèlement le type d'un colonel de gardes-du-corps.

A côté du quartier-général il y avait aussi à Montreuil, une ambulance organisée par les soins de M. François, ingénieur en chef des mines. Cet homme excellent, qui avait son fils parmi nous, faisait également sa campagne, sous le drapeau chrétien de la convention de Genève.

L'ambulance de Montreuil était parfaitement établie. Des femmes du monde prêtaient au directeur leur gracieux et touchant concours.

CHAPITRE VIII

La nuit du 26 novembre sur le plateau d'Avron. — La salle à manger aux échalas. — L'ombre de Porthos. — La locomotive blindée. — La plâtrière. — Le sommeil des ordonnances. — Les combats du 30, sous Avron, à Villiers, Champigny, Noisy-le-Grand. — On voit fuir des Prussiens. — Le 7e en tirailleurs derrière les batteries d'Avron. — La nuit du 30. — Froid sibérien. — Un capitaine et un lieutenant à l'éther. — Le lieutenant breton à deux heures du matin. — Changement de domicile. — Le petit château. — Messieurs les ordonnances. — Les réquisitions à Villemonble. — Les Bretons de grand'garde. — Encore les échalas. — Le 2 décembre. — Nouveau passage de la Marne par les Français. — Encore Champigny. — L'appel à la plâtrière. — Départ. — Bruits de nouvelle victoire. — Grande canonnade qui s'éloigne de Nogent. — Anniversaire d'Austerlitz. — La batterie d'Avron et le capitaine-pointeur. — Le marin prisonnier échappé par le sabord d'une cave du Raincy. — Le 30, prise de Thiais, l'Hay, Chevilly. — Armistice le 1er décembre. — Le plateau de Beauséjour. — Les tentes-abris. — Le quartier-général. — Les provisions de Villemonble. — Les grand'gardes. — Celle de la 5e. — Les gourbis et la fumée. — La messe au quartier-général au son du canon. — La rentrée du général Ducrot. — Les reconnaissances nocturnes. — Le 7e aux travaux forcés. — L'alerte du 2 décembre. — Le baraquement. — Mauvaises nouvelles d'Orléans. — Le colonel de Vernou sur le plateau d'Avron. — Les travaux de défense. — La brigade Valette. — Le régime des moblots. — La neige du 8. — Lettre de M. de Moltke. — Obsèques du général Renault. — Les frimas. — Les tranchées. — Le whist des colonels. — Les sentinelles du Raincy. — Les décorations. — Le défilé du colonel Valette. — Le commandant par intérim. — La grand'garde de Villemonble. — La reconnaissance de Beaufort. — Les menus de la brigade Valette. — Les rapports. — Les faux pigeons. — La boue d'Avron. — Le plateau sommé de se rendre. — Les groupes de mobiles. — Le 15 décembre. — La pièce de 7. — La grand'garde de Cambourg. — Les trois Alsaciennes chez le maire de Villemonble. — Le garde national. — L'Anglais. — L'échelle prussienne. — Le duel supposé. — Le vent du plateau. — Les mesures de rigueur. — La reconnaissance

du 20. — Fourrageurs en tirailleurs. — La Ville-Evrard. — Fuite
des Prussiens. — Deux blessés. — Ronflement des obus. —
Bonne tenue des moblots.— Le combat du 21. — Dans les tranchées. — Le mouvement tournant de Chelles manqué. — Le général Le Flô. — Le gros canon. — Froid intense. — Les premiers obus d l'ennemi. — Le lapin de Villemomble. — Un bon
repas après trois mois de siége. — Le canon en bois. — Bruits
nocturnes. — Les reconnaissances du commandant. — Le moineau gelé. — La vitre cassée. — Combat de Stains. — Les batteries d'Avron. — La formule n° 1 et la bâtarde de cinq millimètres de haut. — Le réveillon de Noël. — Combat de la
Maison-Blanche. — L'accident d'Edel. — Les casques, les sabres
et les livres prussiens.—La surprise du 27.—Bombardement d'A-
vron. — La révérence à l'obus. — Morts et blessés. — La cuisine
du 5e et le lieutenant-colonel. — La chapelle de l'aumônier et
la maison du commandant. — Les ordonnances à la cave. — Le
sergent de Barbot allant chercher un blessé dans la tranchée.
— La cantinière adoptée par la 4e. — Le café aux obus, chez le
colonel. — Notre maison démolie. — Le général Trochu dans
la tranchée. — La grand'garde de Rivoire. — Départ pour Vincennes. — Les carrières d'Avron. — Les fuyards et les maraudeurs. — La débandade de Rosny. — Retour à Saint-Maur.—
— Les baraques. — Une chambre et un dîner à l'hôtel. — Bombardement des forts de Rosny et de Nogent. — La femme du
monde égarée.

Ce fut une fameuse nuit que celle du 29 novembre.
Nous la passâmes sur le plateau d'Avron, où nous étions
arrivés par un circuit stratégique qui nous avait tous
trompés, même les chefs. Nous restâmes jusqu'au jour,
le dos à l'ennemi, de la meilleure foi du monde. Comme
il faisait un froid de Sibérie, on n'occupait pas longtemps la même place, et nous étions par cela même, à
l'abri des surprises. Quelqu'un me montrant les lignes
prussiennes du côté de Rosny, tandis qu'elles étaient à
l'opposé, je me rendis compte des erreurs grossières de
cette guerre. Voici encore une chose que nous avons
besoin d'apprendre : la manière de faire des marches et
des mouvements, la nuit. Ce qui précède me rappelle une
marche semblable exécutée par trois bataillons de l'armée

de la Loire. On les avait dirigés à travers champs sans
ordres et sans direction. L'instinct naturel leur fit retrouver la grande route qui fut le trait-d'union de cette
troupe en désordre. Pour bien marcher la nuit, il faut
avoir soin d'échelonner quelques hommes isolés à la tête
et à la queue de chaque corps. C'est ordinairement le
rôle des tambours, clairons ou sapeurs. Ces hommes forment une chaine qui s'allonge à volonté et vous unit
toujours au corps qui vous précède. De cette façon on ne
se perd jamais.

Les marches de nuit demandent de grandes précautions, des chefs habiles et des troupes exercées. Nos moblots étaient très-impressionnables. Je me rappellerai
toujours la panique jetée dans les rangs par le fameux
Porthos, le cheval du lieutenant-colonel. Nous montions
un chemin creux en silence, quand tout à coup une ombre apparut dans la demi-obscurité. Bientôt cette ombre traversa les rangs dans toute leur longueur et l'on
s'aperçut que c'était bel et bien Porthos qui nous marchait sans façon sur les pieds. Il y eut un mouvement
de recul suivi d'un trouble général; des ordonnances,
dans leur frayeur, se jetèrent au fond d'un fossé qui
bordait la route. On perdit là du pain, du riz et jusqu'à
des fusils. Allez donc raisonner les gens dans de pareils
moments! Vous y perdez votre latin. Le meilleur discours c'est de prendre les fuyards au collet et de pousser
vigoureusement par derrière ceux qui hésitent. C'est ce
que firent nos officiers et tout rentra dans l'ordre.

Quand le jour vint on se reconnut et il fallut bien convenir que nous avions sous les yeux le fort de Rosny, et
que nous tournions le dos à l'ennemi. On nous permit
de faire des feux, ce qui avait été interdit pendant la
nuit, à notre grand désespoir. Il y avait sur ce plateau

des vignes et bon nombre d'échalas qui nous tinrent lieu de bois, de chaises et de tables. On les enfonçait en terre, puis on les croisait dans tous les sens. Je me rappelle m'être fait de la sorte un excellent sommier sur lequel j'ai dormi tout à mon aise. Mes camarades avaient aussi le leur, et nous étions installés dans une salle à manger improvisée. On y déjeuna fort bien, et les misères de la nuit furent vite oubliées. Le lendemain nous avançâmes un peu plus vers le fond du plateau. Je fus envoyé en grand'garde, sur la gauche, du côté de Villemomble, à la platrière de M. Lesort.

Il y avait là deux compagnies. Le plateau d'Avron est environné de platrières qui étaient des postes importants à occuper ; de celle où nous étions on apercevait la plaine de Bondy et on dominait la ligne du chemin de fer. J'y vis passer des locomotives blindées, nouvel engin de guerre inventé pendant cette campagne. Nous aurions pu mieux nous en servir. Les Prussiens en avaient véritablement peur, et moi qui les ai vues aux mains de la Commune, je me souviens du mal que nous faisaient ces canons mobiles. On veillait sérieusement à la grand'garde de la plàtrière; nous étions si près de l'ennemi. Il n'y avait que les ordonnances qu'on ne pouvait parvenir à réveiller. Comme ils étaient dispensés du service militaire, ils s'endormaient sans préoccupation, comme en pleine paix. Nous qui veillions, nous ne perdions aucun des bruits de la nuit. J'entendis ce soir-là de mon poste d'observation, un roulement prolongé de caissons, de voitures et de roues de canon. Il est fâcheux qu'on ne puisse pas dissimuler ce bruit, il avertit l'ennemi des mouvements que fait l'artillerie. On en préparait un fort sérieux pour le fameux combat du 30, qui prit le nom de bataille de Champigny. La lutte eut pour théâtre cet anneau de la Marne compris entre la Maison-Blanche, la Ville-Evrard et Nogent, où l'on remarque les villages de Villiers, Noisy-le-Grand et Champiguy. Ces villages furent le théâtre de l'attaque vigoureuse entreprise le 30 novembre, par le général Ducrot, à la tête de près de 100,000 hommes. Ce fut un véritable succès, et du plateau d'Avron, où notre artillerie prenait l'ennemi en flanc, nous vimes distinctement fuir les Prussiens. C'était la première fois. On ne s'imagine pas le plaisir qu'on éprouve en voyant se sauver à toutes jambes des adversaires jusque-là victorieux. Les Prussiens perdirent beaucoup de monde et la grande trouée eût pu se faire, si l'armée de la Loire se fût rapprochée de nous en ce moment. Le mouvement fut vigoureusement enlevé par le général Ducrot, qui montra la plus grande bravoure. Malheureusement une faute avait été commise. Quelques jours auparavant on avait essayé de passer la Marne, sans réussir ; c'était avertir l'ennemi et un ennemi qui voit tout. La diversion d'Avron ne fut pas sans influence sur le succès de cette journée.

Qu'on se figure le plateau s'avançant dans la vallée, comme un promontoire dans la mer, on aura l'idée de cette position exceptionnelle d'où l'on dominait tout le champ de bataille. Des batteries bien servies par des artilleurs et des marins, sous les ordres de l'amiral Saisset, formaient un long ruban de feu autour de cette hauteur. Le 7e mobile était déployé en tirailleurs devant les batteries et dans les tranchées. On n'a pas suffisamment fait la part des troupes d'Avron, dans le succès très-véritable de cette affaire. L'intervention de nos batteries déconcerta si bien l'ennemi qu'il battit en retraite et consentit à un armistice pour le jour suivant. Lorsque le combat recommença, le 2 décembre, il se garda bien de se placer sous le feu d'Avron. Le plan du général Ducrot était très-audacieux, et il aurait réussi, sans les défaites des armées de province. Pendant que la gauche, sous ses ordres directs, s'emparait de Champigny, Villiers et Noisy-le-Grand, avec l'appui du fort de Nogent et des batteries du plateau d'Avron; un autre corps formant la droite était arrivé victorieux à l'Hay, Chevilly et Thiais. Les Prussiens étaient repoussés partout. Notre droite menaçait Choisy-le-Roi et notre gauche Villeneuve-Saint-Georges. Ces deux points étaient les clés des deux chemins de fer d'Orléans et de Lyon qui encadrent la Seine de Paris à Villeneuve-Saint-Georges; c'eût été le débloquement définitif; c'était un beau plan et une grande pensée. Il s'en est fallu de peu que le succès ne vînt couronner le courage et l'audace du général Ducrot. Sa tentative du 2 décembre, qu'on pourrait appeler le second combat de Champigny, fut moins heureuse. L'ennemi avait pris ses précautions et la journée d'armistice n'avait pas été perdue pour lui. On ne devrait jamais, le lendemain d'une victoire incomplète, laisser le moindre répit à l'ennemi. On se laisse trop facilement prendre à des considérations d'humanité qui ne sont souvent qu'un piége de l'adversaire et qui vous coûtent plus cher qu'un moment d'insensibilité quelquefois nécessaire.

On fit grand cas à Paris de ces combats de Champigny. On parla de 5,000 Prussiens tués et de 15,000 blessés, tant à Champigny qu'à l'Hay, à Thiais, à Chevilly. Je ne crois pas beaucoup à ces exagérations, et la guerre moderne est trop rapide pour faire tant de victimes. Ce qui est certain, c'est que la journée du 30 fut un succès remarquable quoique stérile; la troupe fut admirable. C'est là que tombèrent le beau commandant Franchetti, le comte de Dampierre, le brave capitaine du Bern et le duc de Luynes. C'est là que fut décoré, sur le champ de bataille, le jeune comte Adalbert de Bagueux, lieutenant adjudant-major des mobil s de la Seine-Inférieure: bon sang ne saurait mentir; ses mobiles furent dignes de leurs chefs. Quoique historien des mobiles de la Seine, nous aimons à ren lre justice à ceux de la province qui ont été plusieurs fois admirables pendant le siége; si jamais on écrit leur histoire, il y aura une page consacrée aux nobles efforts des mobiles d'Ille-et-Vilaine, du Morbihan, du Finistère, de la Seine-Inférieure, de la Vendée, de l'Aisne, de la Côte-d'Or, de Seine-et-Marne, de la Somme, de l'Hérault, qui se sont particulièrement distingués dans cette pénible campagne. Malheureusement on laissa à l'ennemi le temps de prendre de nouvelles dispositions, et ce dernier, profitant de la leçon du 30, transporta habilement le théâtre de la revanche loin du plateau d'Avron et hors de portée de ses canons. Cette seconde affaire du 2 décembre, chaudement menée, fut moins heureuse que la première; on rentra dans Paris. Nous restâmes à Avron, dont nous avions fait une immense forteresse. Notre séjour fut d'un mois; quel mois! les moblots ne l'oublieront jamais. Un mois de veille, de fatigue, de neige, de boue et d'un froid allant jusqu'à 15 degrés! Pendant que le général Ducrot combattait sous Nogent, le 2 décembre, et que son armée passait de nouveau la Marne, on faisait courir des bruits de nouvelles victoires remportées en province. L'armée de la Loire marchait sur Paris, disait-on. — Mais bientôt ces bruits s'apaisèrent et les pigeons nous apportèrent de mauvaises nouvelles. La journée qui avait bien commencé se termina par une retraite. Nous étions si heureux de voir la canonnade s'éloigner de Nogent! Moins on l'entendait, plus l'ennemi perdait du terrain. Mais bientôt elle se rapprocha et les forts mêlant la grosse voix de leurs canons de marine à celle des pièces de campagne, nous firent comprendre qu'il ne s'agissait plus de repousser l'ennemi et de couper ses lignes, mais uniquement de protéger la retraite de notre armée.

C'était l'anniversaire d'Austerlitz. Le soleil était splendide et il éclairait une belle gelée. Mais l'étoile des Napoléon avait pâli et celle de la République ne se voyait pas à l'horizon; c'était aussi l'anniversaire du coup d'État et d'un plébiscite fameux! Après avoir regardé la médaille par l'effigie, on en voyait en ce moment le revers. Dès ce jour, les esprits sérieux comprirent que tout était fini pour Paris. Les journées de Champigny furent la bataille de Gravelotte des Parisiens. Il ne suffit pas de vaincre, il faut savoir profiter de la victoire.

Il faisait bien froid au plateau d'Avron, ces jours-là; pendant la nuit du 30, nous eûmes un capitaine et un jeune lieutenant qui faillirent avoir la cervelle gelée; on les bourra d'éther; le docteur Bourdon fut appelé à la Plâtrière à deux heures du matin; le lieutenant surtout avait une affreuse crise de nerfs causée par la fatigue et le froid.

Nous étions à peine endormis, après cette alerte, qu'un Breton, tombé plus tard au champ d'honneur, le lieutenant Ovuis, vint nous avertir qu'une de nos sentinelles avancées ne lui avait pas crié le « qui vive! » réglementaire; c'était une bonne intention, mais une grande cruauté; l'un de nous fut obligé de se lever et d'aller secouer la sentinelle indolente. A propos du « qui vive! » j'ai fait souvent en campagne, la remarque suivante : cette consigne donnée aux hommes est parfois dangereuse; un éclaireur ennemi peut se glisser dans l'ombre jusqu'à portée de l'oreille et saisir ce mot de ralliement, qu'on reçoit la baïonnette croisée. Je préfère de beaucoup un sifflement convenu ou un coup frappé sur la baguette du fusil, enfin quelque signe conventionnel qui permette de se reconnaitre sans bruit et sans que l'ennemi soit dans le secret. Les Prussiens sont encore nos maitres sur ce point; ils ont mille signes de ralliement d'une facile exécution; ils imitent jusqu'au cri de la chouette, pour tromper l'oreille des sentinelles enncmies. On dit même qu'ils vont jusqu'à contrefaire l'aboiement du chien et le miaulement du chat.

Nous changeâmes de domicile à la Plâtrière. Les officiers occupèrent un petit château, vraisemblablement la demeure du chef de l'établissement. Il y avait là des chambres chaudes qui valaient mieux que cette grande pièce où nous avions eu si froid. On y transporta quelques sommiers qui composèrent tout notre mobilier. J'ai toujours été surpris du nombre de matelas et de sommiers que l'on a trouvés partout où la troupe a été cantonnée. Ils devaient venir quelquefois de bien loin. Messieurs les ordonnances étaient enchantés de notre nouveau logis. Aussi dormaient-ils nuit et jour. On avait trouvé à grand'peine une table. Impossible d'avoir des chaises. Il fallait aller jusqu'à Villemouble, qui était le lieu habituel des réquisitions. Terrain neutre entre les ennemis, ce village a été véritablement pillé, sans être brûlé ni démoli. Les propriétaires mécontents doivent s'estimer encore bien heureux d'avoir retrouvé leurs quatre murs; qu'ils aillent à Bobigny! ce spectacle les calmera. Notre confortable laissait donc à désirer. Je me rappellerai longtemps de Cambourg se servant d'un éperon en guise de cuiller, pour faire fondre le sucre de son café! Nos hommes étaient enfumés comme des jambons dans cette grande plâtrière, où l'on avait de la peine à les retrouver. Aussi faisions-nous souvent l'appel. On les rangeait alors en armes sous les hangars. Nous partimes le 2 pour le haut du plateau. Nous fûmes remplacés par le 5e bataillon d'Ille-et-Vilaine, qui était de la brigade Valette et qui faisait partie de notre groupe de mobiles. C'était un beau bataillon, brave au feu et toujours au grand complet. Tous les hommes se ressemblaient ; ils avaient tous la même taille, étaient tous vigoureux et trapus avec des épaules carrées. Nous nous rapprochions des batteries. Nous allions admirer ces canons si bien pointés par un capitaine de frégate dont j'ai oublié le nom. C'est une particularité de cette guerre, que cet emploi de la marine dans l'armée de terre. On parlait bien cependant d'exploits tout-à-fait maritimes : la flotte ennemie avait été prise dans le port de Jadhe et conduite à Cherbourg. Deux frégates, *la Sémillante* et *la Gauloise* avaient même sauté avec deux amiraux. De tout cela il n'y avait de vrai qu'une nouvelle à sensation, bonne pour les causeurs et les journalistes. Ce n'est pourtant pas l'audace qui manquait à nos marins. L'un deux, fait prisonnier par les Allemands, fut emmené au Raincy et enfermé dans une cave. Il s'échappa, la nuit, par le sabord de ce vaisseau d'un nouveau genre et regrimpa en rampant sur le plateau qu'il avait très-imprudemment quitté pour aller, sans armes, à la maraude.

Villemonble avait tant d'attraits pour le soldat ! On y trouvait toutes sortes de provisions. Les hommes y allaient chasser dans les parcs entourés de murs. On entendait toute la journée des coups de feu que l'on prenait pour des combats de tirailleurs. Ce n'était que du braconnage. A ce sujet, je rectifierai une assertion erronée de M. de Bismark. Il a publié un jour, dans une circulaire, un certain nombre de griefs destinés à répon-

dre aux nôtres plus légitimes que les siens. Parmi ces
griefs il y avait le suivant : les Allemands avaient remarqué dans des cartouches françaises que la balle
était coupée en huit ou dix morceaux. C'était tout simplement un procédé fort innocent pour se procurer du
plomb de chasse et ces cartouches-là n'ont jamais servi
que contre les lapins, lièvres, perdreaux et autres bêtes
giboyantes. Ce qui n'empêcha pas l'histoire d'enregis-
trer les plaintes du grand-chancelier. On sait d'ailleurs
comment s'écrit l'histoire, par des gens qui n'ont jamais
rien vu de ce qu'ils racontent.

Nous étions donc installés sur la partie du plateau qui
portait le nom un peu ironique de Beauséjour. Le général
d'Hugues, qui commandait la division, y avait établi son
quartier-général. Nous y entendîmes la messe, un dimanche, au son du vrai canon. C'était un spectacle saisissant !

Les moblots, à cause du peu de maisons restées debout, étaient sous la tente-abri. Cette demeure peu confortable fut bientôt remplacée par des baraques ornées
de poêles. C'est la 7ᵉ compagnie qui avait donné l'exemple ; il fut imité par toutes les autres. Nos hommes rap-
portaient de Villemonble des planches, du zinc, et les
fameux poêles en question. Ils finirent par avoir trop
chaud et par se trouver trop bien dans leurs baraques,
d'où l'on ne pouvait plus les arracher.

Il fallait cependant les quitter pour aller à nos reconnaissances nocturnes, organisées avec le plus grand soin
par le colonel Valette, et aussi à nos grand'gardes de
Villemonble. Ces dernières étaient fort sérieuses. Un
jour de Cambourg tendit un piège aux Allemands qui y
tombèrent. Une de leurs patrouilles fut prise en flanc
par notre fusillade et elle eût été complétement entou-

rée, sans la précipitation d'une sentinelle, qui l'avertit
en tirant trop vite. Nous avions réellement à Avron une
surveillance remarquable et à laquelle l'ennemi s'est
plu lui-même à rendre justice. On lit, en effet, dans une
correspondance allemande datée du 3 décembre de Vau-
jour : « Hier matin, nous entendîmes de nouveau une
forte canonnade au Sud-Est de Paris. La division wur-
tembergeoise, y compris le 2ᵉ et le 12ᵉ corps d'armée,
avaient reçu l'ordre de reprendre les localités de Bry-
sur-Marne, de Villiers et de Champigny, situées sur
la rive gauche et que l'ennemi avait conquises après
la sortie du 30 novembre, et qu'il occupait fortement.

« L'attaque commença à sept heures du matin, et à
huit heures les Français étaient repoussés de toutes parts.
Bry, qui se trouve sous le canon des forts de Nogent et
qui avait été canonné avec violence par les fortifications
que l'ennemi avait établies sur la rive droite de la Marne
pendant la sortie du 30 novembre, fut évacué vers le soir.
Le feu de l'artillerie ennemie dura jusqu'à la nuit. Gagny
est de nouveau occupé par les Saxons ; à Villemouble se
trouvent les Français. *D'ailleurs il faut reconnaître que
les soldats français savent parfaitement tirer avantage des
circonstances.* Ainsi, entre autres faits, ils ont saisi l'occasion, pendant la dernière attaque, *d'établir des travaux
sur le Mont Avron,* en se plaçant derrière les troupes de
combat. Cette éminence se trouve à l'est du fort de Rosny
et aurait pu, selon les circonstances, offrir une position
de laquelle on aurait pu bombarder ce fort. »

Notre grand'garde était installée dans la maison du
maire de Villemouble, en face d'une rue qui conduisait
au Raincy et qui longeait un parc appelé la propriété
de la Prussienne à cause de la nationalité de sa propriétaire. Nous étions reliés à droite avec le 6ᵉ bataillon

de la Seine et à gauche avec les Bretons. Nous avions
sous notre surveillance une bonne moitié de Villemouble
et en particulier une série de jardins et de maisons de
campagne qui eussent été, en temps de paix, un séjour
des plus agréables.

Les déménagements de nos grand'gardes étaient curieux à voir. Ce n'était pas chose facile que de les effec-
tuer, tant les moblots emportaient d'objets! Ils avaient
des siéges, des paravents, de la paille, des tuyaux de
poële, des buches, des briques, des fagots, des paillassons, tout ce qui leur tombait sous la main. Les habitants de retour chez eux après la guerre, ont dû être
aussi étonnés des objets qu'on y avait apportés que mécontents à cause de ceux qui avaient disparu. Les officiers de la popotte Raoul occupaient un charmant pavillon, démoli plus tard par les Prussiens. Il avait été
meublé avec soin par les ordonnances. Un dimanche le
propriétaire vint visiter son immeuble; tout joyeux de le
voir en place, il déclara qu'ayant laissé la maison vide,
il était agréablement surpris de la retrouver meublée.
Notre installation était donc assez confortable; il fallait
bien cela pour supporter nos rudes fatigues. Le 7e était
réellement aux travaux forcés; on lui faisait faire des
tranchées, dont le colonel de Vernou surveillait lui-
même l'exécution, et quand les hommes se plaignaient
de ces tranchées qui, plus tard, leur sauvèrent la vie, le
lieutenant-colonel leur disait, en leur montrant le Raincy:
Tenez, regardez là-bas; vous y verrez la place de deux
batteries que l'ennemi construit contre vous. Il avait raison; les Allemands, avec leur sang-froid méthodique,
préparaient lentement une attaque d'artillerie que nous
avions tous annoncée et à laquelle ne voulut pas croire
le baron Stoffel. Cet officier supérieur, connu par de re-

8.

marquables écrits, mais qui n'était pas tendre pour les
mobiles, nous traita de visionnaires et se moqua de nous.
Le bombardement des 27 et 28 décembre vint malheureusement nous donner complétement raison. Nous
nous préparions du reste fort courageusement à tout
événement. Rien ne pouvait nous abattre, ni la rigueur
du climat, ni les fatigues du service, ni les mauvaises
nouvelles d'Orléans décidément officielles. On travaillait
et on veillait jour et nuit. Ce sera un éternel honneur
pour la division d'Hugues et la brigade Valette que
l'occupation du plateau d'Avron. Nous y sommes restés
un mois sans éprouver un échec, sans perdre une sentinelle, sans être une seule fois surpris. L'ennemi était si
persuadé de notre vigilance qu'il n'osa occuper le plateau que plus de douze heures après notre évacuation.

Le lieutenant-colonel de Vernou-Bonneuil secondait
le colonel Valette avec son activité habituelle; il était
partout à la fois; il dirigea les travaux de défense dont
l'exécution rapide lui fit honneur. On doit au régime sévère de la brigade, aux travaux de défense et aux grand'-
gardes établies, de n'avoir éprouvé que des pertes mini-
mes, eu égard aux formidables moyens d'attaque de l'artillerie ennemie. Il y avait un certain mérite à maintenir ainsi les moblots sous le joug d'une discipline inconnue jusqu'alors. Le temps était mauvais; nous avions
eu la neige le 8; la politique allait mal aussi; M. de
Moltke avait écrit pour annoncer nos désastres de province. Malgré la réponse du général Trochu, nous pensions tous que ces mauvaises nouvelles n'étaient malheureusement que trop vraies. C'était l'époque des
frimas. On dormait peu; on ne se reposait guères. Tous
les matins, à trois heures et demie, il fallait être sur pied
ou craindre la colère du colonel de Vernou, qui surveil-

lait lui-même son groupe, comme le colonel Valette surveillait sa brigade.

M. de Vernou fut nommé officier de la Légion d'honneur en récompense de ses services. C'est le colonel Valette qui distribua lui-même les décorations accordées à
cette époque, c'est-à-dire le 12 décembre : on sonna plusieurs bans ; le colonel commanda le défilé du bataillon
d'honneur ; il a toujours eu fort grand air dans ces occasions solennelles. Les Allemands ont dû croire un instant à une attaque ; on les voyait se grouper sur la crête
du Raincy et regarder ce qui se passait chez nous.

Après ce défilé, il y eut chez le colonel un dîner, auquel fut invité le capitaine Raoul ; on joua au whist.
Cette invitation fit d'autant plus de plaisir au capitaine
que, pour la première fois, il avait été réprimandé
comme retardataire. On l'avait envoyé aux obsèques du
général Renault, de regrettable mémoire, et le capitaine
n'avait pu, faute de moyen de communication, revenir
au camp que le lendemain. A Paris, on avait mangé une
grande partie des chevaux ; il n'y avait presque plus de
voitures ou d'omnibus ; il fallait revenir à pied, et il y a
loin des Invalides, lieu de la cérémonie funèbre, au plateau d'Avron ; de plus, les portes de Paris fermaient à
cinq heures. Le capitaine n'était pas bien coupable, mais
comme il avait l'habitude d'être toujours à son poste, son
absence fut remarquée et on le gronda.

L'occupation du plateau d'Avron continuait avec la
même vigilance et le même succès. Nous avions cependant changé, non de généraux cette fois, mais de numéro de brigade. On modifia aussi les groupes de mobiles. Il y en eut deux dans la brigade Valette. Cette brigade
était très-forte ; elle avait une excellente tenue et une
discipline sévère ; l'état-major marchait bien. Il y avait

un grand mouvement au quartier-général de la brigade. C'était une charmante villa, située au fond d'un jardin; on y faisait d'excellents dîners, les jours de réception; je ferais concurrence à Balthazar, le grand narrateur des hauts faits gastronomiques, si je copiais ici les menus de la brigade Valette. On en était cependant au quatre-vingt-quatrième. jour de siége ! Ce qui prouve au fond que Paris était beaucoup mieux approvisionné qu'on ne l'a dit. En qualité de commandant par intérim, le capitaine Raoul dînait quelquefois au quartier-général; il remplaçait le commandant retenu chez lui pour quelques jours. C'est une grosse affaire que de conduire un bataillon, et surtout un bataillon de mobiles ! Le mobile a beaucoup du collégien. La tâche était rendue facile, d'abord par les excellents officiers qui composaient les cadres du bataillon, puis par un adjudant sorti des rangs de la mobile et qui connaissait admirablement son affaire. Il s'appelait Mugneret. — Ce n'était pas une sinécure que l'emploi de chef de bataillon à Avron. Il fallait tous les matins accompagner la reconnaissance de Ville-monble, puis faire le rapport sur les événements de la nuit. Quand il faisait un temps sec, tout cela n'était rien; mais Avron a la spécialité de Bobigny; on y trouvait sous ses pieds une boue épaisse dont il était impossible de se débarrasser. Pour combattre le froid et l'humidité (c'est la seule manière efficace), j'avais adopté des sabots et des chaussons. Mais ce n'était pas une petite affaire que de circuler, avec une telle chaussure, dans la boue d'Avron; à chaque instant les sabots y restaient.

Jugez de ce qu'on devenait, quand pour aller en reconnaissance, il fallait franchir les grandes tranchées, le sabre au côté. Nous y tombions, les uns et les autres, plus d'une fois. On en revenait couvert de boue de la tête aux pieds, ce qui n'empêchait pas de faire de sérieuses reconnaissances : je me rappelle encore celle du capitaine de Beaufort, qui s'aventura jusque près de la ligne du chemin de fer. Ses hommes étaient couchés dans la plaine, silencieux et vigilants. On aurait pu, sans difficulté, surprendre les Prussiens. Mais l'ordre était absolu. Il fallait éviter tout engagement. Le lieutenant-colonel se fâcha tout rouge, ce jour-là, à la seule idée que cet ordre aurait pu être enfreint par les reconnaissances. Il ne m'appartient pas de juger les plans de nos chefs ; mais j'ai la conviction que si l'on avait procédé à l'attaque du Raincy, avec la prudence employée pour l'occupation d'Avron, nous aurions fini par déloger l'ennemi des hauteurs qu'il occupait. C'eût été un succès d'amour-propre qui n'aurait rien changé à l'issue de la campagne, je le reconnais ; mais nos succès étaient si rares, qu'on aurait pu, sans inconvénient, en augmenter le nombre.

Les Allemands nous faisaient une guerre si acharnée, ils jouaient si serré, que nous aurions dû les harceler chaque jour et chaque nuit sans leur laisser une minute de repos. Qui sait, un moment de négligence ou de fatigue (peu dans leurs habitudes, il est vrai) nous eût peut-être ouvert un vide dans le cercle de fer dont ils nous entouraient. La guerre se compose de science et de hasard ; le talent consiste à ne jamais compter que sur la science mais à savoir toujours profiter du hasard.

Avec un ennemi qui nous envoyait de faux pigeons, c'est-à-dire de fausses nouvelles apportées par de vrais pigeons, il fallait ne rien négliger. J'ai déjà dit qu'au lplateau d'Avron, il n'y avait pas eu une seule faute miltaire de commise ! Quand plus tard on l'évacua, ce fut par ordre supérieur, et je crois qu'on aurait pu

s'y maintenir ou par de nouveaux travaux de défense
ou par une attaque audacieuse contre les hauteurs voisines. La disposition du terrain permettait d'arriver au
Raincy, en se mettant à l'abri du canon ennemi. Nous
n'aurions jamais rendu le plateau On écrivait alors dans
les journaux, qui accueillent trop facilement toutes les
nouvelles, qu'on nous avait sommés de nous rendre.
Pendant que nous lisions cette nouvelle à sensation, on
essayait sous nos yeux une pièce de 7, se chargeant par
la culasse. Les Allemands qui préparaient leur réponse,
eurent la patience de se taire. Cependant on les voyait
déménager, un par un, de leur poste ordinaire. La pièce
de 7 les avait dérangés dans leurs habitudes. Ah! si
nous avions eu là une batterie de pièces de marine
comme les deux ou trois pièces placées à l'éperon du
plateau, les Saxons n'auraient pas tardé à évacuer le
Raincy. J'ai toujours été étonné de la parcimonie avec
laquelle nous établissions nos batteries. Parce qu'on avait
une pièce de 24 par hasard, on croyait tout sauvé. Mais
il aurait fallu de formidables batteries en certains points
d'une importance réelle. Nous disséminions nos canons,
comme nous avions disséminé nos corps d'armée sur
le Rhin. On ne veut pas voir qu'avec les chemins de
fer, les télégraphes et les armes à longue portée, toute
l'habileté consiste à arriver premier aux points stratégiques et aux têtes de lignes. La guerre moderne est une
guerre à grande distance, où les points stratégiques
sont moins nombreux qu'autrefois, mais plus importants.
Il faut voir à présent les champs de bataille à vol d'oiseau, de cette hauteur où l'œil n'aperçoit plus que les
positions principales. Espérons que l'expérience de cette
guerre nous profitera!

Quant à nous, toujours aux aguets, nous continuions

notre service ordinaire, et nos grand'gardes se faisaient avec la régularité du premier jour. Une fois, pendant que le capitaine de Cambourg état à Villemonble, nous reçûmes la visite de trois ravissantes Alsaciennes qui demeuraient chez le maire, c'est-à-d re dans la maison de la grand'garde. Mais elles se méfiaient sans doute d'une prochaine occupation de l'ennemi, car elles étaient venues avec une voiture de déménagement, pour emporter leurs meubles. Leur accent allemand nous frappa, et quoiqu'elles fussent jolies comme trois amours, nous les fîmes escorter jusqu'à Paris.

Ce même jour, nous arrêtâmes un garde national fort insolent, qui devint tout penaud quand il se vit conduit au poste. Il y avait aussi là un Anglais auquel Cambourg donna une leçon fort méritée. Il se permettait de critiquer notre armée. Chez les Allemands, je suis persuadé qu'on se fût montré beaucoup plus dur que nous. Tous ces traînards qu'on trouve sans cesse aux avant-postes, devraient toujours être traités en espions. Nous étions fort vigilants au 7e mobile, beaucoup plus qu'on ne l'est ordinairement dans l'armée française; mais aussi nous pouvons nous vanter de n'avoir jamais été surpris et d'avoir souvent donné d'utiles renseignements dont on n'a pas profité. Rien n'était négligé chez nous. — A chaque grand'garde nous allions inspecter le terrain pour nous rendre compte de ce qui s'était passé la nuit. Que de fois j'ai enlevé les échelles placées par les Saxons contre nos murs. Il y en avait jusque dans le feuillage des treilles; je ne croyais pas les Allemands si rusés! Les moblots commençaient, grâce à nos mesures de rigueur, à devenir dans nos mains des instruments plus dociles. Nous faisions d'ailleurs leur éducation avec un soin extrème; l'un d'eux, qui passait pour n'être pas brave, fut soumis à l'épreuve d'un duel qui n'avait de sérieux que l'apparence et où il fit fort bonne figure. Un autre, quoique réellement brave, avait une tête fort indisciplinée, on lui donna lecture du Code militaire, après avoir fait former le cercle de la compagnie. Il était fort humilié; la leçon lui avait profité. Le lendemain on l'envoya à un poste d'honneur pour l'éprouver; il pleurait de joie et promettait de se corriger. C'est ainsi qu'en touchant à toutes les fibres du cœur humain, on parvient à mettre d'accord ce difficile instrument.

Le 20 décembre nous eûmes une reconnaissance offensive dirigée vers la Ville-Évrard et la Maison-Blanche. Les 3e et 6e compagnies étaient développées en tirailleurs, les 5e et 7e restaient en soutien; la tenue des moblots fut parfaite; la 3e eut deux blessés. On vit encore fuir les Prussiens; ils n'ont, sous ce rapport, aucun amour-propre et j'ai remarqué qu'ils font la chose méthodiquement comme le reste. Ce sont gens à faire les morts, par ruse, sur un champ de bataille. Quand nous en serons là, nous les vaincrons. Cette petite reconnaissance du 20 fit du bien à nos troupes; elle les habituait au feu. On entendait ronfler sur nos têtes les obus d'Avron qui soutenaient notre mouvement; les balles nous sifflaient aussi aux oreilles. Le lieutenant-colonel se promenait tranquillement sur Porthos; il était à son affaire. Je dois dire cependant qu'en chef prudent, il forçait les moblots à se coucher. Cette position est absolument nécessaire dans la guerre nouvelle. Le 21 décembre l'armée de Paris fit encore une sortie et livra un grand combat d'artillerie sur la gauche d'Avron. Nous restâmes ce jour-là dans les tranchées par un froid intense; nous souffrîmes beaucoup. Ma compagnie, d'ordinaire peu nombreuse, avait quarante-quatre files. On entendait gronder l'unique gros canon de l'éperon. Le général Le Flô vint nous inspecter et nous félicita de notre attitude. L'affaire devenait sérieuse ; nous avions reçu les premiers obus que l'ennemi s'était décidé à envoyer sur le plateau ; ils venaient de Chelles et de plus loin. Il y eut des morts et des blessés dans les troupes campées sur la crête. Le succès de la journée fut à peu près nul ; nous avions manqué un mouvement tournant tenté autour de Chelles. Si l'on avait réussi, les Allemands eussent peut-être évacué les hauteurs voisines et le cercle d'investissement se fût singulièrement agrandi.

Le 23, il y eut du côté de Stains un nouveau combat d'artillerie également sans résultat ; il fut cependant conduit avec une grande vigueur. Nous voyions du plateau d'Avron et de nos trois batteries situées en regard du Raincy, les deux lignes de feu du champ de bataille. Celle des Prussiens parut reculer un moment dans la direction du Bourget, puis vers le soir tout se calma et l'on apprit que nos troupes étaient rentrées en bon ordre dans Paris. On voyait dans ce combat l'avantage incontestable que donnent les pièces se chargeant par la culasse. En suivant des yeux le tir de l'ennemi, il apparaissait presque incessant. Quel mal on peut faire ainsi, quand on tire juste ! Nous eûmes ensuite du calme jusqu'au 26. Noël se passa tranquillement. J'ai toujours regretté qu'on n'ait rien tenté ce jour-là. Il faut profiter de tout, et je supposais que le *réveillon* avait dû être, pour les Allemands, l'occasion de nombreuses et abondantes libations. Nous étions plus sobres. Cependant nous avions fait à la popote, un dîner fort agréable après trois mois de siége. On nous avait servi un lapin de garenne tué à Villemonble par notre cuisinier, c'était à s'en lécher les doigts ! Nos grand'gardes continuaient sur le

9

même pied. Je m'aperçus un jour de la vigilance de l'ennemi, à l'occasion d'un stratagème de mon invention.

J'avais placé sur la route du Raincy deux roues de voiture surmontées d'une pièce de bois, le tout imitait un canon. Il semblait abandonné. J'espérais qu'une patrouille ennemie serait attirée et trompée sur la valeur de l'objet par l'obscurité de la nuit. J'avais soigneusement caché une sentinelle dans l'encoignure d'un mur, près d'une porte munie d'un timbre. Tout était prévu et cependant l'ennemi ne tomba pas dans le piége. A l'une de mes rondes je trouvai le canon dérangé. Il avait dû être reconnu par un homme isolé détaché du poste ennemi. Je dois dire que ma sentinelle, effrayée par un bruit subit, avait jugé prudent de battre en retraite dans un jardin. Le lendemain au jour, les Saxons s'amusaient à passer, un par un, derrière leur barricade, pour voir le canon en bois. Ils devaient rire dans leur barbe. Mais, cachés derrière un grillage, nous mettions fin à leurs rires, par des coups de feu qui les saluaient au passage.

Les reconnaissances du commandant avaient lieu de quatre à cinq heures du matin. Il faisait grand froid, mais il y avait un bon feu dans le poste de la grand'garde. J'y réchauffai un jour un pauvre moineau qu'on m'apporta presque gelé. Cet incident fut la cause d'une maladresse commise par un sergent qui cassa la vitre de la porte avec son fusil. Il nous fit geler le reste de la nuit. Un chef grincheux lui eût infligé une punition; nous n'avions pas cet esprit étroit. Nous étions d'ailleurs peu habitués aux petites mesquineries du métier. Il fallait nous faire souvent la leçon pour nous apprendre qu'une plainte en désertion devant l'ennemi n'était valable que sur une feuille de papier suivant la formule n° 1. Nous eûmes de la peine à comprendre que certains rapports n'étaient bons qu'en employant la bâtarde de cinq millimètres de hauteur.

On se fait à tout, et quand on a déjà le courage et la bonne volonté, ces petites choses sont d'une étude facile. Seulement elles ne suffisent pas pour faire un soldat, encore moins un chef.

Le 26 décembre nous eûmes un combat heureux, sous les ordres du colonel Valette. Sa brigade, dont une faible partie seulement était engagée, s'empara de la Maison-Blanche, après une attaque fort brillante où l'on fit quelques prisonniers. On profita de ce succès pour abattre le mur du parc de la Maison-Blanche. Les généraux assistaient au combat du haut de l'éperon d'Avron où les pièces de marine nous appuyaient par un feu nourri. C'était un beau spectacle que de voir tomber nos obus dans ce bois que nos hommes allaient attaquer. Ce petit combat fut conduit avec un ordre parfait, qui fit honneur au colonel Valette. Il était là, calme et souriant, dans les rangs, encourageant les uns, calmant l'ardeur intempestive des autres. Il y avait bien là trois bataillons d'engagés et autant en soutien. La ligne des tirailleurs était parallèle au mur du parc et les hommes étaient soigneusement couchés à terre, pendant le tir. Il y avait trois petites colonnes d'attaque qui s'élancèrent avec entrain dans le parc, par le centre et les deux extrémités du mur déjà fortement ébréché. Le colonel, qui est habitué à la guerre et qui se rend compte de tout, avait rectifié la position de la colonne de gauche trop exposée au feu de l'ennemi. C'étaient les Bretons ; ils avaient eu un moment d'hésitation, en voyant tomber le lieutenant Ovius blessé mortellement. M. Chalamet, officier d'ordonnance du colonel, fut envoyé vers eux, et les ramena au feu avec beaucoup d'aplomb. Il fut décoré à cette occasion. Je disais donc, à propos du colonel, qu'il avait remarqué un angle mort dans la ligne du mur défendu par l'ennemi. Il dirigea de ce côté la colonne qui avait fait des pertes, en ajoutant avec sa gaîté ordinaire, que c'était un point assez sûr pour s'y promener la canne à la main.

Ce petit combat, parfaitement encadré entre le Mont-Avron et le parc de la Maison-Blanche, eût mérité les honneurs d'un habile pinceau. Nos deux lignes de bataille et de réserve se développaient parallèlement et étaient mises en mouvement avec un grand ensemble.

Il y avait dans l'herbe et dans les blés encore verts, des morts et des blessés, les uns immobiles, les autres à genoux ou appuyés sur leur coude. Des médecins, des ambulanciers, des ecclésiastiques parcouraient le champ de bataille et allaient soulager et consoler les victimes de la guerre.

Le capitaine Raoul assistait à ce combat; mais il resta avec les troupes de soutien, et fut chargé spécialement de la démolition du mur. Cette opération coûta un œil à un de nos hommes, le garde mobile Édel, qui se console aujourd'hui en regardant de son autre œil la médaille militaire placée sur sa poitrine. Cet accident provint de la chute d'une pièce de bois lancée au loin par le mur, au moment de son éboulement. Nous eûmes en tout trois morts et quinze blessés. On rapporta des casques, des sabres et des livres prussiens du poste de la Maison-Blanche. Il y eut des prisonniers, une quinzaine environ. L'affaire avait été vivement enlevée et elle préoccupa tellement l'ennemi, qu'il commença le lendemain le bombardement du plateau d'Avron. Il s'attendait sans doute à se voir tourné dans ses positions de Montfermeil, du Raincy, de Gagny et de Chelles.

Le 27 décembre, à sept heures du matin, pendant que la corvée des vivres était réunie devant la maison du colonel, on entendit tout à coup une épouvantable détonation suivie d'une épaisse fumée et d'une pluie de projectiles lancés en gerbe de tous côtés, c'était le premier obus des canons Krupp; nous étions bombardés. Les hommes de la corvée tournaient comme des derviches et faisaient une révérence qui n'est pas enseignée par les maîtres de danse, la révérence à l'obus. Il y eut des blessés et quelques morts. Au 6ᵉ bataillon, un obus tomba dans la maison du commandant et fit plusieurs victimes. Les Allemands savent où ils visent et ils en voulaient aux demeures des chefs; celle de notre commandant fut également traversée. Le père Taïlhan y avait installé sa chapelle, qui fut percée à jour, sans que l'autel fût atteint. Les ennemis tiraient aussi avec rage sur notre ambulance, malgré le drapeau blanc à la croix rouge. Je puis affirmer le fait, car j'en ai été témoin. Toutes les maisons de Beau-Séjour y passèrent, sauf celle du colonel qu'ils visaient obstinément, sans résultat; nous y prîmes le café au bruit des obus. Du reste, nos hommes commençaient à s'aguerrir. Sur l'ordre du lieutenant-colonel, ils firent la cuisine au beau milieu du jardin de la 5ᵉ comme en temps ordinaire. Les cuisiniers restèrent là plusieurs heures, autour de la marmite, sans manifester la moindre émotion. Je dois même citer un trait qui n'a pas eu sa récompense. Le sergent de Barbot, accompagné de Bardon, de Charron et de Richardson, sont allés relever dans la tranchée, sous le feu de l'ennemi, un blessé de la 2ᵉ compagnie. Le capitaine Raoul, voulant immédiatement célébrer cet acte de courage et de dévouement, fit reconnaître devant la troupe formée en rangs, le sergent de Barbot, nouvellement promu. Il a eu l'honneur d'être reconnu, sous le feu et au bruit des obus. Tout le monde était présent, sauf les ordonnances que nous avions laissés dans la cave de notre pavillon, devenu le point de mire des Allemands ; ils n'y restèrent pas longtemps. Deux obus étant venus les visiter, nous les vîmes accourir, pâles comme la mort et blancs comme des meuniers, on eût dit qu'ils s'étaient roulés dans la poussière. Ils annonçaient avec terreur que la voûte de la cave leur était tombée sur le dos ; en somme ils en avaient été quittes pour la peur, mais quelle peur ! On en ria longtemps parmi nous. Notre maison étant démolie, il nous fallut rester dans nos compagnies ; la 4ᵉ se chauffait dans un trou où figurait au milieu des hommes, la jeune Camille Bureau, cantinière adoptive ; elle ne semblait pas avoir conscience du danger qu'elle courait. La 5ᵉ était installée devant le mur de son cantonnement ; c'était un assez bon abri et j'y reçus beaucoup de longues visites ce jour-là. Il y venait des gens qui ne me gâtaient pas d'ordinaire ; mais dans ces moments-là, les liens les plus relâchés se resserrent, c'est le triomphe des hommes de sang-froid. Les autres compagnies étaient dans les tranchées où elles passèrent la nuit, par un froid horrible ; cet hiver il y eut quinze degrés au plateau d'Avron. Les hommes supportèrent avec un grand courage et une grande solidité ce bombardement qui dura deux grandes journées et où nous reçûmes six mille obus ! On a comparé ce bombardement à celui de Sébastopol et de Charlestown en Amérique. Il n'y avait dans la journée qu'un moment de répit, de onze heures à midi. Nous en profitâmes pour imiter les Allemands ; c'était l'heure du déjeuner ; nous fîmes comme eux. Dans le principe on leur répondait régulièrement de nos batteries, mais celle de nos pièces de 7 fut bientôt réduite au silence et le second jour le plateau ne

ripostait plus que faiblement. Le général Trochu vint lui-
même dans nos tranchées qu'il parcourut avec son état-
major. L'ennemi semblait le suivre, par un tir régulier
et rapide. Il courut de grands dangers. Ayant jugé la position insoutenable, il décida l'évacuation du plateau qui
eut lieu le 29. Nous le quittâmes le 28 au soir pour aller
passer la nuit dans les carrières d'Avron. Nous en
avions expulsé plus de 2,000 maraudeurs et déserteurs
qui s'y étaient installés. Ces carrières, avec l'épaisse fumée de nos milliers de feux, avec leurs voûtes nombreuses et les piliers qui les supportent, toutes remplies
de moblots étendus à terre, présentait le plus curieux
spectacle. Les carrières d'Avron ont eu les honneurs
de l'illustration.

Pendant que nous supportions le bombardement d'A-
vron, notre grand'garde arrêtait à Villemonble les efforts
de l'infanterie ennemie ; c'était de Rivoire qui la commandait. Il avait envoyé la note suivante par un hardi
messager : « Notre poste vient d'être démoli par cinq
obus. Le sol est labouré tout autour. L'existence des
hommes est gravement compromise. J'ai cru devoir
l'évacuer, non en me retirant, mais en appuyant à
gauche sur la même ligne de maisons. Je suis à la
droite du parc où est installé le bataillon breton.
J'ai fait suivre à mes factionnaires le même mouvement, en laissant une demi-section dans le petit poste
de quatre hommes. Le tir de l'ennemi nous suit. Depuis
une demi-heure, après une heure d'incertitude, il est devenu d'une désastreuse exactitude. » Rivoire prit sur
lui d'arrêter de nouvelles dispositions et il se garda
mieux, en se rapprochant de l'ennemi. C'était à la fois audacieux et ingénieux ; il y eut quelques attaques d'infanterie repoussées par les nôtres. Les Allemands, habitués
à nous voir toujours à notre poste, n'osèrent pas tenter

l'assaut du plateau; ils ne l'occupèrent qu'après et longtemps après notre évacuation.

Le 29, à trois heures du matin, nous partîmes pour
Vincennes en rentrant à Paris, par Rosny et Montreuil.
Il y eut une débandade qui tenait à ce que tous les corps
encombraient la même route.

Nous passâmes la journée à Saint-Maur dans les baraques du camp : presque tous les hommes allèrent à
Paris. Voilà l'inconvénient des troupes cantonnées dans
leur pays. Nous dînâmes à Vincennes au café Broggi.
C'était une chose nouvelle pour nous qu'un dîner et une
chambre à l'hôtel. Cela semblait bien doux et on ne se
souciait guère du bombardement des forts de Rosny et
de Nogent qui avait commencé pour de bon. En cinq
mois, nous avions fait le tour de Paris et nous étions revenus à notre point de départ. Nous eûmes une bonne
journée de repos, en attendant un nouveau déplacement
qui eut lieu le 31. Nous allâmes prendre notre cantonnement à Saint-Maurice, charmant village situé sur les
bords de la Seine et du canal de la Marne, auprès de
Charenton.

Le capitaine Raoul faillit avoir une aventure à Vincennes. Une jeune femme égarée lui demanda son bras
pour traverser la ville et rejoindre son mari campé à
l'autre extrémité. Sa mission accomplie, le capitaine
s'en revint pensif et rêveur. Il réfléchissait sans doute
au sans-façon de la vie de campagne; peut-être aussi
aux bonnes occasions que l'on manque, faute de temps
ou d'à-propos. Il partit en effet le lendemain, sans revoir la jeune femme à laquelle, par discrétion, il n'avait
pas osé demander son nom. Ne vous moquez pas de ce
respect de la femme, c'est le secret des nations fortes.
Quand ce culte a cessé chez un peuple, c'est le signal
certain de sa décadence prochaine.

CHAPITRE IX

Nous partîmes donc pour Charenton et l'on nous can-
tonna dans un petit village voisin appelé Saint-Maurice ;
délicieux endroit ! C'est là que se trouve l'hospice des fous.

9.

On voyait le drapeau noir flotter sur cet établissement. Au milieu de nos malheurs publics, cette vue avait quelque chose de sinistre. Le fort de Charenton était en face de nous, au-delà de la rivière; on l'apercevait à travers les arbres, comme un moissonneur accroupi dans les blés; c'est dire que ce fort ne domine guère les environs. Tout n'était pas parfait dans les forts de Paris. Il y en a une grande partie dans la plaine, tandis qu'ils auraient dû être sur les hauteurs voisines. Si nous avions eu des forts comme le Mont-Valérien, à Montmartre, à Saint-Germain, à Montfermeil, à Avron, à Montmesly, à Athis, à Ablon, à Châtillon (dont la vraie place est au Petit-Bicêtre), enfin à Meudon, Ville-d'Avray et Vaucresson, jamais les Prussiens n'auraient lancé un obus dans Paris. Il leur eût même été très-difficile de compléter leur ligne d'investissement. Saint-Germain, le Mont-Valérien, Vaucresson, Ville-d'Avray, peut-être Chaville, Meudon, le Petit-Bicêtre et l'Hay, nous rendaient maîtres des lignes de Saint-Germain, Rouen, la Bretagne, Sceaux et Orsay. Choisy-le-Roi, Ablon, Athis et au besoin Villeneuve-Saint-Georges, nous donnaient les lignes d'Orléans et de Lyon. Par Avron et Montfermeil, nous tenions la vallée de la Marne et les lignes de l'Est. Restait celle du Nord qu'on aurait pu défendre par Montmorency et Gonesse. Mais que parlons-nous de défense? Personne n'y croyait et la durée du siége à surpris tout le monde; le Français n'a plus de foi en lui-même, parce qu'il ne croit plus en Dieu. Un peuple qui efface de ses codes le nom du créateur, ne tarde pas à être frappé comme Nabuchodonosor.

J'ai vu des choses si étranges dans cette campagne, un aveuglement si complet, un désordre si peu naturel, des succès si peu profitables, enfin un enchaînement de tant de faits incohérents, que je n'ai jamais pu m'expliquer tout cela par la seule voie du raisonnement.

Dussé-je passer pour avoir le fatalisme du Musulman, j'ai crié comme lui : Dieu le veut ! La France a une mission à remplir dans le monde. Ce n'est pas de se placer à la tête de la révolution, cette erreur a failli déjà nous coûter plusieurs fois la vie. Sa mission traditionnelle, c'est de rester la fille aînée de l'Église, c'est-à-dire le chef de famille des peuples catholiques, la clé de voûte de la civilisation chrétienne. Tous nos succès durables dans l'histoire ont eù pour cause réelle, le respect de cette mission, et tous nos malheurs, son abandon.

La France n'est pas un météore comme la Prusse, comme les empires d'Alexandre, de Gengis-Khan, de Tamerlan, d'Attila, de Charles-Quint. Il a fallu des siècles pour former la France. Elle ressemble à ce vieux cèdre du Liban à l'ombre duquel flotta jadis sa bannière blanche. Il semble vraiment, à entendre les ignorants du jour, que la France ne date que de 1789. En lisant l'histoire avec des yeux non prévenus, au lieu d'y voir le commencement de sa gloire, j'y vois le commencement de ses malheurs.

Les conquêtes brillantes de Napoléon-le-Grand nous ont laissés plus amoindris que les derniers revers de Louis-le-Grand. La France avait quitté sa voie. Qu'elle la reprenne, et nous reverrons la douce langue d'oil refleurir sur les bords du Rhin, notre vieille frontière. — Incline ton front, fier Sicambre, adore ce que tu as brûlé et brûle ce que tu as adoré ! Peuple choisi par Dieu, rappelle-toi le sort des Hébreux et n'imite pas leur ingratitude. O belle France ! pays de l'honneur, de la chevalerie, de la charité et de la foi, ne répudie pas les traditions séculaires qui t'ont faite si belle ; reviens à elles. Fille des croisés, repousse loin de toi la révolution ; c'est la bête qui monte de l'abîme !

Nous restâmes à Saint-Maurice un mois entier, sauf un déplacement de deux jours pour aller assister à la bataille de Buzenval. Saint-Maurice fut pour nous un lieu de repos. Cela nous semblait doux après le séjour d'Avron. Aussi la discipline se relâcha. Le 1er janvier 1871, le lendemain de notre arrivée, il y eut une débandade générale au 7e. Le capitaine resté pour commander le le bataillon, eut toutes les peines du monde à conserver un poste de police. Cette manie des moblots de s'absenter ainsi à certains jours, a été une véritable plaie pour les officiers sérieux. Il est impossible de tolérer, sans les briser par une discipline sévère, de pareilles habitudes. Je ne crois même pas, en raison de la légèreté française, qu'on puisse jamais arriver à former des réserves sérieuses en les laissant s'exercer dans leurs cantons ou même dans le ressort de leurs départements. Nous sommes loin d'être aussi sérieux et aussi obéissants que les Allemands. Ces barbares, qui par parenthèse sont plus instruits que nous, nous donneront donc toujours des leçons ! Le capitaine Raoul resté presque seul à Saint-Maurice, ce jour-là, en profita pour aller entendre la messe à l'hospice des fous. Il dut cette faveur à l'abbé Bélin, curé de Saint-Maurice. Les fous se tiennent mieux à l'église que les gens raisonnables. A part l'air étrange que respirent leurs visages, la fixité de leurs regards, on dirait une réunion de penseurs. L'établissement de Charenton est fort beau. Il est situé à mi-côte du plateau de Saint-Maur, au-dessous de la redoute de la Gravelle. Puisque nous parlons de la messe, ne passons pas sous silence celle qui fut dite à la petite église de Saint-Maurice, le 3 janvier, en l'honneur de sainte

Geneviève. Le capitaine Raoul y conduisit sa compagnie à la grande édification du curé. Ces jeunes gens pouvaient remercier la patronne de Paris, de n'avoir perdu aucun des leurs, pendant cette longue campagne. La tenue des moblots fut parfaite. Ils avaient déjà, dans leurs manières, une harmonie militaire qui ne s'obtient qu'après un certain temps de service. La cérémonie fut touchante de recueillement et de simplicité. C'était une gracieuse et poétique église que celle de ce tranquille village qui n'avait jamais été aussi bruyant que depuis notre séjour.

Pour ses étrennes, le capitaine Raoul eut une surprise agréable. On le proposa pour chef du 6e bataillon. —Ce n'était pas une petite affaire que de commander un bataillon de mobiles.— Le 7e était l'un des meilleurs de la Seine et cependant il fallait quelquefois sévir. La débandade du 1er janvier amena de nombreuses punitions. Une salle basse de la maison des officiers fut convertie en prison. Les moblots trop nombreux y faisaient un tapage infernal. Les sentinelles peu rigoureuses laissaient circuler les prisonniers; enfin c'était une réunion bien jeune pour ne pas être très-difficile à diriger. La guerre se termina sans que le capitaine Raoul obtînt le bataillon pour lequel il avait été proposé. Il resta donc au 7e, qu'il ne quitta que pour entrer plus tard dans les volontaires Valette. Les colonels, qui avaient chaudement appuyé la promotion dont nous avons parlé, invitèrent le capitaine à dîner au quartier-général; c'était une assez jolie maison de Charenton située derrière l'église, sur la place Henri IV. On y causa du singulier silence des Prussiens qu'on ne s'expliquait pas. Fêtaient-ils aussi le nouvel an? Ce silence, au surplus, ne fut pas de longue durée; car du 1er au 5 il y eut un bombardement très-complet de Paris et des forts. Le 5, j'assistai à ce combat d'artil-

lerie du haut de la côte de Saint-Maurice. Tout l'horizon était en feu. Il y avait un branle-bas général sur
toute la ligne des forts. Notre tir paraissait aussi régulier que nourri. Les Prussiens ont dû souffrir autant que
nous. Quelle douleur qu'une capitulation succédant à de
si nobles efforts et à des moyens d'action aussi perfectionnés ! Il y eut vers cette époque un froid excessif
suivi d'un dégel fort ennuyeux et d'une pluie qui nous
faisait regretter le froid. Nous allions tous les jours faire
l'exercice, l'école de bataillon, dans la plaine de l'ancien
camp de Saint-Maur. Comme elle était méconnaissable
cette plaine ! Il n'y avait plus un seul des arbres que
nous y avions laissés au mois de septembre.

Les hommes manœuvraient très-bien, sous les ordres
du nouveau commandant qui connaissait parfaitement sa
théorie. Quel dommage que ces beaux bataillons de la
Seine soient revenus de Châlons à Paris, au lieu d'aller
faire partie de l'armée du Nord !

Nous eûmes un peu de calme à Charenton. Nous étions
fort bien installés dans une grande maison de la rue de
Paris où l'on mettait au net les notes de la guerre. Plusieurs chapitres du manuscrit destiné à raconter les faits
et gestes du 7e mobile, furent lus et commentés en petit
comité. Le temps a vieilli ces choses comme bien d'autres, mais les camarades les trouveront toujours jeunes
dans leurs souvenirs.

Si j'avais à dire l'histoire du siége, je placerais ici les
nombreux mensonges au moyen desquels les Prussiens
cherchaient à hâter notre reddition, malheureusement
prochaine. Ils grossissaient à dessein nos désastres. Au
surplus, ils n'étaient pas les seuls à mentir. Enfermés
dans une muraille de fer et de feu, nous ne savions les
nouvelles du dehors que par ces poétiques pigeons de-

venus légendaires et qui seront chantés quelque jour par un habile écrivain. Comme on les attendait ! Il faut bien l'avouer, quel parti la science a su tirer de ce timide et fidèle oiseau ! Quel beau rôle la photographie a joué dans cette poste aérienne ! Il y avait sur un seul pigeon 15,000 dépêches microscopiques ; il fallait tout un bureau pour les déchiffrer.

Comme ils devaient souffrir dans les airs, pendant le froid et sous la neige des 9 et 10 janvier. Chers pigeons voyageurs, quels services vous avez rendus ! Comme on était heureux de vous recevoir, lorsque vous arriviez transis et encore tout tremblants de la poursuite des faucons prussiens aux serres cruelles !

Pendant que les guerriers se reposaient dans un bien-être relatif, qu'eussent ambitionné les habitants de Paris, ces derniers commençaient à connaître toutes les horreurs du siège : la faim, le froid et les obus. La rue du Bac et la rue de Varennes étaient atteintes ; tout le côté Sud de Paris était systématiquement bombardé.

On se rappellera toujours dans ce quartier la journée du 14 janvier et la fête du roi Guillaume ! Quel acharnement ! Les artilleurs allemands tiraient jour et nuit, à toute volée ! L'obus inconscient allait où le portait la destinée, mais il devait tuer quelqu'un, et l'ennemi comptait sur la démoralisation des habitants. Il se trompait. Ils ont été héroïques pendant ce bombardement. Il n'y eut chez eux ni défaillance, ni faiblesse ! Le siège de Paris n'eût-il eu que ce résultat, qu'il serait un éternel honneur pour la grande ville. Quel dommage que la Commune soit venue plus tard, affaiblir aux yeux de la France et de l'Europe, tant de courage et de patriotisme !

Cependant on attendait toujours les armées de secours qui ne venaient pas. Les nouvelles les plus contradictoires circulaient dans ce grand centre si fécond en impressions passagères; on y parlait de la prise imaginaire de batteries prussiennes à Châtillon; des victoires de Nuits, Bapaume et Noyelles; de la mort du prince royal de Saxe, de la blessure du prince Frédéric-Charles, notre redoutable et mortel ennemi; du combat des Moulineaux; de la mort de Prim, le premier auteur de cette guerre funeste; de Dijon délivré par Garibaldi; du discours de Gambetta à Bordeaux; voilà ce qu'on disait à Paris, tantôt avec joie, tantôt avec douleur, selon que la nouvelle du jour était bonne ou mauvaise. Cependant M. de Moltke, avec cette bonne foi qui distingue les Allemands, notifiait le 10 janvier, un bombardement déjà commencé depuis le 5. — Si on lui eût reproché cette infraction aux droits des gens, il aurait sans doute répondu que tout ce qui avait précédé la notification ne devait pas être considéré comme une sérieuse attaque, mais seulement comme une rectification de tir. Il mettait bien sur le compte des erreurs regrettables de la guerre, la fusillade dirigée contre les parlementaires ou les ambulances et le bombardement des hôpitaux!

Pendant que ces événements se passaient, nous restions à Saint-Maurice l'arme au bras. Les officiers se réunissaient quelquefois au cercle installé chez le capitaine Méraud, dans une belle villa de Charenton; on y jouait au billard et au whist pour tromper les ennuis de cette longue agonie dont on commençait à redouter la fin prochaine. M. Méraud, que nous retrouverons plus tard dans les volontaires de la Seine, était un ancien militaire qui avait de beaux états de service. Il était chargé de nos affaires de finances et de comptabilité, en qualité d'officier payeur. C'est une rude besogne que ne rend pas facile notre routine administrative. Il y a là de grandes réfor-

mes à faire, et je ne crains pas de dire que toutes les paperasses qui voltigent, comme des flocons de neige, sur
le bureau de nos comptables, ne servent le plus souvent
qu'à couvrir de grands abus. A voir en campagne la table des sergents-majors, des fourriers, des adjudants et
des officiers d'administration, on se croirait transporté
dans l'une des salles les plus encombrées d'un de nos
nombreux ministères. Il paraît que la simplicité est une
chose bien difficile ! Pourquoi tant de feuilles volantes
qui se perdent si facilement? Est-ce que les carnets de
campagne, faits sur un modèle portatif, ne devraient
pas suffire à la guerre? Quand donc serons-nous des gens
pratiques? Les moblots avaient aussi leurs cercles qui
étaient les cabarets du pays ; ils se rouvraient de tous
côtés. Mais cela n'empêchait pas les promenades à Paris,
pour lesquelles on employait tous les trucs imaginables.
Le mot est trivial, mais je parle la langue du soldat. Les
moblots surveillaient beaucoup plus les portes de Paris
que les projets des Prussiens, dont ils se souciaient peu.
Malgré la pluie de punitions qui frappait les absents,
il y en avait toujours un grand nombre ; l'un se dégui-
sait en ouvrier, l'autre feignait une consigne ; d'autres
portaient un camarade sur une civière ; il est inutile de
dire que le prétendu blessé était aussi sain de corps et
d'esprit que ses compagnons de route. Il y en eut qui
poussèrent la ruse jusqu'à se glisser dans Paris entre
deux gendarmes, avec lesquels ils avaient, chemin faisant, engagé la conversation.

Le 10 janvier il y eut encore une sortie infructueuse à
Bagneux; un fait regrettable se passa ; huit transfuges
passèrent à l'ennemi, c'étaient trois officiers de mobilisés, trois gardes, un caporal et un officier d'éclaireurs
de la Seine. On leur infligea un blâme public par une

affiche officielle; depuis cette époque, ils ont protesté de leur innocence, en disant qu'ils étaient tombés dans un piége de l'ennemi. Avec le manque de discipline et la mauvaise tenue de la garde nationale, on pouvait s'attendre souvent à ces sortes de surprises; elle a pourtant eu dans ses rangs pendant le siége, des individualités dignes d'attention. Nous en verrons à Buzenval, j'en ai moi-même remarqué plusieurs aux remparts où il y avait des gens du monde, et même des étrangers de distinction, pour lesquels la France n'était qu'une patrie d'adoption; j'y ai retrouvé le comte Alfred de Bagneux, le vicomte Gaston de Poix, le comte Grégoire Potocki, le vicomte Arthur du Suau de la Croix, M. Gaston de Pompignan, le vicomte Jacques de La Londe, M. de Monnecôve, M. l'avocat-général Descoutures, le marquis de La Fayette, le comte de Viel-Castel, le commandant de la Cauderie, etc... Entre beaucoup de traits dignes d'être relevés, on m'a cité le suivant que je raconte, parce qu'il est resté obscur et n'a valu aucune récompense à son auteur: le 7 janvier, au *Point-du-Jour,* poste d'honneur s'il en fut, un incendie provoqué par un obus prussien fut éteint, au milieu d'une grêle de projectiles, par le garde Meilhan, du 69°, assisté de deux autres fusillers.

La garde nationale avait le courage individuel, mais elle manquait absolument de cette espèce de discipline qui fait les armées. C'est une institution révolutionnaire qui n'a jamais servi qu'à renverser le pouvoir. Dans les rares occasions où elle a combattu et vaincu l'émeute, comme en 1848, elle n'a fait que réparer une partie du mal qu'elle avait causé. Le contact de la garde nationale, pendant cette dernière guerre, n'a pas peu contribué à relâcher la discipline dans l'armée régulière. Aujourd'hui, vous voyez beaucoup de soldats qui ne saluent

plus ni leurs chefs, ni la croix d'honneur; il y a là une
fâcheuse tendance qu'il faut arrêter dans sa source;
c'est un fruit de la révolution : le manque de respect
envers l'autorité. Si vous voulez fonder la République
en France, commencez par lui donner pour base de solides institutions et ne vous acharnez pas à détruire le
peu qui nous reste du passé. Ce qui tuera toujours chez
nous la République, c'est que pour les gens mal élevés
elle est une ère d'émancipation; pour les inférieurs, une
revanche envers leurs supérieurs, et pour ceux qui ne
possèdent rien, l'espérance non dissimulée d'arriver pro-
chainement à un partage général des biens.

Il y avait à Rome des jours de fête où les esclaves devenaient les maîtres et où toutes les folies imaginables
étaient permises : c'étaient les saturnales; eh bien! pour
beaucoup de cerveaux faibles, la République n'est pas
autre chose. Il y a loin de cette conception à la grande
institution qui régit les États Unis. On parle souvent de
ce pays sans le connaître, comme en France on parle de
tout. Pourquoi n'adopte-t-on pas purement et simplement sa Constitution? c'est parce qu'elle est trop raisonnable pour un peuple d'enfants comme le nôtre. En
Amérique, le suffrage universel qui fait de si belles
choses ici, n'existe qu'à plusieurs degrés. C'est le rêve
réalisé de tous les légitimistes sensés. Demandez aux
républicains français s'ils s'accommoderaient de cette
sage réforme; la négation ne se fera pas attendre. C'est
qu'à leurs yeux le vote n'est pas une institution, mais
un levier puissant pour tout renverser. Rien n'est sérieux dans notre politique, c'est une exhibition cons-
tante de gens qui jouent la comédie; quelquefois le peuple s'en mêle et la scène tourne au tragique. La France
en est encore, depuis le parricide de Louis XVI, à cher-

cher la forme de son gouvernement : on dirait que les
remords la poursuivent et que, comme les grands criminels, elle ne trouve la paix en aucun lieu. Pourquoi
ne pas faire amende honorable, reconnaître ses fautes et
revenir aux traditions de quatorze siècles ! Il ne faut pas
s'y tromper ; si la situation actuelle continue, la France
ne fondera rien de sérieux ; c'est une femme qui n'entend rien aux affaires et qui passe son temps à bavarder
avec esprit, pendant que des croquants la ruinent. Qu'il
vienne un chef, un roi, un empereur ! Qu'on suppose à
cet homme quelque valeur personnelle (il n'est même
pas nécessaire que la supposition soit fondée), vous voyez
tout refleurir sur ce sol désolé ! la confiance est universelle ; les Français s'embrassent avec joie, en criant qu'ils
sont le premier peuple du monde ; tous les manieurs
d'argent font rouler les millions que le public leur ap-
porte ; les soldats redressent la tête et se croient invincibles ; un souffle magnétique a passé comme sur la nation tout entière et l'a transformée. Là où vous n'aviez
que confusion et désordre, vous ne voyez plus qu'un
ensemble harmonieux et un ordre que rien ne trouble.
Les Français se croient sauvés et le vaisseau de l'État,
qui naviguait sur un volcan (expression grotesque mais
vraie), s'avance majestueux et calme au milieu des va-
gues puissantes de l'océan politique.

Dites maintenant que ce peuple n'est pas monarchique
et continuez, si vous l'osez, des essais de République
qui ont un si beau succès !

Le 12 janvier, le capitaine Raoul fut mis pour vingt-
quatre heures aux arrêts simples par le commandant.
C'était sa première punition, aussi ne l'oublia-t-il jamais. Il n'était pas bien coupable, avouons-le ; c'était
pour avoir levé, sans ordre, la punition de quelques-uns

de ses hommes, peine infligée par lui. On était à la veille
d'une séance de tir, la troisième depuis la formation de
la mobile. Il n'en voulait pas priver les prisonniers. C'é-
tait un bon sentiment; mais l'ordonnance du 2 novembre
1833 n'approuve pas cette indulgence. Ses arrêts ne
l'empêchèrent pas d'être de service, d'aller au tir et de
faire mouche à la troisième balle. Il y a dans les traditions militaires, une excellente habitude à la suite des
arrêts. L'officier puni rend une visite au chef qui lui a
infligé sa punition. Cette entrevue doit être cordiale,
empreinte de déférence de la part de l'inférieur et d'affection de la part du supérieur. C'est un hommage rendu
à la discipline et à la loyauté militaire. Le règlement
n'a pas voulu que cette punition fût subie sans être
acceptée, fût infligée sans être méritée; il a mis en présence le supérieur et l'inférieur, afin de leur donner à
tous deux une salutaire leçon. La présence du supérieur
qui vous reçoit en camarade, après une juste punition,
grandit dans l'esprit de l'inférieur le sentiment du devoir. D'un autre côté, si la punition n'est pas méritée,
cette démarche de l'inférieur rappelle au chef qu'il a
manqué à ses devoirs et lui inflige une leçon sensible
pour un homme d'honneur, sans porter atteinte à la discipline. Pourquoi faut-il que les misères de l'humanité
viennent fausser ces nobles traditions. Trop souvent
l'inférieur conçoit un ressentiment éternel à propos d'un
châtiment qu'il croit injuste. — Trop souvent aussi, des
chefs à l'esprit jaloux et étroit, se vengent sur des subalternes de leurs propres punitions et quelquefois des
blessures d'amour-propre que leur cause une infériorité
intellectuelle et morale dont ils sont eux-mêmes embarrassés. De là de mesquines rancunes, des antipathies in-
surmontables qui se traduisent par des vexations quoti-

diennes, quelquefois par l'embargo mis sur une carrière
honorable. J'ai vu des chefs, jaloux des décorations de
leurs inférieurs, ne pas les en féliciter, parce que ces dernières étaient gagnées sur le champ de bataille, tandis
que les leurs l'avaient été à l'ancienneté.

Il y là tout un monde pour l'observateur, et croyez
bien que beaucoup d'insuccès à la guerre sont amenés
par ces questions personnelles dont je n'ai fait qu'esquisser légèrement un des côtés. L'état militaire ne doit
pas être un métier, mais un grand devoir rempli envers
le pays. Que tous soient soldats et les petites imperfec-
tions de détail disparaîtront dans la grandeur du tableau.

Pour reprendre notre récit anecdotique, rappelons que
la poste aux pigeons et aux chiens marchait de mieux
en mieux, depuis surtout que les nouvelles étaient mauvaises. Celles-là arrivaient toujours vite. On commençait
à jeûner dans la grande ville : le pain n'était plus man-
geable, on dévorait toute espèce d'animaux. Je me rappelle avoir mangé de la trompe d'éléphant. On voit que
le Jardin-des-Plantes a été mis à contribution.

Le 15 et le 16 nous eûmes deux messes officielles,
l'une dite à Saint-Maurice par l'abbé Bélin, un véritable
saint que la guerre n'avait pu chasser de la paroisse où
il fait tant de bien; l'autre messe fut célébrée à Charenton dans l'église de ce village, en l'honneur des officiers
du 6e bataillon victimes du bombardement d'Avron. A
Saint-Maurice, il y avait à la tribune une folle qui chan-
tait; sa belle voix avait quelque chose de triste et d'at-
trayant à la fois. Une jeune Allemande, fille d'un célèbre
médecin, communiait et priait sans doute pour la France
qu'elle n'avait pas voulu quitter, malgré ses malheurs.
Ce n'était pas le seul exemple de personnes étrangères

ayant partagé les souffrances de Paris, après avoir pris leur part de ses plaisirs! Paris a tant d'attraits, malgré ses fautes! A Charenton, l'état-major général de la division assistait à l'office. Nous y avons remarqué le général d'Hugues et le colonel Valette, décorés tous deux, l'un de la grand'-croix et l'autre de la croix de commandeur, en souvenir de la belle défense du plateau d'Avron.

Le 17 janvier, nous quittâmes Saint-Maurice, pour aller à Neuilly où nous fûmes reçus à bras ouverts par nos anciens amis. Le voyage se fit en chemin de fer. C'est la seule fois que j'aie vu utiliser les chemins de fer, pour le transport des troupes pendant le siège. Les Prussiens, eux, en faisaient usage, à chaque instant et surtout pendant les batailles. C'est le secret de bien des victoires!

Les moblots ne se sentaient pas d'aise. Ils aimaient tant Neuilly et ses hôtes! ils allaient revoir le coiffeur de la grande avenue, M. Thouin et son aimable fille ; le père et la mère Kromer, les cordonniers de la rue du Château ; M. Clerc, le propriétaire hospitalier, et Victoire sa bonne! Mais ce n'était qu'une installation provisoire. On nous envoyait à Neuilly pour prendre part à une grande concentration de troupes. Ce grand mouvement eu lieu le 18 janvier. Il s'accomplissait avec si peu de mystère, que les Prussiens ont dû en être informés en même temps que nous. Je vis dans cette occasion les milliers de costumes divers que cette guerre avait produits. La garde nationale était dans son beau, les moblots faisaient la haie pour voir passer ceux qu'ils appelaient les perroquets de la guerre à outrance. Le premier surnom était dû aux nuances tranchées de leurs capotes ; les unes étaient vertes, les autres jaunes, quelques-unes bleues, enfin toutes les couleurs de l'arc-en-

ciel avaient été réquisitionnées pour la circonstance.
Quant au dernier surnom, il tenait aux élans trop
bruyants d'un patriotisme belliqueux qui allait enfin se
montrer au grand jour des champs de bataille. Le gouvernement tentait un dernier effort qui n'était en réalité
qu'une satisfaction d'amour-propre donnée à la garde
nationale. Cette dernière prétendait qu'elle chasserait les
Prussiens; on voulait lui montrer que la chose était plus
facile de loin que de près. Il faut reconnaître qu'isolé-
ment un grand nombre de gardes nationaux ont montré
un courage allant jusqu'à la témérité; mais à côté de
cette bravoure individuelle, on a pu constater le désordre naturel à une troupe absolument indisciplinée. Aussi
au premier signal de retraite, les régiments de perroquets, puisque perroquets il y a, s'envolaient dans toutes
les directions. Quelques-uns seulement, mieux commandés, restèrent les derniers sur le champ de bataille et
gagnèrent en cette journée l'estime de tous. Voilà quel
fut le résultat de cinq mois d'exercice! Beaucoup de valeur personnelle, mais dans l'ensemble un désordre in-
surmontable. Si au lieu de former tous ces régiments
bariolés, on avait tout simplement incorporé dans la
ligne tous les Parisiens en état de porter les armes, on
aurait peut-être eu, au bout de quelque temps, une
véritable armée de Paris. Mais en France, on n'aime
plus ce qui est simple et pratique. Aujourd'hui même,
après tant de leçons, sommes-nous corrigés? Que faisons-
nous? Nous perdons notre temps à concevoir des lois et
des institutions plus compliquées les unes que les autres.
La loi militaire n'est pas difficile à faire, on peut l'écrire
en deux mots : Tous soldats! les Prussiens, eux, ne perdent pas leur temps. Ils simplifient, ces gens nuageux!
les voilà qui habillent la landwehr comme l'armée; qui

prennent des draps foncés et suppriment les ornements
inutiles, tandis que nous en revenons au clinquant d'autrefois. Voyez-les étudier l'organisation des chemins de
fer en campagne, cette véritable base de la stratégie
moderne. Quand j'étais en Espagne, il y a dix-sept ans,
j'entendis cette épigramme à l'adresse des Français :

A qui yace el Francés,	Ici gît le Français,
Al fin parado lo vés.	Enfin tu le vois arrêté.

C'était une allusion à notre activité fiévreuse qui étonnait la paresse espagnole. Eh bien! si l'on pouvait parler ainsi des Français de Napoléon 1er, en Espagne, je
gage qu'on n'en aurait pas dit autant des Français ac-
tuels. Ce sont ces lourds Allemands qui ont hérité de
notre vivacité proverbiale. Quand donc redeviendrons-
nous nous-mêmes?

Mais parlons de la dernière bataille du siège, où le général Trochu, installé au Mont-Valérien, tentait avec
environ 60,000 hommes, un dernier effort pour rompre
les fameuses lignes prussiennes. Ce fut le combat de Buzenval, ainsi nommé à cause d'un château dont le parc
inaccessible a été la sépulture de plus d'un brave.

Le 19 janvier, à quatre heures du matin, on sonna le
réveil. Il fallut descendre en armes dans les rues de
Neuilly. Le mouvement des troupes commençait; malheureusement, par suite de la faute commise en faisant sauter les ponts de la Seine, il nous fallut attendre
notre tour jusqu'à huit heures du matin pour passer ce
fleuve. Nous restâmes quatre heures l'arme au pied,
dans notre cantonnement. Ces heures d'attente, où tout
le monde reste dans l'incertitude, où le troupier ne peut
ni manger, ni dormir, ni bouger, m'ont toujours mis
hors de moi. C'est le moyen le plus sûr de décourager

les hommes! Jamais cette maladresse n'a été évitée pendant toute la campagne. Une demi-heure avant le départ, l'ordre fut donné de faire un bout de cuisine, si l'on pouvait. Ee vieux routier, j'avais prévu le cas et j'avais engagé mes jeunes gens à faire cuire rapidement quelques beeftacks de cheval. Je me rappelle même leur avoir offert à chacun un verre de rhum servi par une charmante cantinière que le 116ᵉ bataillon de la garde nationale avait abandonnée en route. Nous la recueillîmes et elle fit courageusement cette petite campagne de deux jours, qui n'était pas sans fatigue ni sans danger. Cette guerrière s'appelait Valère Thiéry ; je me rappellerai toujours la crise affreuse de nerfs qu'elle éprouva en arrivant à Charenton. Elle marchait depuis deux jours et une nuit avec des bottines étroites et un corset qui ne l'était pas moins. A l'arrivée au cantonnement de Saint-Maurice, après la traversée de Paris, il y eut une explosion ; les nerfs se détendirent apparemment. Il fallut déshabiller la malade et l'installer tant bien que mal sur le matelas d'un concierge. Les moblots étaient transformés en infirmiers. Quand Vénus est malade, Mars, d'ordinaire assez brutal, se montre particulièrement attentif et galant.

Nous partîmes enfin, quand les divisions d'avant-garde eurent fini leur défilé. Il y eut un corps en retard de quatre heures qui, par parenthèse, fit manquer la journée ; c'est toujours la même histoire. On nous fit avancer, en piétinant, du pont de Neuilly au rond-point de Courbevoie, puis au Mont-Valérien, devant lequel nous fûmes massés en deuxième réserve : il était deux heures quand nous y arrivâmes.

La bataille était engagée depuis le matin ; il courait des bruits de succès. Ils sont déjà dans les bois de Saint-

Cloud, disait-on! d'autres prétendaient que nous avions
déjà atteint Marly. Toujours est-il qu'il y avait eu un
retard qui nous retint devant Buzenval et nous fit perdre
la bataille, faute d'avoir emporté ce point stratégique.
La droite de notre armée, protégée par les locomotives
blindées qui circulaient sur le chemin de fer de Saint-
Germain jusqu'à la hauteur de Croisy et de Chatou, s'appuyait à Marly, Louveciennes, Bougival, la Celle, la
Malmaison, la Jonchère. Je crois que ce sont les bois de
la Jonchère qui devaient être le point de mire de tous
nos efforts, par là on eût pu tourner Buzenval. Notre
centre était devant le parc de Buzenval, véritable forteresse aux murs crénelés, devant laquelle sont venus se
briser nos efforts et notre élan. La gauche était à Garches,
Saint-Cloud et Montretout. On a prétendu qu'une des ailes
avait faibli. La réalité c'est que le centre ne put parvenir
à s'emparer de Buzenval. On y perdit beaucoup de monde,
c'est là que tomba le vieux marquis de Coriolis, le voyageur Lambert, le peintre Régnault, l'écrivain Louis Gil-
bert et quelques-unes des notabilités parisiennes enrôlées
dans la garde nationale de marche. Les troupes s'étaient
pourtant élancées avec une grande vigueur à l'assaut de
cette position. Nous vîmes leur cordon de fumée et de feu
disparaître sous le feuillage des bois. Nous crûmes que la
victoire était à nous. Mais nous apprîmes vers cinq heures, à la tombée de la nuit, que sans être vaincus, nous
n'étions pas vainqueurs. Les 60,000 hommes sortis de
Paris battaient en retraite et la réserve resta sur le champ
de bataille où elle passa la nuit et la matinée du lendemain. Il y eut, en somme, peu de troupes d'engagées
dans ce combat. Notre brigade, qui était fort belle et
dont le colonel Valette était très-fier, resta en colonne
par division, jusqu'à la nuit, dans un repli de terrain

situé au pied du Mont-Valérien, sur la route de Montretout à Rueil. Il y avait là les 6e, 7e et 8e bataillons de la
mobile de la Seine, le 5e des mobiles du Finistère, le 5e
d'Ille-et-Vilaine, la 4e de la Vendée, enfin le 21e régiment de la garde nationale mobilisée de la Seine, en tout
près de 10,000 hommes, sur lesquels on pouvait compter.
Nous eûmes la douleur de ne pas tirer un coup de fusil,
et quand la journée fut finie, on nous fit former les faisceaux et nous bivouaquâmes. Il faisait froid ; après avoir
mangé, chacun se roula dans sa couverture et se coucha
le mieux qu'il put, la tête couverte et les pieds au feu.
Ces diables de moblots sont si peu faits pour rester en
place, qu'il en venait toujours quelques-uns vous marcher
sur le corps. Il fallait à chaque instant sortir de sa couverture pour lutter contre des jambes et des pieds qui,
à peine expulsés, étaient remplacés par d'autres.

C'était néanmoins un curieux spectacle que cet immense bivouac où tous les feux étaient parallèles et
semblables. Il y avait là quelque chose de féérique.
Voilà où l'on voudrait avoir un photographe à sa portée;
malheureusement il faisait nuit. Mais dans le jour l'artiste n'aurait pas perdu son temps. Ces grands bois
de Buzenval, de la Jonchère, de la Celle-Saint-Cloud,
enlevés au commencement avec tant d'entrain, formaient
un beau tableau. Ces bataillons de la brigade Valette
descendant avec ensemble des hauteurs du Mont-Valérien offraient un spectacle non moins intéressant. C'eût
été le sujet d'un beau Protais à l'exposition prochaine.
Pourquoi n'être pas peintre au lieu d'être écrivain? Le
pinceau en dit plus que la plume et la parole. Il y a de
ces choses si difficiles à décrire et que pourtant le regard
de l'homme embrasse d'un seul coup d'œil ! Comment
rendre par exemple, en une seule phrase, ce panorama

d'une bataille en pleine action où le narrateur doit vous montrer tout ce que voit un général en chef. Le nôtre, le général Trochu, pouvait seul, du Mont-Valérien, se rendre un compte exact de l'ensemble du combat; son regard s'étendait depuis la droite où tonnaient les canons des locomotives blindées, jusqu'à la gauche, où les hauteurs de Saint-Cloud étaient couronnées de nos soldats. Il dut souffrir beaucoup, quand il vit les efforts de notre centre échouer contre les travaux et les fusils prussiens. Pourquoi les obus du fort n'avaient-ils pas fait l'ouvrage difficile laissé aux gardes nationaux? S'il y a des positions inaccessibles pour l'infanterie, il faut avec des canons à longue portée, les rendre inhabitables pour l'ennemi. Je ne puis juger la question militaire qu'il est toujours délicat de traiter, quand on ne connaît pas tous les détails d'une affaire, mais je dirai avec le public que plus d'une fois nous avons été surpris du silence de l'artillerie du Mont-Valérien. Je ne suis pas comme les soldats ou les gens du peuple qui expliquent tout par la trahison, mais je soupçonne fort les vices de notre organisation. On a dû souvent manquer de munitions, en temps utile, par suite d'ordres mal donnés ou mal transmis. Souvent aussi les artilleurs du fort ont dû se taire, dans l'ignorance où ils étaient de nos mouvements, par le silence de notre état-major.

J'ai visité Buzenval depuis cette affaire et je ne comprends pas qu'on n'ait pas tourné cette position. Si le Mont-Valérien l'eût criblée d'obus, le mouvement tournant aurait permis de prendre l'ennemi comme dans une souricière; mais on a voulu trancher du paladin! attaquer des murs crénelés à la baïonnette! Tant que les Français en resteront à ces traditions de vaine gloriole, et qu'ils feront la guerre comme les chevaliers français

10.

à Poitiers, ils seront admirables, on pourra les traiter de héros, mais un ennemi sérieux les battra toujours. — Vers neuf heures du soir on nous donna l'ordre d'aller occuper les tranchées de la Fouilleuse qui avaient été abandonnées ; cette position couvrait la retraite de l'armée ; nous y restâmes dans une terre glaise, des plus épaisses et des plus humides, douze longues heures sans bouger ; nous étions transis de froid ; plusieurs de nos hommes eurent les pieds gelés ; ce fut notre plus mauvaise nuit. L'ennemi, fatigué sans doute du combat de la veille, nous laissa tranquillement garder notre poste avancé ; un de ses éclaireurs vint cependant, à minuit, ramper jusqu'auprès de nos lignes, et un coup de feu tua un homme de la compagnie de Cambourg. Mais à ce signal toutes les têtes sortirent de la tranchée et l'éclaireur ennemi jugea prudent de battre en retraite ; l'important pour lui était fait, il connaissait les forces des adversaires. Nous redoublâmes de vigilance et nous nous gardâmes comme à Avron ; nous dûmes à ce soin d'avoir pu occuper le champ de bataille, sans être inquiétés, jusqu'au lendemain à onze heures du matin : ce fut un honneur dont on n'a pas assez tenu compte à la brigade Valette.

Pendant cette longue et pénible veillée, nous eûmes le temps d'examiner ce qui se passait autour de nous. Il y avait à l'entrée des bois de Buzenval de grands feux qui faisaient ressembler ce paysage à quelque décor d'opéra ; on aurait cru assister à une représentation de Freyschuth. De temps à autre un coup de feu retentissait au loin et l'écho des bois en répercutait le son bruyant. La nuit fut assez calme ; le lendemain matin on commença à mieux se rendre compte du champ de bataille : il y avait là des morts étendus depuis la veille, des blessés que l'ambulance n'avait pu trouver dans sa promenade nocturne. Cette promenade aux lanternes avait, dans les bois, quelque chose de magique; on voyait de grands yeux de feu s'approcher, puis s'éloigner, enfin s'arrêter de temps en temps et disparaître pour reparaître sur un autre point; le jour, les lanternes furent remplacées par des drapeaux blancs. Nous eûmes plusieurs processions de gens à pied et à cheval, tenant en main la bannière sans tache; on aurait dit nos pères les Croisés venant au camp prussien proposer un cartel pour venger l'honneur de la France. En voyant le drapeau blanc circuler librement sur ce champ de bataille couvert de blessés et de morts, on se rappelait involontairement qu'il avait été longtemps pour la France un drapeau protecteur. Il avait encore un beau rôle ce jour-là; c'était une mission de paix et de charité. Si jamais il revient en France, on se souviendra qu'il a flotté, comme pour les protéger, sur nos ambulances, pendant cette terrible guerre. Chose bizarre, il a même remplacé, sur le haut des Tuileries, le drapeau tricolore, et il n'a disparu que pour faire place au drapeau rouge. On sait le reste.

Nous étions comme saisis d'admiration en voyant circuler au loin ce cortége aux bannières blanches, qui parcourait, en longs circuits, tout le champ de bataille. C'est encore un beau sujet de tableau. — Nous verrons, peut-être un jour cette belle scène à quelque exposition. C'était chose curieuse de voir à l'horizon ces ombres, au-dessus desquelles flottaient des drapeaux blancs, se pencher vers la terre à chaque instant, comme pour en interroger les entrailles.

Le 20 janvier, à onze heures du matin, la brigade Valette quitta la dernière le champ de bataille. Dans cette retraite lente et digne, les mobilisés du 21ᵉ régiment de la Seine reçurent quelques coups de feu et eurent des hommes atteints. Nous retournâmes à Neuilly pour y passer la journée et la nuit. Le lendemain on nous renvoya à Saint-Maurice de Charenton. En traversant Paris, le bataillon fondait à vue d'œil, je fus obligé d'exercer la plus grande surveillance pour garder mes hommes autour de moi; j'eus la satisfaction de me faire obéir sans employer les mesures de rigueur.

Quand nous fûmes à Saint-Maurice, le bombardement de Paris recommença de plus belle; il paraît que pour les Prussiens le moment psychologique était arrivé. Leurs obus venaient nous visiter jusque dans la plaine de Saint-Maur à l'heure de nos exercices. J'ai souvent remarqué dans cette guerre et dans la campagne contre la Commune que l'ennemi nous suivait avec son tir, comme s'il était renseigné exactement sur nos mouvements. Je crois que, dans une ville comme Paris, il y a toujours beaucoup d'espions dont il faut se méfier. Nous autres Français, nous ne savons pas assez nous servir des espions et nous ne savons pas davantage nous en garantir. C'est là qu'il faut encore chercher l'une des causes de nos revers. Un renseignement exact donné à temps par un espion peut sauver une armée ou faire gagner une bataille; mais, quoique nous fussions suivis par le tir ennemi, nous n'en étions pas fort inquiets; il ne nous fit aucun mal; la grande distance est elle-même le correctif des armes à longue portée. Vous inquiétez de très-loin votre ennemi, mais vous lui faites moins de mal, par la raison que vous êtes moins sûrs de vos coups et que le but vous offre moins de prise. C'est un principe tellement vrai, que plus les engins de guerre seront perfectionnés et moins la lutte sera meurtrière. Les gens qui s'effraient de la guerre moderne ont oublié l'histoire; les combats à l'arme blanche étaient autrement meurtriers; une armée pouvait être entièrement détruite; aujourd'hui on la fait prisonnière ; c'est moins glorieux, mais c'est plus humain et plus pratique.

Nous eûmes à cette époque un changement dans notre direction politique et militaire. Le général Trochu donna sa démission de gouverneur et resta simple président du gouvernement. Les troupes furent placées sous les ordres du général Vinoy ; on les divisa en trois corps d'armée, avec quelques divisions isolées, le tout formant un ensemble de treize divisions; la garde nationale passa sous les ordres des chefs de secteur. Le 7ᵉ mobile continua à faire partie de la brigade Valette, qui était la 2ᵉ de la division d'Hugues, mais cette division figura dans le groupe des divisions isolées. On commençait à voir dans cette désagrégation comme une préparation à un prochain licenciement. Il y avait des bruits d'armistice et de capitulation. Au whist du colonel on était fort triste, et c'était le cœur serré que l'on parlait de la situation. Le 26 janvier, les nouvelles étaient plus mauvaises encore qu'à l'ordinaire ; j'avais appris la mort d'un de mes meilleurs amis, le comte de Mailly-Châlon, tombé en brave, dans l'armée du Mans, à la tête de son bataillon de mobiles. Ce petit-fils du maréchal de Mailly, qui rappelait par son grand cœur, comme par sa taille, les chevaliers ses pères, ne voulut pas assister aux hontes de la France. C'est ainsi que la fleur de notre noblesse fut moissonnée sur les champs de bataille de cette guerre, comme à Morat, comme à Pavie, comme à Crécy, comme à Azincourt, comme à Poitiers. Pendant que les républicains, fort tranquilles dans leurs clubs ou comités, préparaient dans l'ombre la Commune de Paris, les fils des royalistes mouraient héroïquement en combattant au grand jour pour la République ! Voilà la France et ce que sont les partis !

Le 26 enfin, le Gouvernement de la défense nationale
fit les déclarations que l'on connaît et dont nous parlerons au chapitre suivant. Un armistice était annoncé et
l'occupation des forts déclarée imminente. Tel était le
résultat de cinq mois de lutte acharnée ; on n'avait plus
de pain et il fallait capituler sans combattre ; les nouvelles de province étaient lamentables ; les armées de
secours dispersées, Chanzy en déroute, Garibaldi impuissant, Gambetta et Faidherbe enfermés dans Lille,
Bourbaki en retraite ; seule, l'héroïque Belfort tenait en
échec l'armée ennemie comme un de ces preux bardés
de fer qui, échappé aux obus modernes, verrait se briser
sur sa poitrine les baïonnettes de ses ennemis vainqueurs dont il refuserait de se constituer le prisonnier.

Tout était fini, il fallait courber la tête. Ah ! celui qui
n'a pas connu ces jours de deuil ne peut en comprendre
l'amertume. Il faut avoir perdu son père ou sa mère pour
savoir ce qu'il y a de cruel dans un pareil destin. Je
pleurais depuis un an déjà le plus tendre et le plus vé-
néré des pères, je croyais la source de mes larmes épui-
sée ! Elle jaillit avec une nouvelle abondance quand je
connus la dernière honte infligée à notre malheureuse
patrie. Comme la mort paraît douce dans un pareil moment ! Le désespoir, le suicide, la folie, tout semble possible, excepté la vie ! — Pourtant ces choses sont oubliées
aujourd'hui. On a payé le tribut de la honte. Les prisonniers sont revenus d'Allemagne, et bien que le vainqueur foule encore de sa rude botte le sol aimé de la
patrie, on ne songe déjà plus en France à tant de malheurs ! Les théâtres sont ouverts, les fêtes recommen-
cent, on joue, on se marie, on voyage, on s'amuse, on
rit, et si l'on parle de revanche, c'est pour avoir le droit
de dire, entre deux plaisanteries, que la défaite n'est rien

auprès de celle qu'on réserve pour plus tard à l'ennemi. Quel peuple étrange ! pourtant c'est un grand peuple, et le premier des peuples quand il combat pour Dieu.

Pendant notre absence de deux jours, les maraudeurs avaient profité de notre départ pour se livrer à ce pillage, qui est une des plaies des armées en campagne. Nous faisions les choses sérieusement au 7e bataillon. Quand nous occupions une maison, nous appelions un employé de la mairie pour constater l'état des lieux, et quand nous partions, nous l'appelions de nouveau pour recevoir les clés de la maison que nous quittions. Malgré ces précautions, et grâce au désordre qui régnait partout, on nous fit des plaintes à notre retour; le commandant n'hésita pas à ordonner une enquête; le capitaine Raoul fut chargé de la faire ; elle eut toute la solennité d'un Conseil de guerre, mais il fut impossible de trouver les coupables, ils n'appartenaient pas au bataillon.

CHAPITRE X

On parlait d'armistice. Les bruits étaient alarmants.
Nos cœurs saignaient. La réalité fut au-dessus de nos
craintes. Le 27 on attendait avec anxiété une solution

Elle arriva le 29. Tout était consommé. Les Prussiens occupèrent nos forts et l'on signa l'armistice, sur notre promesse de payer 5 milliards et de livrer l'Alsace et la Lorraine. Tout le monde aurait dû pleurer à ces tristes nouvelles; mais le cœur humain est si égoïste que bien des gens, fatigués de la guerre, commencèrent à se réjouir. J'assistai pour ma part à la joie non dissimulée de quelques moblots et même de certains officiers. On voyait qu'ils avaient un poids de moins quelque part. Que leur importait la chose publique, en présence de leur petite personne! Voilà les mœurs que nous ont faites les grandes idées modernes! Je dois dire cependant que la majorité de nos hommes et de leurs chefs était désolée de ce qui se passait, et eut le cœur serré, quand on annonça qu'on allait être désarmé. Une division et la garde nationale restaient seules armées! Ce fut une grande faute que de ne pas retirer leurs armes à ces nombreux miliciens qu'on flattait, parce qu'il y avait des votes au bout de leurs fusils. Cette erreur fut l'une de ces grosses bévues qui préparent les révolutions et que Dieu permet dans sa justice. *Quos vult perdere Jupiter dementat*. Ne nous lassons pas de répéter ce proverbe qui, depuis 1870 jusqu'à la fin de mars 1871, fut toute la politique française. Il y eut à cette époque une débandade nouvelle du bataillon vers Paris. Le moblot sentant moins son frein, reprenait son humeur vagabonde. Qu'allait-il faire à Paris où il n'y avait plus de vivres? Probablement ce qu'on y fait à vingt-deux ans! Heureusement notre départ fut décidé; il s'effectua le 29. Nous piétinâmes, comme d'habitude, le sol de Saint-Maurice et de Charenton. Partis du cantonnement à huit heures, nous étions encore à quelques mètres de là, vers midi. Je n'ai jamais compris cette imitation par trop fidèle de la marche des tortues ou des colimaçons. Cette dernière étape fut marquée par un incident regrettable. Quelques moblots, entrés par hasard dans l'église de Charenton, s'installèrent à l'orgue et y jouèrent des airs profanes. Ils choisissaient bien leur endroit et leur jour (c'était un dimanche)! Le capitaine Raoul, averti par le lieutenant de Brosse, fit d'une manière empressée avec ce dernier la police du lieu saint. Mais je l'ai déjà dit : la discipline, pas plus que la religion, n'était le fort du moblot de Paris. On sortit bien de l'église, mais en murmurant contre l'ordre donné et les réflexions sévères qui l'accompagnaient. Ces malheureux ne comprenaient pas qu'à l'heure où Dieu nous frappait dans nos affections patriotiques, il fallait courber la tête, au lieu d'insulter à ce maître irrité! Ils ne comprenaient qu'une chose, c'est qu'on les avait dérangés. Il y eut des cris de : « A bas le capitaine! » et le colonel dut intervenir. La Commune était déjà en germe dans ces jeunes cerveaux. Ajoutons à l'honneur de notre uniforme, qu'on désapprouva généralement cette conduite et que le calme fut vite rétabli. La colonne s'ébranla enfin et nous traversâmes Paris, de la porte de Charenton à la caserne de la Tour-Maubourg. Les moblots avaient un air martial qui frappa les Parisiens et qui faisait avec nos revers un singulier contraste. C'était une dernière protestation contre une paix dont nous ne voulions pas. Mais ce sentiment ne fut pas pour tous de longue durée. Bientôt, à l'appel de chaque jour, nous eûmes l'occasion de constater une indiscipline croissante, et lorsque nos hommes eurent versé leurs armes à la caserne, il y en eut beaucoup qui avaient l'air passablement satisfaits. On oubliait les malheurs de la patrie pour ne songer qu'à une chose, c'est qu'on allait être débarassé d'une lourde chaîne. Beaucoup, parmi ces jeunes gens, n'étaient soldats qu'à regret. Le spectacle que donnait Paris n'était pas fait d'ailleurs pour faire aimer le métier des armes. Ce n'était de tous côtés que soldats en débandade, qui ne saluaient plus que les bornes des cabarets. Puis le découragement s'était emparé de beaucoup d'esprits. On avait appris la tentative de suicide du général Bourbaki et l'entrée en Suisse de 80,000 Français. Ce nouveau désastre achevait notre honte. Pendant ce temps-là nos gouvernants ne s'entendaient guère et perdaient la tête à qui mieux mieux. Aussi la Prusse ne voulut point traiter avec eux. Il fut décidé qu'une Assemblée nationale serait nommée pendant l'armistice et qu'elle siégerait hors de Paris. On vota le 8 février. Les portes de la capitale s'ouvrirent pour cette période électorale. Quelques officiers en profitèrent pour aller en province, dans l'espoir de recommencer la lutte. C'était abuser un peu de la lettre des conventions. Les Prussiens qui aiment beaucoup la loyauté, chez les autres, s'en seraient plaint amèrement comme ils se sont plaint de la fuite de nos prisonniers d'Allemagne.

Paris fut ravitaillé. La ville de Londres fit un cadeau royal à sa malheureuse rivale. Les provisions affluèrent de tous côtés. Notre canaille (celle qui fit la Commune) allait les chercher aux avant-postes, en fraternisant avec les Prussiens. Ces derniers jetaient avec emphase des pains à cette foule indigne, afin que cette honte nouvelle fût constatée dans l'histoire de la guerre. C'était toujours la politique machiavélique de M. de Bismark. On se précipita avec fureur sur les premiers vivres. Comme on trouva bon le premier pain blanc, le premier beurre, le premier fromage et le premier poulet! Les dîners recommencèrent à Paris comme en nos beaux jours, et les élégants invitaient leurs amis, quand ils avaient pu se procurer de bon pain et quelque victuaille inconnue depuis longtemps aux Parisiens. Paris se refaisait. Il n'y avait pas jusqu'aux murs des maisons qui ne furent vite recrépis. Cette ville est essentiellement coquette. Elle n'aime pas qu'on la surprenne en déshabillé. Sauf nos travaux de remparts qui étaient fort beaux et qu'on gardait comme curiosité, il ne resta bientôt plus rien du siège. Les dégâts du bombardement furent vite réparés, et si la Commune n'était pas venue après, on n'eût plus vu trace de cette terrible guerre.

Les moblots étaient désarmés et ne venaient plus aux appels que pour toucher leur prêt; les réunions avaient lieu sur l'esplanade des Invalides. Il y avait aussi des distributions de vivres; les officiers, qui avaient installé une nouvelle pension dans le voisinage, en sortaient après leur déjeuner, pour venir à l'appel en bourgeois. On retombait trop vite dans les habitudes civiles, ce qui prouve qu'en France on est moins chauvin qu'autrefois. La Révolution a tout gâté chez nous; elle venait de nous faire infliger par l'Allemagne une terrible leçon, cependant nous n'étions pas corrigés. Malgré les mauvaises nouvelles du *Times*, au lieu de baisser la tête, nos révolutionnaires commençaient à la relever. Ils agitaient ce grand sabre qui n'avait tué personne et qui pouvait blesser les gens d'ordre impuissants et désarmés. C'était à M. Jules Favre que nous devions cette cruelle situation, et dire que M. de Bismark a proposé de désarmer la garde nationale de Paris! S'il a fait cette proposition, c'est parce qu'il était sûr qu'on la rejetterait. Il a voulu nous laisser jusqu'à la responsabilité des événements préparés par sa politique machiavélique. Pendant ce temps-là le désordre était dans le gouvernement; la délégation de Bordeaux et le Gouvernement de la défense nationale échangeaient des lettres fort aigres; c'est la querelle habituelle des gens qui font de mauvaises affaires : Gambetta accusait le Gouvernement, celui-là accusait Gambetta ; la province donnait raison au Gouvernement, Paris faisait de Gambetta le demi-dieu du jour. Voilà quelle était la situation des esprits. Pendant ce temps-là on lisait, le 17 février 1871, dans le *Moniteur officiel prussien* de Versailles, les lignes suivantes : « D'après *la Gazette de l'Allemagne du Nord*, 930,000 hommes sont prisonniers de guerre, en y comprenant la garnison de Paris ; près de 20,000 hommes se sont enfuis en Belgique, après les batailles de Metz et Sedan, plus de 80,000 viennent de passer la frontière suisse. Ce total énorme de 1,034,000 prisonniers, observe *la Gazette*, est sans précédent dans l'histoire. »

Voilà ce qu'on disait de nous ! Cependant un éclarci se faisait dans notre ciel si chargé de nuages. M. Thiers venait d'être nommé par l'Assemblée de Bordeaux, chef du Pouvoir exécutif; il avait composé son ministère de MM. J. Favre, Picard, Buffet, de Larcy, l'amiral Pothuau, le général Le Flô et Jules Simon. C'étaient les hommes du 4 septembre à l'abri derrière la personnalité de M. Thiers. Malgré la protestation de M. Keller, qui fit honneur au patriotisme alsacien, l'Assemblée ratifia les préliminaires de paix. A quatre heures, le 26 février 1871, ils étaient signés à Versailles. Nous cédions à l'Allemagne l'Alsace et Metz avec cinq milliards. Les conditions d'occupation du territoire étaient très-dures et elles étaient aggravées par une occupation partielle et temporaire de Paris. Mais comment éviter une telle paix, si honteuse qu'elle fût! Il ne nous restait plus que trois débris d'armées qu'on appelait pompeusement, mais mensongèrement, les armées des Vosges, de l'Ouest et du Nord. C'étaient des ombres de carrosses traînées par des ombres de chevaux ! De l'armée des Vosges il n'y avait plus qu'un corps insignifiant ; tout le reste était en Suisse avec le général Bourbaki, qui avait voulu se sucider et qui s'était manqué. Il ne restait d'intact que la petite et vaillante armée du Nord et celle de l'Ouest, la première, maintenue en bon ordre par le général Faidherbe ; la seconde, reformée par le général Chanzy, après la déroute du Mans. Pouvait-on continuer la lutte avec de pareils éléments, lorsque les Allemands avaient en France près de 800,000 hommes ? L'Assemblée de Bordeaux ne l'a point pensé. Aussi, l'armistice fut-il prolongé jusqu'au 4 mars, jour de la signature définitive de la paix. Il était temps. Paris était sous le coup d'une émotion indicible, par suite de l'occupation prussienne. Le 1er mars, en effet, en exécution des conventions, un corps prussien entra vers dix heures du matin, dans les Champs-Élysées, et occupa tout le secteur compris entre la Seine, les Tuileries, la rue du Faubourg-Saint-Honoré et l'avenue des Ternes. Cette occupation dura deux jours. Paris était frémissant de colère et de rage ; les femmes et le peuple s'étaient attelés aux canons des remparts pour les enlever aux Prussiens. Les gardes nationaux en armes s'étaient réunis pour disputer aux vainqueurs les portes de la capitale. Il fallut que la gendarmerie et le corps du général Vinoy vinssent protéger les ennemis contre nos compatriotes exaltés ! Ce fut le commencement de l'histoire des canons de Montmartre. Le peuple, qui prétendait les avoir sauvés, ne voulait plus les rendre ! L'occupation prussienne dura deux jours, du 1er au 3 mars ; le 3, les Prussiens rejoignirent les forts qu'ils occupaient depuis l'armistice. Le séjour des Allemands dans le quartier des Champs-Élysées fut une chose regrettable à tous les points de vue. C'était une humiliation gratuite imposée à la ville de Paris qui, par sa belle défense, méritait plus d'égards de la part du vainqueur ; il aurait dû se rappeler que la faim seule lui avait livré la grande ville. Cette occupation partielle n'avait d'ailleurs rien qui pût flatter l'orgueil des ennemis. Ils semblaient parqués comme dans un vaste Jardin-des-Plantes. Un cordon de sentinelles françaises gardait toutes les issues de leur prison : c'était ridicule et mesquin ; ils étaient eux-mêmes embarrassés de leurs personnes. La population parisienne se montrait fort hostile ; elle les insultait à travers les barreaux de leur cage. C'est ainsi qu'une apparence de modération tournait au préjudice du vainqueur et n'en blessait pas moins le vaincu. M. de Bismark et son roi avaient voulu, dans leur vanité pleine d'entêtement, faire fouler aux pieds de leurs soldats le sol de la capitale ennemie. Une transaction était intervenue pour limiter cette satisfaction donnée au vainqueur. Cet arrangement fut, comme toutes les choses de cette triste époque, une demi-mesure également mauvaise pour tous : Allemands et Français se trouvèrent froissés en même temps. Il fallait ne rien occuper ou occuper toute la ville. La conduite des Allemands qui ont respecté les propriétés privées dans les Champs-Élysées, donne à supposer qu'il en aurait été de même dans le reste de Paris. Cette occupation nous eût évité la Commune, son pillage, ses vols et ses incendies. C'était une chose étrange que de voir cette ville prussienne installée en quelques heures, au milieu de la ville parisienne : les casques à pointe d'un côté, les képis rouges de l'autre. Les Prussiens entrèrent, musique en tête, avec un ordre parfait et avec leur prudence ordinaire. Un régiment fut envoyé en avant-garde dès le matin ; il alla occuper la place de la Concorde, puis des cavaliers éclairèrent tout le quartier destiné aux Prussiens ; le gros du corps d'occupation n'arriva que longtemps après.

Les Allemands furent logés dans les monuments publics et chez l'habitant. Il faut avouer que leur tenue fut irréprochable, leur attitude faisait même un singulier contraste avec celle de nos troupes. Notre soldat découragé, démoralisé, ne saluait plus même ses chefs directs. La politesse et la discipline sévère de l'armée ennemie étaient pour nous une grande leçon et nous aurions dû en profiter. Ce soldat allemand, si lourd et si pesant, dont on entendait les pas résonner sur le pavé des rues, nous représentait le triomphe de l'ordre sur le désordre, de l'organisation sur la révolution. On ne le croira pas, au lieu de faire ces salutaires réflexions, le Français battu, humilié, vaincu, ne songeait qu'à narguer le vainqueur et à le tourner en ridicule. Cependant les canons prussiens étaient braqués à l'entrée des grandes avenues qui aboutissent à l'Arc-de-Triomphe de l'Étoile, et l'on voyait manœuvrer ces troupes disciplinées qu'on ne laisse jamais inoccupées. Les Allemands, avec leur calme philosophique, ne paraissaient pas s'apercevoir que les Parisiens se moquaient d'eux, seulement, ils s'ennuyaient dans l'espace restreint qu'on leur avait assigné. La grande ville était là, avec ses belles rues, ses monuments, ses promenades, ses boutiques, ses richesses, ses plaisirs, sa nombreuse population à deux pas, et il était défendu d'y entrer. C'était le supplice de Tantale. Il faut être systématique et méthodique comme les Allemands pour accepter une pareille

situation ; elle paraissait ridicule aux Français eux-mêmes, et notre Gouvernement, qui n'avait pas de nombreux motifs de fierté, s'en est vanté plus tard comme
d'un succès politique. Nous avons revu ces grandes
phrases avec lesquelles on fait depuis soixante-dix ans
l'éducation publique de notre peuple : « L'ennemi n'a
souillé de sa présence que quarante-huit heures le sol
sacré de l'héroïque cité ! Il semblait honteux de sa victoire et paraissait plus abattu, plus humilié que le
vaincu ! Ce n'était pas une simple ligne de démarcation qui le retenait dans ses limites, c'était le prestige
encore debout de la grandeur française ! L'héroïque population de Paris a donné à la Prusse une grande leçon
de modération et de dignité ! etc...» En un mot, tout ce
que nous passons notre temps à nous dire nous-mêmes ou à nous entendre dire. Qu'un peuple est malade
quand il aime ces flatteries et ces mensonges ! C'est toujours la proie lâchée pour l'ombre ! Aimons plutôt qu'on
nous dise nos vérités et le chapitre en serait long ! Des
faits ! des faits ! assez de mots ! Des hommes ! des hommes ! assez de bavards ! — Les Prussiens campèrent
deux jours dans les Champs-Élysées ; ils y donnèrent des
concerts militaires auxquels assista la population étrangère dont se compose ce quartier plus cosmopolite que
Français. On envoya les soldats, par petits détachements, visiter le jardin et le palais des Tuileries. Pauvre palais ! quelle destinée ! Dans l'espace de trois mois,
il eut à supporter le regard insolent de l'étranger vainqueur et l'incendie révolutionnaire ! Le 4 mars, au soir,
les journaux apprenaient au public la fin de l'occupation de Paris et la signature de la paix. Ils ajoutaient
des commentaires imprudents ! A quoi bon parler de
revanche, si l'on ne s'y prépare pas ; ne vaut-il pas

mieux se taire et s'armer en silence ; la prudence n'est décidément pas une qualité française !

Le 7 mars, les moblots furent licenciés avec dix jours de solde et de vivres. Il restait la division du général Vinoy, impuissante à contenir les gardes nationaux et le peuple de Paris. Une grave question intérieure avait surgi : celle des canons de Montmartre ; la garde nationale ne voulait pas les rendre. On lui donna pour chef le brave et énergique général d'Aurelles de Paladines. Mais la question ne fut pas résolue, elle était grosse d'une révolution ! Les esprits étaient fort agités ! Nos moblots eux-mêmes prenaient part à l'agitation générale. Une scène regrettable eut lieu au 7e bataillon, le 9 mars, sur l'esplanade des Invalides : un groupe de mécontents qui réclamait un supplément de solde, emmena le commandant et le capitaine-trésorier devant un comité révolutionnaire qui siégeait déjà dans le faubourg du Temple. Pour éviter le renouvellement de cette scène, on fit venir à la première réunion des moblots, un bataillon de ligne et quelques gendarmes. Cette vue calma les perturbateurs, et les dernières distributions de vivres se firent dans le plus grand ordre ; c'était une chose singulière que de voir ces jeunes gens recevoir une ration de dix jours de pain, de viande, de riz, de sel, de café, de vin et d'eau-de-vie. Je n'hésite pas à dire que, vu les circonstances, c'était aller au devant de désordres qu'on aurait pu éviter. Pourquoi ne pas donner en argent ces vivres que les moblots vendaient eux-mêmes au lieu de les emporter ? Ce trafic leur rapporta à chacun une somme assez ronde, et s'apercevant que, par ce procédé, ils avaient plus d'argent qu'ils n'en avaient précédemment réclamé, ils manifestèrent une satisfaction qui remplaça définitivement leur mécontenttement des jours précédents. Ce qui prouve une fois de plus qu'on faisait, sinon adroitement, du moins convenablement les choses. Le 12 mars, le 7ᵉ mobile fut dispersé pour toujours. Les moblotss un peu honteux de leur indiscipline, chargèrent le capitaine Raoul de présenter leurs hommages au lieutenant-colonel de Vernou-Bonneuil, leur ancien commandant. C'était une amende honorable destinée à faire oublier la scène du 9 mars; elle prouvait qu'au fond ces jeunes gens avaient été plus légers que coupables. Évidemment on les avait poussés à la révolte; des meneurs avaient été remarqués dans leurs rangs; la manifestation s'était d'ailleurs bornée à une très-petite minorité. Le bataillon n'en était pas responsable tout entier. Elle s'était, au surplus, terminée pacifiquement et à l'honneur des officiers qui en avaient été l'objet. Les moblots sentaient le besoin de reporter leurs pensées vers le créateur du bataillon. Leur dernière action faisait donc disparaître quelques désordres inévitables dans l'anarchie où l'on vivait. C'était un dernier acte de respect et de discipline qui honorera toujours le 7ᵉ bataillon. M. de Vernou pouvait être fier de son œuvre.

Nous ne parlerons plus du 7ᵉ mobile dont l'histoire se termine ici. Comme transition nécessaire avec celle des volontaires de la Seine, nous raconterons les derniers efforts des gens d'ordre dans les journées du 22 au 26 mars 1871. On verra le 7ᵉ bataillon contribuer, avec des mobiles de plusieurs bataillons de la Seine, à défendre dans Paris la cause que l'armée de Versailles a fait triompher pour le salut de la France.

Le 18 mars 1871, une tentative de l'armée avait échoué contre Montmartre, les généraux Lecomte et Clément Thomas avaient été fusillés rue des Rosiers. Les insurgés faisaient retentir à Montmartre ces canons qu'on n'avait pu leur arracher des mains. Ce bruit nocturne qui rappelait le bombardement prussien, avait quelque chose de sinistre. L'armée s'était retirée à Versailles; on craignait des défections pareilles à celle du 88ᵉ de ligne. Le comité central de la garde nationale était maître de Paris. La révolution qui venait de s'accomplir porta le nom de cette première journée. Le 21, les insurgés eurent une surprise qui les inquiéta. Le canon prussien se fit entendre sur toute la ligne des forts occupés par l'ennemi. Ce ne fut qu'une fausse alerte! C'était une canonnade tirée en l'honneur de l'ouverture des Chambres prussiennes.

Les Parisiens n'en eurent pas moins un moment d'inquiétude qui prouve la situation fausse où nous nous trouvions. Cependant elle n'empêcha pas la révolution de s'accomplir! Le même jour, à une heure, une manifestation de gens d'ordre fut reçue à coups de fusil par les gardes nationaux fédérés. Henry de Pène, qui faisait partie du cortége, reçut une blessure grave qui mit ses jours en danger; le sympathique journaliste venait d'affirmer d'une manière chevaleresque son adhésion à la cause de l'ordre. Il y eut, ce jour-là, quinze blessés dans cette foule qui avait eu la naïveté de croire à la liberté, dans un temps de révolution, et à la fraternité de la part de révolutionnaires. Le 23 mars, le capitaine Raoul reçut la visite de son collègue, le capitaine Méraud. Ce dernier vint l'avertir que de Rivoire avait organisé, sous les ordres du commandant Léger et du colonel Valette, un centre de résistance à la place de la Bourse. Les moblots accouraient de tous côtés. Il y en avait du 7ᵉ, beaucoup du 8ᵉ, et plusieurs des 1ᵉʳ, 2ᵉ, 3ᵉ 5ᵉ bataillons de la Seine. Il était curieux de voir ces

jeunes gens défiler sur le boulevard, et leur aspect martial contrastait singulièrement avec la tenue de la garde
nationale ; les moblots, rusés et hardis comme des zouaves, se procuraient des fusils en les arrachant aux mains
des fédérés. — Eh! camarade, disaient-ils, où vas-tu
avec ce fusil ? — Donne-moi cela, tu n'en as pas besoin,
je m'y connais mieux que toi ! vite le chassepot pour le
moblot ! Un croc-en-jambe accompagnait cette demande
et le moblot s'en revenait armé sans que l'État ait eu
besoin d'intervenir. Le fédéré, qui avait déjà de la peine
à se tenir sur ses jambes, continuait sa route en maugréant, et il arrivait chez lui sans trop savoir ce qui
s'était passé.

Le capitaine Raoul se garda bien de refuser l'invitation de Rivoire que M. Méraud était chargé de lui porter, et le soir du 23, il bivouaquait avec ses camarades
sur la place de la Bourse et couchait sur les banquettes
en velours du café de la Bourse. Il y avait là Chalamet,
Rendu, Félix de Jouvencel, de Barbot, de Saint-Germain,
Hugues, Guyon, Augé, Brucelle, Critot, Duthoit, Baril,
Wauquier, Béraud, de Savignac, Penaud, tous de notre
cher bataillon. Cela rappelait la campagne qui venait de
finir ! Notre groupe de mobiles augmentait tous les jours ;
il forma bientôt un bataillon de 3 à 400 hommes. La présence du colonel Valette donnait une grande importance à
cette manifestation. Si elle avait duré quelques jours de
plus, nous aurions fini par former une véritable brigade et
la Commune n'eût point triomphé. Malheureusement il y
avait des conflits d'autorité avec les chefs de la garde nationale. Je me rappellerai toujours un colonel nous inti-
mant l'ordre d'évacuer un poste où notre colonel venait de
nous installer. J'eus beaucoup de peine à lui faire comprendre que dans l'état militaire, on ne peut qu'obéir à son

chef direct. Pour toute réponse j'en obtins ces mots, dignes du général Boum : «C'est moi qui commande ici !» Allez donc porter secours à de pareilles gens, et dire qu'on hésita longtemps à supprimer la garde nationale ! Il y avait pourtant avec nous un beau bataillon, c'était le 8e. Il manœuvrait avec ensemble et avait une excellente tenue. J'y ai remarqué dans les rangs, des officiers de la ligne, mêlés aux gardes nationaux. Le 25 mars nous quittâmes cette place de la Bourse où nous avions passé quatre jours et quatre nuits. Un ordre de l'amiral Saisset nous confiait la défense d'un poste important situé place d l'Opéra.

Voici l'ordre en question : « Monsieur le colonel Valette ayant sous ses ordres les gardes mobiles de la Seine, occupera le poste dit de la place de l'Opéra, vis-à-vis le Grand-Hôtel, entre le boulevard des Capucines et la place de l'Opéra. » Le colonel nous fit entrer dans le Sporting-Club, par les souterrains d'un café situé rue de la Chaussée-d'Antin. Personne ne pouvait soupçonner notre présence sur la place de l'Opéra. C'était une manœuvre habile qui eût jeté l'effroi dans les rangs des fédérés, en cas d'attaque. Nous eussions enlevé facilement la place Vendôme, malgré ses canons, dont les fédérés ne se seraient pas plus servi que des 120 pièces prises à Montmartre. Mais une atmosphère épaisse entourait tous les cerveaux. Au quartier-général du Grand-Hôtel, il était impossible d'obtenir des ordres précis; c'était la confusion générale ! On faisait des discours à tous les étages et jusques dans la cour, derrière la mitrailleuse destinée à nous protéger. Là, notre colonel aurait su agir, au lieu de prononcer des discours inutiles, il eût fait parler la mitrailleuse, et en un quart-d'heure la place Vendôme eût été évacuée. Il eût été impossible aux artilleurs fédérés de se servir de

leurs canons et même de les enlever du milieu des barricades en pavés où ils les avaient placés comme un épouvantail. Il y a des choses qui effrayent les bonnes et les
enfants, mais non les gens sérieux. Rien n'est innocent
et bonace comme un canon vu de près, et en quelques
pas, par un mouvement tournant, on aurait touché de
la main les fameux canons de la place Vendôme. Cette
joie ne nous fut pas accordée ; on nous permit seulement
de dîner au Grand-Hôtel. C'était l'État qui payait ; il nour-
rissait en même temps ses amis et ses ennemis ; dans quel
gâchis nous étions ! Tout le monde parlait à la fois. Chacun voulait faire à sa tête et les bruits les plus contradictoires circulaient dans cette foule armée qui n'avait
pas conscience de ce qui se passait. Il y avait aussi des
traîtres dans nos rangs. Je me rappellerai toujours un
capitaine de la garde nationale qui vint me dire que
nous étions cernés par les fédérés. Il ajouta qu'au surplus il n'y avait rien à faire, puisqu'on ne sortait plus
du Grand-Hôtel quand on y était entré. C'était lui qui
nous y avait conduits avec deux de nos camarades pour
accompagner le colonel. Ce dernier inquiet, mais prêt à
la résistance, envoya le capitaine Raoul porter ses ins-
tructions au poste des mobiles. Il ne fut pas si difficile
de sortir du Grand-Hôtel que l'avait dit le capitaine de
la garde nationale, et quant aux fédérés, ils étaient eux-
mêmes plus inquiets que dangereux ; leur inquiétude
venait de ce que le Grand-Opéra était leur magasin de
vivres. On voyait leurs patrouilles circuler autour de ce
monument inachevé. Le capitaine alarmiste avait donc
menti. Je lui souhaite de ne jamais faire pareille chose
en campagne, dans un corps dont le capitaine Raoul serait le général ! Quand le dîner fut prêt, les moblots
sortirent armés du Sporting-Club pour aller au Grand-

Hôtel. En les apercevant si nombreux et si décidés, les fédérés, qui ne les avaient pas vus entrer dans la maison d'où ils sortaient, furent saisis de terreur et s'enfuirent à toutes jambes dans toutes les directions. C'était le moment de prendre la place Vendôme; mais le colonel Valette venait de recevoir l'ordre suivant :

« Paris, 25 mars 1871.

» J'ai l'honneur d'informer Messieurs les chefs de corps, officiers, sous-officiers et gardes nationaux de la Seine, que je les autorise à rentrer dans leurs foyers à dater du samedi 25, 7 heures du soir.

» Le vice-amiral commandant en chef la garde nationale de la Seine,

» SAISSET,

» Pour copie conforme, l'aide-de-camp de l'amiral,

» CLÉMENT. »

Il y avait un *post-scriptum* important ainsi conçu :

» Sur l'invitation de MM. les maires de Paris, le vice-amiral a dû aller à Versailles donner au chef du pouvoir exécutif sa démission de général commandant en chef les gardes nationaales de la Seine.

» A. CLÉMENT.

» Pour copie conforme à l'original, le maire du 2ᵉ arrondissement,

» P. TIRARD. »

Il suffit de citer de pareilles pièces, elles se passent de commentaires. Notre rôle actif était terminé à Paris. Il y avait un ordre, il fallait obéir. Le colonel le fit exécuter et nous dit adieu, en nous donnant rendez-vous en des temps meilleurs. Quelques-uns d'entre nous ne tardèrent pas à se grouper de nouveau autour du colonel, mais cette fois à Versailles. Nous les retrouverons le 6 avril dans les volontaires de la Seine.

Il nous reste à raconter comment le capitaine Raoul quitta Paris. Le 26 mars, les élections acceptées par les maires eurent lieu, ce fut le triomphe du Comité central et de la Commune. Grâce à l'abstension et à l'absence des honnêtes gens, les insurgés avaient une apparence de légalité de leur côté. Ils en profitèrent avec cette rapidité d'exécution qui, chez nous, manque trop souvent aux hommes d'ordre. Dès le 27, le drapeau rouge flottait sur les principaux monuments de Paris. La situation était claire ; nous étions joués et les maires aussi. Ils durent se repentir plus tard de leurs hésitations et de leur manque d'énergie au moment où la répression était possible. Il était trop tard. Déjà on voyait dans les rues des colonels et des généraux en chemise rouge. C'était la comédie qui précédait la tragédie ! A Versailles on était incertain et découragé. M. Thiers seul agissait sans perdre de temps. Il organisait en silence l'armée nouvelle qui devait sauver Paris et la France. On l'interrogeait avec anxiété. Il calmait les impatients. On respectait sa réserve, parce qu'on avait confiance en lui. Le 30 mars, le capitaine Raoul, accompagné d'un de ses amis, le comte Grégoire Potocki, transporta hors de Paris, ses armes et son uniforme. Il n'était pas trop tôt. Le passage fut difficile aux fortifications. Les fédérés faillirent arrêter nos voyageurs. Grâce au sang-froid de Potocki et à la rapidité de son cheval qu'il lança au grand trot, vers la porte d'Auteuil, ils échappèrent aux gardes nationaux de la Porte-Maillot. Chose singulière, le capitaine Raoul devait rentrer, deux mois après, par cette même porte, avec l'armée de Versailles. Quant au comte Po·

tocki il mourut quelques jours plus tard, victime d'une imprudence trop fréquente chez les collectionneurs d'obus. Un tison introduit dans un obus non suffisamment vidé, le fit éclater presque dans les mains du malheureux jeune homme. Il succomba quatre jours après, à Saint-Cloud, des suites de ses blessures. Il avait vingt-sept ans, tous les attraits de la jeunesse, tous les charmes d'une éducation distinguée, toutes les qualités d'un noble cœur et la fortune lui réservait des millions qui ne pouvaient être placés en de meilleures mains.

C'était un élève de M. Pons, ce maître d'armes émérite qui enseigna l'art de l'épée à tous les hommes distingués de ce siècle. Il était de cette société d'escrime qui pendant la guerre a fourni sa brillante phalange de mobiles et de volontaires. On y vit figurer, dans la mobile, le comte de Mailly-Châlons, le marquis de Nettancourt-Vaubecourt, le vicomte Blin de Bourdon, M. de Bors, le comte de Couronnel, M. Couturié, le marquis de Fontenilles, le comte du Hauvel, M. de Molombe, le baron de Marescot, le comte de Puységur, M. Weil, etc..... Dans la garde nationale, à côté de leur professeur rajeuni par le patriotisme, MM. Boudin et Pochet, deux avoués fort estimés au palais; le duc de Rivière, M. Charles le Roy, chef de bataillon, qui servit, plus tard, contre la Commune dans l'état-major du général Clinchamp et y gagna, un drapeau à la main, la croix d'officier de la Légion d'honneur, Henry de Pène, le baron James de Rothschild, médaillé militaire des compagnies de marche. Puisque nous écrivons l'histoire de ce temps, nous donnerons la liste alphabétique des membres de cette Société d'escrime qui ont pris part à la guerre contre la Prusse.

Ce document historique prouvera toute l'importance de ce cercle d'hommes d'élite fondé par M. Charles Pons, qui a le droit d'être fier de son œuvre et de ses élèves. Les noms qu'on va lire sont la meilleure réponse qu'on puisse faire à ceux qui n'ont pas craint d'accuser les nobles et les riches d'être sympathiques aux Prussiens :

MM. Arnault (Henry), sergent.
    Bénazet (Théodore), capitaine, mobile.
    Boudin (Charles), garde national.
    Blin de Bourdon (vicomte) ✳, capitaine, mobile, blessé.
    Carraby, mobilisée.
    Chanaleilles (général comte de), armée.
    Chatard, garde national.
    Commaille (baron de) ✳, capitaine, mobile.
    Costa de Beauregard (marquis) ✳, commandant, mobile, blessé.
    Couronnel (comte de) ✳, capitaine, mobile.
    Couturié (Henri) ✳, capitaine, mobile, blessé.
    Cottin, garde national.
    Curial (comte), mobile.
    Coursy (R. de), mobile, blessé.
    Dollfus (Ed.) ✳, commandant de francs-tireurs, blessé.
    Eggly (Ferd.) ✳, commandant, garde national.
    Elchingen (duc Ney d') colonel, armée, blessé.
    Fontenilles (comte L. de), officier, armée.
    Foucher de Careil (comte), ambulances.
    Giraudeau (docteur), aide-major, mobile.
    Graudeffe (comte de), capitaine, mobile.
    Grandmont (docteur), aide-major, mobile.
    Hauvel (comte du), mobile.
    Heursel (A. d') ✳, officier d'ordonnance, mobile.
    Lacroix (Th. de), capitaine, mobile.
    Le Roy (Charles) ✳, commandant, garde nationale.
    Luart (comte R. du) ✳, commandant, mobile.
    Mailly-Châlons (comte de), président, commandant, mobilé, tué.
    Maréchal (Alex.), mobile.
    Marescot (baron de) ✳, mobile.
    Marescot (R. de), mobile.
    Marne (vicomte de), mobile.
    Meynard (Ch.), mobile.

MM. Molombe (de), capitaine major, mobile.

Montbel (R. de), engagé, turcos.

Mure (Eug.), engagé, officier de chasseurs.

Nettancourt-Vaubecourt (marquis de) ✻, commandant, mobile.

Pène (H. de), garde national.

Pinaud (L.), mobile.

Plancy (baron G. de), mobile.

Pochet, garde national.

Potocki (comte G. de), ✾, garde national.

Pomereu (comte A.. de) capitaine, mobile.

Puységur (comte G. de) ✻, commandant, mobile.

Puységur (comte J. de), capitaine, mobile.

Rants de Saint-Brisson (comte de), mobile.

Rants de Berchem (baron de), mobile.

Rivière (duc de), mobilisée.

Reille (général comte), armée.

Rothschild (baron James de) ✾, mobilisée.

Rohtschild (baron Edmond de), officier d'ordonnance.

Rotschild (baron Arthur de) ✻, ambulances.

Rouzaud (Auguste), garde national.

Saint-Raymond ✻, officier, mobile, blessé.

Sainte-Marie d'Agneaun, mobile.

Teyssou ✻, lieutenant aux cent-gardes.

Texier (Jules), engagé, marine.

Trélan (baron de), lieutenant aux cent-gardes.

Vatry (baron de) ✻, colonel, armée.

Vibraye (comte de), capitaine, mobile.

Weil (Maurice) ✻, officier d'ordonnance, mobile.

De tels noms sont dignes de figurer à côté de ceux des Dampierre et de Luynes, que nous avons fait, par un *lapsus*, tomber à Champigny, tandis qu'ils sont morts glorieusement, le premier à Chevilly, le dernier à Patay.

Je passe les détails pour ne pas retarder le lecteur, car il doit être pressé comme tous les gens de ce siècle, et je suppose que parti avant moi, il m'attend déjà à Versailles.

DEUXIÈME PARTIE

Les Volontaires de la Seine

CHAPITRE XI

Versailles présentait au commencement d'avril la physionomie la plus singulière. Il regorgeait de monde,

on eût dit une ville d'émigrés. Quelle étrange destinée
que celle de cette localité qui a été successivement la capitale du vainqueur et celle du vaincu. Il y a quelque chose
de mystérieux et de grand, dans ce souvenir en pierres
légué par Louis XIV à la France; les œuvres du génie
sont impérissables! Pendant que Paris, ce volage Paris,
démolissait chaque jour les monuments du passé, Versailles les entourait d'un silencieux respect et en paraissait comme le gardien. C'est bien la ville qu'il faut pour
un chef-lieu politique, pour le sanctuaire des lois. Notre
époque de folies a pu seule accepter une capitale placée
dans un tourbillon pareil à celui de Paris. Messieurs les
républicains, jetez un regard vers la paisible Washing-
ton et soyez conséquents avec les principes, une fois
dans votre vie, si vous le pouvez; royalistes, regardez
Versailles, la ville du grand roi et inspirez-vous des traditions séculaires qu'elle représente!

Il faut avouer pourtant que beaucoup de gens paraissaient là comme des âmes en peine. On eût dit une foule
d'époux en voyage, après une séparation de corps, les
laissant tristes et isolés. Les employés des ministères ne
savaient plus où donner de la tête! Ah! ce fut un mauvais
moment pour la routine arrêtée par la force des choses!
Les uns regrettaient leurs bureaux, leurs grands cartons,
leurs paperasses; les autres, les plaisirs faciles de la vie
parisienne! Tous ces exilés erraient mélancoliques dans
les grandes rues de ce Versailles qui leur faisait l'effet
d'une nécropole. La ville du grand roi était pourtant
fort animée; jamais je n'ai vu ses rues si fréquentées. Il
n'y avait plus de place nulle part, ni dans les hôtels, ni
dans les cafés. Tous les fuyards de Paris s'étaient réfugiés là, prêts à rentrer au premier signal.

La vie était devenue très-chère à Versailles qui n'a

jamais d'ailleurs été un séjour remarquable par le bon marché de l'existence. Cela tient à ce qu'il y a peu de commerce dans cette ville. Ce qui abaisse à Paris les prix de chaque chose, c'est la concurrence incessante que se font les commerçants. Paris est la ville des contrastes ; c'est l'endroit où l'on dépense le plus d'argent et où l'on peut, si l'on veut, en dépenser le moins. Tout le monde se plaignait des tarifs exorbitants de Versailles. Les députés eux-mêmes regrettaient tout bas ce Paris qu'ils avaient quitté par prudence. Il y a des gens qui pensent que le besoin de confortable y ramènera la Chambre ; le commerce de Paris désire beaucoup ce retour ; mais tant que les destinées de la France ne seront pas définitivement réglées, ce serait une faute qui pourrait compromettre à jamais notre avenir. Si le gouvernement revient à Paris, si Paris reste la capitale politique du pays, il faut qu'une loi détermine les droits de la France sur Paris et les devoirs des Parisiens envers les pouvoirs publics. Paris a voulu ses franchises municipales ; Paris a voulu se séparer de la France ; quand nous disons Paris, il est entendu que nous ne parlons ici que des révolutionnaires parisiens. Ce sont eux, eux seuls qui ont voulu ces choses. Mais enfin ils ont triomphé par la ruse et la force. Un second triomphe du même genre pourrait être fatal à la France ; il ne faut pas s'y exposer. Donc si Paris reste capitale, que Paris soit traité en capitale. — Il faut choisir entre ce rôle ou celui d'une grande ville indépendante. — Soyez l'ancienne Rome des Césars, ou soyez New-York, Philadelphie, Boston ! la prospérité de ces dernières prouve que leur sort vaut bien celui de la première. Si Paris veut rester capitale il doit cesser d'être révolutionnaire ; ce doit être la demeure des maîtres et les maîtres n'y peuvent rester à la merci d'une foule incons-

ciente. Paris semble avoir été créé pour être la résidence
d'un grand monarque, mais par une dérision du sort,
les Parisiens, — ou du moins quelques-uns, — se disent
républicains. — Renoncez alors au luxe des empires, —
soyez simples comme des Spartiates ! — Ayez une capitale comme Pithiviers, Romorantin ou Châteauroux.
Versailles est encore trop beau pour de sévères réforma-
teurs !

Quelle différence d'atmosphères et d'idées entre Paris
et Versailles ! on dirait que cinq cents lieues séparent
ces deux villes. Autant le Parisien est frondeur et vif,
autant le Versaillais est respectueux et calme. L'un est
le fils de la révolution, l'autre l'enfant du grand roi.
Il y a chez le premier tout le désordre et toute la folie
d'un ami des plaisirs ; chez le second tout le flegme,
toute la réflexion et toute la raison d'un homme fidèle
aux vieilles traditions. Je crois Versailles une excellente
capitale, mais Paris ne tardera pas à l'absorber, comme
il a fait de Batignolles, Neuilly et autres villes voisines.
C'est une question de temps et ce transfert de chef-lieu
ne sera encore qu'un expédient. Il parait que c'est le
dernier mot de la politique moderne !

Pendant que Versailles se grossissait chaque jour des
gens qui fuyaient la Commune, cette dernière grandissait en audace. Le départ du gouvernement et des troupes lui fit croire un instant qu'elle était invincible. Il y
a trois périodes dans l'histoire militaire de la Commune,
celle de l'attaque, celle de la défense et enfin la période
de la prise de Paris, celle des incendies. Nous en sommes
à la première. La Commune se prépare à attaquer Versailles ; peu s'en est fallu que ses bandes n'arrivâssent
jusque-là. Je me souviens encore de la terreur des Versaillais et du désarroi général. Il y eut un moment où

Versailles fut à la merci d'un coup de main, personne n'était prêt et tout le monde était découragé. Il fut alors question de former un bataillon d'honneur pour la défense de l'Assemblée. On fit un appel aux volontaires de toute la France. La réponse a prouvé que le patriotisme était bien éteint chez nous. Cependant 1,500 officiers de mobiles, de mobilisés et de corps francs se présentèrent à Versailles et se mirent à la disposition du pouvoir. Il y eut un instant le corps du marquis de Carbonel à Versailles, comme il y avait à Rambouillet celui du général de Cathelineau.

M. de Carbonel avait un bureau et des registres à l'Hôtel du Cheval-Blanc. De tous côtés on venait s'y inscrire; mais il fallut consulter M. Thiers qui n'est pas l'homme des traditions de la Restauration. Il reçut la députation envoyée vers lui, de façon à montrer qu'il ne fallait pas compter sur le fameux bataillon d'honneur. C'était pourtant une idée chevaleresque! Pourquoi ne pas accorder à des officiers le droit de servir, comme simples soldats, dans une garde destinée à la personne du souverain, qui est aujourd'hui l'Assemblée? Ce sont, dira-t-on, des souvenirs trop monarchiques. J'en conviens; mais faut-il s'étonner d'en trouver dans un pays qui a vécu quatorze siècles sous la monarchie. Ne serait-il pas plus sage de tenir un peu compte du passé, ponr préparer l'avenir, dût-il même nous laisser la République! Les révolutionnaires avaient bien leur garde particulière et si jamais l'Internationale devient un gouvernement, ce qui n'est pas impossible après la Commune, vous lui verrez des troupes de choix. L'idée du bataillon d'honneur n'était donc pas mauvaise. Elle avait au surplus l'avantage d'occuper une foule de jeunes officiers sans emploi, qui auraient ainsi passé sous les drapeaux

12

un temps qui n'eût pas été perdu. C'eût été comme une
sorte d'école militaire pour les officiers de notre réserve.
On pouvait leur faire une situation qui eût permis aux
officiers de l'armée active d'entrer dans ce corps. Le
projet échoua. Quant à celui de la formation du corps
de Cathelineau, il ne fut guère mieux traité. On laissa
s'organiser à Rambouillet quelques bataillons qu'on ne fit
pas marcher au feu, et, plus tard, un licenciement général fit disparaître tous ces volontaires d'élite qui n'eussent point été pour l'armée un élément inutile. Mais ils
n'avaient pas porté le képi et le pantalon rouge, seulement ils portaient le pantalon bleu depuis plus longtemps que les soldats et les officiers de la fameuse armée
de la Loire. Ces derniers sont pourtant restés au service.

Voilà l'égalité comme on l'entend en France. Vous
auriez pu être colonel dans la mobile et officier dans
cette armée depuis sa formation, avoir figuré avec distinction pendant toute la campagne ; la guerre une fois
finie vous n'êtes plus rien. En revanche, un engagé volontaire aura pu, grâce à des protections, arriver dans
l'armée de la Loire au même grade que vous, dans un
temps beaucoup plus court. Il restera officier dans l'armée française, tandis que vous redeviendrez un simple
pékin. Et l'on dit que l'armée est mécontente ; mais
c'est la mobile qui devrait l'être ! La première a tous les
profits, quand l'autre n'a que des charges. Laissons là
cette discussion, car dans ce pays il faut renoncer à la
logique et au sens commun.

Pendant que le gouvernement faisait appel à des
volontaires qui ne venaient pas et refusait d'utiliser
ceux qui étaient venus ; la Commune ne perdait pas son
temps. Elle avait armé toute la population valide de Paris, avec ce qu'on avait pu trouver de fusils, de revol-

vers et de sabres dans les magasins de l'État. Elle avait
formé des bataillons, des régiments et jusqu'à des corps
d'armée. Ne doutant pas du succès, elle tenta, le 3 avril,
un effort vigoureux qui faillit lui livrer la route de Versailles. C'était sans doute une leçon que les militaires
de la Commune voulaient donner aux hommes du 4 septembre. Il faut avouer que le plan était hardi et qu'il
eut un commencement d'exécution. L'armée de la Commune fut divisée en deux corps de 15,000 hommes chaque, qui convergèrent de Paris sur Versailles, en passant
celui de droite par Asnières, Rueil, Marly et celui de
gauche, par Issy, Châtillon, Chaville. La grande difficulté était le passage sous le Mont-Valérien. Pour rassurer ses hommes, Flourens qui commandait la droite,
leur avait fait croire que le fort leur appartenait. Ce qui
les confirma dans cette pensée, ce fut le silence même
du fort que l'on peut attribuer à une tactique habile de
celui qui le commandait.

Les communeux purent ainsi se répandre dans la
plaine jusqu'à Rueil; mais quand ils y furent bien engagés, le fort en question leur envoya une grêle de projectiles qui leur fit vite connaître leur erreur. Le désordre se mit dans leurs rangs et la difficulté même de la
retraite fit disparaître dans toutes les directions, comme
une nuée de corbeaux effrayés, ces masses profondes
qui marchaient si confiantes à la victoire. Rueil fut à la
fois le refuge et le tombeau de plusieurs. Pour appuyer
les effets de la canonnade du Mont-Valérien, le gouvernement de Versailles avait envoyé de la cavalerie, qui
coupa toute retraite aux fuyards et les enveloppa comme
dans un filet. Les communeux perdirent beaucoup de
monde dans cette affaire, tant en tués qu'en prisonniers.
Il fallait être fou comme Flourens, pour les avoir engagés,

sous le Mont-Valérien, dans une plaine à découvert comme celle de Rueil, Nanterre et la presqu'île de Gennevilliers. Toute retraite était impossible. Aussi [Flourens resta-t-il caché dans une maison de Rueil. Un gendarme vint l'y surprendre et fut reçu à coups de pistolet par le farouche révolutionnaire. Ce fut la fin de ce dernier. Les soldats ripostèrent et il tomba frappé mortellement ; ainsi mourut le fils d'un écrivain illustre et savant, un jeune lettré envoyé jadis par la France à l'école d'Athènes ! Voilà les fruits de l'éducation et de l'instruction, comme on les entend chez nous ! Quand donc saurons-nous élever nos enfants d'une façon plus pratique ! Notre éducation publique produit plus de révolutionnaires et d'impies que de gens de bien et d'hommes de talent. Il y a un vice radical, c'est que l'Université ne peut faire que de la pédagogie. C'est grec, et cela dit tout ! Soyons plus Français et surtout plus catholiques. Nous aurons moins de communeux, plus de vrais patriotes ! Avant de passer au récit de l'attaque sur Châtillon, disons, dans un intérêt historique, que celle de Rueil faillit réussir, par la prise du Mont-Valérien. Flourens n'avait menti qu'à moitié. La Commune était sur le point d'avoir ce fort qui ne lui échappa que par l'énergie du commandant. Ce dernier ayant conçu quelque défiance au sujet du bataillon qui occupait la place, envoya demander des renforts à Versailles et, pendant ce temps-là, il fit sortir le bataillon suspect en reconnaissance. Quand les nouvelles troupes arrivèrent, le fort était resté plusieurs heures avec quelques artilleurs pour toute défense. Voilà la vérité. C'est un hasard providentiel qui empêcha les gens de la Commune d'attaquer le fort pendant cet intervalle. Ils l'eussent peut-être pris ; alors la sortie de Rueil réussissait ; ils arrivaient à Marly, jusqu'à Versailles et donnaient la main à Chaville et dans la vallée de Sèvres à leurs colonnes de gauche. Honneur donc au commandant du Mont-Valérien! Il a rendu à la France le même service que Ducatel, et chose qui n'est pas étonnante dans le pays de Jeanne d'Arc, il a été, comme lui, protégé pendant plusieurs heures d'angoisse et de danger, par ce Dieu qui veille sur la France.

Je n'ai pas l'intention d'accuser le bataillon cité plus haut, quoique l'exemple du 88° soit là, mais je devais à la vérité historique de raconter les faits qui précèdent. Ils étaient alors dans toutes les bouches. Il s'en est peu fallu que le Mont-Valérien n'eût le sort des forts d'Issy, de Vanves, Montrouge, Bicêtre, etc... J'aurais pu dire de tous les forts du Sud. Le Gouvernement a le droit d'être fier de sa victoire sur la Commune. Mais l'histoire lui reprochera toujours l'abandon des forts et de certaines positions stratégiques, telles que Montmartre, la barrière de l'Étoile, le Trocádéro, la Montagne Sainte-Geneviève; je sais bien que tout le monde avait un peu perdu la tête, ce qui n'est pas rare en France. Chez nous on ne compte jamais sur sa propre raison, mais sur l'intelligence du pouvoir et sur la protection divine! Mais, ô logique humaine, on attaque sans cesse le pouvoir et on nargue Dieu. Ce caractère tient à la fois de la femme et de l'enfant.

Pendant que la droite des communeux était en déroute, la gauche, appuyée par les forts du Sud, s'avançait hardîment par le plateau de Châtillon et par Sèvres jusqu'à Chaville. Les gendarmes, qui se conduisirent mieux que pendant la première révolution, s'emparèrent toutefois de Meudon, en repoussant les insurgés. L'énergique résistance opposée par eux du côté de Sèvres, et leur brillante attaque de Meudon,

12.

permirent aux troupes de Versailles de balayer le plas
teau de Châtillon qui devint inhabitable, faute de point-
d'appui, pour les communeux. Cependant ce succès des
armes de Versailles ne fut pas obtenu sans efforts. Pendant plusieurs jours, les gens de la Commune renouve-
lèrent leurs sorties du côté de Châtillon, du Plessis-Piquet et du Petit-Bicêtre, cette clé de la route de Versailles. La cavalerie nous rendit de grands services, en
enveloppant les bandes qui s'étaient trop avancées. La
Commune manquait de cavaliers. Ce qui prouve une fois
de plus qu'à la guerre il faut savoir toujours se servir
des trois armes. Quand on pense qu'après la guerre
d'Italie, des officiers disaient que la cavalerie était devenue une arme inutile ! C'est à cette arme que nous
devons principalement nos succès contre la Commune
du côté de Châtillon. Nos chasseurs ont rendu le pays
intenable pour les tirailleurs ennemis ; ils ont facilité
les opérations de notre artillerie et la marche de notre
infanterie. Les efforts agressifs de la Commune durèrent
quelques jours malgré l'insuccès de la journée du 3
avril. Jusqu'au 7 on entendit la fusillade dans les bois
de Meudon, Sèvres et Chaville. Les Versaillais n'étaient
point du tout rassurés et l'ennemi avait une grande
audace. Malheureusement pour lui, il lui fut impossible
de s'emparer du pont de Sèvres.

On avait beaucoup de prisonniers le 3 ; c'étaient les
premiers. Ils arrivèrent par bandes à Versailles où on les
recevait fort mal ; la foule était très-animée contre eux ;
ils avaient des figures affreuses. La Commune avait
évidemment vidé les prisons.

Grâce aux gendarmes, qui furent très-solides dans
cette campagne, nous avions toute la ligne de la Seine,
depuis Sèvres jusqu'à Courbevoie ; Saint-Cloud et Su-

resne nous appartenaient. On y faisait de fréquentes patrouilles et des cavaliers éclairaient sans cesse la berge.

Je me rappelerai toujours un trait bon à citer, car il dépeint l'esprit du troupier. Un chasseur à cheval causait devant la porte d'une auberge de Saint-Cloud et regardait, en buvant son verre d'eau-de-vie, le lapin sauté dessiné sur la muraille avec aussi peu d'art que de vérité. On le questionnait sur la guerre, sur ses opinions à l'endroit de la Commune, et il répondait : « On m'a empêché de tirer sur les Prussiens; il n'y a pas de danger que je tire sur des Français. » La citation est textuelle. Il n'avait pas achevé sa phrase que plusieurs fédérés, cachés dans les buissons du champ de course de Longchamps, lui envoyèrent une demi-douzaine de coups de feu. Notre cavalier qui ne fut pas atteint, car les fédérés étaient moins adroits que méchants, ne tarda pas à détaler au grand galop. Quand nous le revîmes, le lendemain, il était moins philanthrope que la veille ! Je crois qu'il aurait fusillé toute l'armée de la Commune ! Voilà l'homme, et en particulier le Français !

Pendant que les gendarmes se battaient, l'armée de Versailles s'organisait. L'état-major fidèle de la garde nationale de la Seine avait son quartier-général dans une des salles hautes du musée. C'est là que devaient se former les corps de volontaires de la Seine. Malgré la bonne volonté générale, on trouvait beaucoup plus de gens disposés à se promener en uniforme dans les rues, qu'à prendre un fusil et un sac. Le corps de M. de Carbonel n'existait que sur le papier. Il allait disparaître pour toujours, lorsque fut formé le bataillon des volontaires de la Seine. C'était une création mixte due à la double initiative du colonel Valette et de l'état-major de la garde nationale. Le colonel avait voulu créer un corps d'élite et appliquer l'heureuse idée du marquis de Carbonel.

L'état-major ne voyait qu'un bataillon de gardes nationaux volontaires destinés à représenter l'élément conservateur de Paris. Le colonel voulait armer des chevaliers et des gentilshommes ; l'état-major donnait, suivant les traditions, un fusil à M. Prudhomme. De ces deux tendances opposées, de ces deux souffles contraires naquit le corps le plus bizarre, le plus singulier, et pourtant le plus chevaleresque du monde : celui des volontaires de la Seine. Ce corps comprenait deux parties bien distinctes, presque étrangères dans la vie ordinaire, mais qui rivalisaient d'ardeur au combat : il y avait le groupe des officiers volontaires et celui des simples volontaires.

Les volontaires de la Seine furent divisés en trois compagnies, la première n'avait dans ses rangs que des officiers. C'est dans cette compagnie que le capitaine Raoul fut incorporé, le 6 avril 1871, comme sergent des officiers volontaires. Chaque officier conservait les insignes du grade qu'il avait. Les deux autres compagnies étaient composées de volontaires comme la garde nationale ordinaire, on y voyait cependant quelques gens du monde qui auraient trouvé leur place dans le corps d'officiers, mais qui sans doute, à l'origine, ne crurent pas au succès de cette nouvelle organisation. J'ai remarqué notamment, dans la 2ᵉ compagnie, M. Albert Duruy et le marquis de Compiègne. Ces trois compagnies formaient un ensemble de près de 300 hommes placés sous les ordres du colonel Valette. C'est ici l'occasion de parler de ce chef, qui a rendu de si grands services pendant cette dernière campagne, et qui a su tirer un parti très-

grand d'éléments excessivement hétérogènes. Les volontaires de la Seine qui ont eu, dans la guerre contre la
Commune, la belle page de la mobile de 1848, sont une
création du colonel Valette qui, en dépit de tous les
obstacles, a réalisé une œuvre que tout le monde consi-
dérait comme impossible. « Jamais, disait-on à Versailles,
vous ne parviendrez à discipliner ce corps d'officiers.
Jamais vous n'en ferez rien. C'est une conception
absurde ! » Voilà ce que pensaient les gens raisonnables
ou qui se croyaient tels. Le colonel Valette, inspirant à
ses volontaires son propre patriotisme, son énergie et sa
persévérance personnelle, en a fait un corps digne de
recevoir les hommages de toute l'armée française. Voilà
l'œuvre que l'histoire n'oubliera pas de citer quand on
parlera de la Commune et de son règne sanglant. C'est
une illustration attachée pour toujours au nom du colonel Valette. Parlons-donc un peu de lui : M. Valette, que
les volontaires appelaient souvent M. de Valette, appartient à une famille noble du Midi ; les aînés s'appellent les barons d'Avèze : lui-même est comte romain,
bien qu'il ne porte pas son titre. Il est de plus commandeur des ordres du Pape et de la Légion d'honneur. Si sa
noblesse n'était pas de vieille date, il l'eût gagnée sur les
champs de bataille, car pendant la guerre d'Italie il se
couvrit de gloire en enlevant, à la tête d'une compagnie,
le pont de Buffalora. Son nom est cité dans l'ouvrage de
notre regretté Bazancourt. Le colonel, que nous conti-
nuerons à appeler Valette tout court, puisque c'est ainsi
qu'il se nomme lui-même, a tous les droits possibles à
la particule que beaucoup de gens lui donnent. Si nous
n'avions à faire ici un historique qui nous laisse peu de
place, nous pourrions intercaler une digression héral-
dique. Peu de personnes savent que le *de* n'a jamais été

un signe de noblesse dans l'ancien temps ; c'était un gé-
nitif indiquant la possession territoriale, rien de plus.
Beaucoup de bourgeois le portaient on ne peut plus
bourgeoisement. Le *de* n'est devenu une manie de salon
qu'à partir de Louis XIV. Vers cette époque on en donnait à tout le monde par pure courtoisie. C'est ainsi que
par politesse on saluait à la cour certains visiteurs de titres qu'ils ne possédaient pas, et qu'ils se sont depuis
lors empressés de conserver.

Mais revenons aux volontaires : le corps d'officiers
n'était pas précisément ce qu'on pouvait appeler la fleur
de la noblesse ; il y avait un peu de tout ; cependant
l'ensemble était complet. Toutes les provinces étaient
représentées et le nom de la Seine figurait là, comme
celui de la Gaîté sur le frontispice de ce théâtre, où l'on
ne joue que des drames. Nous allons, d'ailleurs, donner
une liste générale qui montrera la composition de ce
corps.

BATAILLON DES VOLONTAIRES DE LA SEINE.

Commandant : le colonel Valette.

Officier d'ordonnance : le lieutenant Comment, ✳ 🐝 (de la mobile).

Capitaine adjudant-major : M. le commandant Denax, 🐝 (de la
garde mobile).

Chirurgien-major : M. Debusschère, ✳ 🐝 (garde nationale).

Officier-payeur : M. Bretet, ✳ (garde nationale).

Adjudant : le commandant, vicomte Hallez d'Arros, ✳ 🐝 (mobile).

1ʳᵉ COMPAGNIE (CORPS DES OFFICIERS VOLONTAIRES).

Capitaine : le commandant Durieux, ✳ (francs-tireurs des Vosges).

Lieutenant : le commandant Verret, ✳ (mobile).

Sous-lieutenant : le commandant Pouillaud-Lemaire, 🐝 (garde
mobilisée).

Sergent-major : le capitaine Méraud, 🐝 (mobile).
Sergent-fourrier : le capitaine Perroche (mobilisée).
Sergent-vaguemestre : M. Peinte de la Valette, 🐝 capitaine, (mobilisée).

1ʳᵉ SUBDIVISION.

Sergent : le comte de Grandeffe 🐝 🐝, capitaine (mobile).
Caporaux : M. Fabrège, capitaine (mobile).
   —   M. Bruneaud, capitaine (mobile).
Volontaires : MM. Gallay 🐝, lieutenant (mobile).
          de Liancourt 🐝, sous-lieutenant (mobile).
          Silvy, lieutenant (mobile).
          Guillerie, sous-lieutenant (mobile).
          Pestre, lieutenant (mobile).
          Paul, capitaine (mobilisée).
          Dejoux, sous-lieutennant (franc-tireur).
          Bertinet, sous-lieutenant (franc-tireur).
          Trenqué, lieutenant (franc-tireur).
          Midière, lieutenant (mobilisée).
          Soyer, lieutenant (mobilisée).
          d'Astaing-d'Estampes, capitaine (mobilisée).
          d'Hérisson de Polastron, capitaine (mobilisée).
          Clouet, capitaine (mobile).
          Quilico, sous-lieutenant (mobile).

2ᵉ SUBDIVISION.

Sergent : M. Nicolas, capitaine (mobile de la Seine).
Caporaux : MM. Brême, capitaine (mobile).
          Marchetti, capitaine (mobile).
          de Verchère 🐝, capitaine (mobile).
Volontaires : MM. Hazon, lieutenant (mobile).
          Collin, lieutenant (mobilisée).
          Bruchon, sous-lieutenant (mobile).
          Paupert, sous-lieutenant (mobilisée).
          d'Angosse, sous-lieutenant (mobilisée).
          Bigillion, sous-lieutenant (mobile).
          Fournier, capitaine (mobile).
          Védrine, capitaine (mobile).
          Vidile, capitaine adjudant-major (mobile).
          Dedde, lieutenant (mobilisée).
          Quèval, aide-major (mobile)

3e SUBDIVISION.

Sergents : MM. du Bos, ✠ capitaine (mobile).
de Villard ✠, capitaine d'artillerie (mobilisée).
Caporaux : MM. d'Hauteville ✠, capitaine d'artillerie (mobilisée).
Montenat, capitaine d'artillerie (mobilisée).
Volontaires : MM. Mallet, lieutenant (mobile).
Goerg, capitaine (mobile).
Audran ✠, lieutenant (mobilisée).
de Beauplan ✠, lieutenant (mobile).
Gardès, lieutenant (mobile).
de Sède, lieutenant (mobile).
Hardouin ✠, lieutenant (mobile).
Thiéblin, avocat, sous-lieutenant (mobilisée).
Livernois, sous-lieutenant (mobile).
Paquin ✠, capitaine (mobile).
Allibert, sous-lieutenant, aide-major (mobilisée).
Pfender, sous-lieutenant (mobilisée).
de Chatillon ✠, lieutenant (mobile).
Hans ✠, lieutenant d'artillerie (mobilisée).
de Lansac, lieutenant (mobilisée).
Vattebled, capitaine (mobile).
Thomas, capitaine (mobilisée).

4e SUBDIVISION.

Sergent : M. Poret, ✠ capitaine (mobile).
Caporaux : MM. Michel, capitaine (mobile).
Le Traon de Kerguidan, capitaine d'artillerie (mobilisée).
Gercet ✠, capitaine (mobile).
Volontaires : MM. Fégère, capitaine (mobile).
François, capitaine (mobile).
Baër, aide-major (armée de la Loire).
Gabert, lieutenant (mobile).
Bretillon, lieutenant (mobilisée).
Pidot, lieutenant (mobile).
Chabaille, sous-lieutenant (mobile).
Collomb, sous-lieutenant (mobile).

Volontaires : MM. Friren, sous-lieutenant (mobile).

Barbey, sous-lieutenant (mobile).

Barbancey, sous-lieutenant (mobile).

Goëtz, capitaine (mobile).

L'Huillier, capitaine (mobile).

Clairons : MM. Renard (garde mobile).

Porret, 🏵 (garde mobile).

La 2ᵉ compagnie avait pour capitaine M. Arnaud de Vresse, ancien commandant des carabiniers de la Seine, corps de volontaires qui se fit remarquer pendant le premier siège. Le lieutenant était M. de Grandpré, un descendant des compagnons de Duguesclin qui ne faisait pas mentir son origine. Le sous-lieutenant, M. Lamoureux, était digne de ses deux chefs.

La 3ᵉ compagnie fut placée sous les ordres de M. Delclos commandant de la mobile de la Seine et ancien capitaine des grenadiers de la garde. Il avait pour lieutenant M. Audenet, et pour sous-lieutenant M. Pouligny.

Il y avait aussi le bataillon des volontaires de Seine-et-Oise, dont le cadre de mon livre ne me permet pas de parler en détail, je le regrette, car ils furent nos compagnons d'armes et se conduisirent fort bien à l'assaut de Belleville. J'ai remarqué parmi leurs officiers le commandant Franchet des Perret et M. de Borda, le fameux gaucher des assauts d'armes du Cercle des Mirlitons. Ces braves volontaires, on le voit, étaient en bonnes mains.

On voit, par la composition de notre corps, que la mobile avait fourni le plus gros contingent d'officiers. La liste que nous avons donnée est celle qui fut établie à l'époque de l'entrée dans Paris. A Versailles, dès le début, nous avions un plus grand nombre de volontaires, mais tous ne partirent pas. Il y a toujours des gens indécis et incertains. Ceux-là ont dû regretter de ne pas être restés dans nos rangs. Nos premiers appels donnaient un effectif de près de cent officiers. Dans le cours de la campagne, nous n'avons guère été que soixante-quinze. C'est le 11 avril qu'on nous donna la première solde. Les volontaires recevaient 1 fr. 50 par jour et les sergents 2 fr. C'était maigre pour des officiers, mais ce n'en était que plus honorable pour eux. On dépensait vite son argent au surplus, car nous vivions dans une pension de l'avenue de Paris qui nous coûtait 3 fr. par jour. On ne pouvait pas faire d'économies! Plus tard, en campagne, nous arrivâmes à un bon marché fabuleux. On finissait par déjeuner, avec les vivres de campagne, pour quelques sous et encore on se donnait le luxe de faire des extras. C'est une existence qu'on n'oublie jamais.

Pendant que nous nous organisions à Versailles, que nous y faisions l'exercice dans une cour du quartier où se trouve ce qu'on nomme *la place* en termes militaires, qu'on nous distribuait des effets de campement, de grand et de petit équipement, des armes et des sacs, la lutte continuait avec acharnement, au pont de Neuilly, entre les insurgés et les gendarmes.

Ce fut le 7 avril à quatre heures du soir, que ces derniers s'emparèrent définitivement de ce pont, qui fut couvert de morts et de blessés. Les combats les plus sanglants furent livrés dans Courbevoie pendant plusieurs jours, avant d'arriver à cet important résultat.

Grâce au Mont-Valérien, les fédérés furent enfin repoussés de la rive gauche, c'est-à-dire de Suresnes, Puteaux et Coubevoie; on appréciait alors l'importance toute particulière de ce fort, que nous faillîmes si bien perdre. Qu'on me permette de raconter, au sujet du Mont-Valérien, une seconde version qui diffère un peu de celle que le lecteur connait déjà. Quand les Prus-

siens évacuèrent ce fort, ils le laissèrent absolument dé-
garni. On dit même qu'il poussèrent l'esprit de destruction jusqu'à percer les citernes : c'était de la méchanceté
pure. Le fort resta donc quelques jours sans canons, sans
munitions et sans garnison. A Versailles, on eut, au milieu du désarroi des esprits, la pensée de ne pas laisser
ce fort aux fédérés, comme ceux du Sud de Paris. Le
lieutenant-colonel Aillery y fut envoyé une nuit, à deux
heures du matin, avec son régiment. Il était temps, trois
heures après son arrivée, deux bataillons de la Commune se présentaient pour occuper le fort. Il y eut là un
moment difficile ; il fallut parlementer, agir avec adresse
et prudence. Grâce à la fermeté du colonel Aillery, les
fédérés s'en retournèrent, et l'on put envoyer chercher à
Versailles des canons et des munitions. Le 3 avril, le
jour de la fameuse sortie de Flourens, le Mont-Valérien
fut en état de prendre part au combat. On sait quel fut
son rôle dans cette affaire. Le triomphe définitif de la
cause de l'ordre était désormais assuré ; ce n'était plus
qu'une affaire de temps. Qui ne voit encore le doigt de
Dieu dans cette occupation du Mont-Valérien. Trois heures plus tard la Commune s'y installait. Que serait-il arrivé? Quels flots de sang il eût fallu verser pour entrer à
Paris. Cette ville même existerait-elle aujourd'hui? Toutes ces questions auraient pu être posées non sans raison.
Honneur donc au colonel Aillery ! l'histoire placera son
nom à côté de ceux de Ducatel et du commandant Trèves!

Protégée par le Mont-Valérien, l'armée de Versailles,
après de vigoureuses attaques que l'on suivait des yeux
avec anxiété, finit par s'installer définitivement le 7
dans l'avenue de Neuilly. Après la prise du pont, il y
eut une furieuse canonnade dirigée contre la Porte-Maillot. Le Mont-Valérien tirait avec une précision qui de-

vait désespérer l'ennemi. Le 9, jour de Pàques, il y eut une grande attaque dirigée à la fois contre les forts du Sud et la Porte-Maillot. Les résultats en furent très-incomplets. Cette lutte se renouvela tous les jours jusqu'à la prise des forts. Il faut reconnaître qu'elle fut des plus acharnées de part et d'autre. Les gendarmes perdirent deux cents des leurs, dans les combats de Neuilly, et les gardes nationaux y laissaient chaque jour beaucoup de morts et de blessés. On entendait continuellement une fusillade et une canonnade telles qu'on s'attendait toujours à une destruction générale de tous les combattants. Mais souvent il y avait plus de bruit que de besogne. C'est le propre des armes à tir rapide de produire plus d'effet moral que de résultat matériel. Après une fusillade de quelques jours, on revient souvent sans avoir perdu un seul homme. C'est la guerre actuelle ! guerre où l'on se cache soigneusement et où l'on tire sans discernement. Je crois qu'on en reviendra de cet abus immodéré de la poudre.

Le 12 avril nous assistâmes à Versailles, dans la cathédrale, aux funérailles des généraux Lecomte et Clément Thomas. C'était le premier acte religieux de cette Assemblée nationale qui devait plus tard, par un vote solennel, affirmer sa foi catholique.

Le bataillon des volontaires fut incorporé dans le corps de Ladmiraud, dans la division Grenier et dans la même brigade que le 10e chasseurs les 51e et 72e de ligne. Le 18 avril à cinq heures du matin, on nous réunit à la caserne de la place d'Armes. Le général Appert nous passa en revue et salua notre départ de ces mots gracieux : « Partez, messieurs, que la fortune vous soit prospère ! Le temps est humide, mais la pluie du matin est la pluie du pèlerin ! Nos vœux seront avec vous, car votre conduite est digne d'admiration! » Ces paroles valaient mieux que les discours du Grand-Hôtel. Elles furent pour nous un précieux encouragement et nous partîmes, sac au dos, le cœur léger, parce que nous avions la conscience d'accomplir un grand devoir.

L'étape de Rueil fut pénible pour des gens peu habitués à porter le sac, mais on la fit en vrais soldats. J'avouerai cependant que notre satisfaction fut grande, quand on nous permit de nous reposer à la caserne de Rueil. Nous y passâmes deux jours. Les volontaires étaient gais et pleins d'entrain. Ils prirent leurs repas dans une pension un peu chère pour leurs bourses, mais où les aliments leur étaient servis par les plus adorables soubrettes qu'on puisse rêver. En temps de paix ce devaient être des danseuses séduisantes de quelque bal aimé de nos canotiers parisiens.

Le 20, dès l'aube, nous nous dirigeâmes vers Colombes. On se rapprochait de l'ennemi. En effet, le même jour, à sept heures du matin, nous étions en ligne à Asnières. Cela devenait sérieux. Nous fûmes accueillis par une canonnade terrible, qui prouva qu'on nous attendait. Il y avait près du chemin de fer, un restaurant appelé le *Petit-Jean-Bart,* qui était un poste véritablement périlleux. Nous l'occupâmes immédiatement ainsi que le parc Coignard. Ce fut le théâtre de nos premières armes. Je me rappelai le bombardement d'Avron, qui avait beaucoup de rapport avec le concert que nous donnaient les gens de la Commune. Il n'y avait pas de temps à perdre pour nous mettre à l'abri. Aussi, dès notre arrivée, nous prîmes des pelles et des pioches et nous creusâmes des tranchées, sous les yeux des soldats du 51e qui s'étonnaient de notre sang-froid et de notre activité. En peu d'heures de larges tranchées furent creusées sous une grêle d'obus et de mitraille. Le colonel, avec son calme habituel, présidait à nos travaux et nous animait de la voix. Notre capitaine, le commandant Durieu, les manches retroussées, était derrière le mur crénelé du parc Coignard, avec des cartouches en poche et un chassepot à la main. Il commençait cette chasse à l'homme qu'il continua pendant toute la campagne. Il tirait admirablement et a dû atteindre plus d'un artilleur de la Commune. C'était un type curieux que cet officier. Brave jusqu'à la témérité, brusque dans ses manières, peu soigneux de sa personne, le commandant Durieu avait fait de nombreuses campagnes, comme l'attestaient les médailles qui s'étalaient sur sa poitrine. Il s'était distingué dans la dernière guerre, comme commandant d'un corps de garibaldiens. On trouvera surprenant que l'état-major de la garde nationale nous l'ait donné comme chef. Ainsi donc tout était faux dans les récits de cette lamentable histoire. Pendant que la Commune se vantait d'avoir dans ses rangs des garibaldiens, ils se trouvaient au contraire dans le parti de l'ordre. Si le commandant Durieu n'avait pas les qualités qui faisaient du colonel Valette un excellent chef pour un corps d'officiers, il avait du moins, au suprême degré, ce courage nécessaire pour mener les hommes au combat. Il était toujours le premier au feu et nous aurons à raconter de lui plus d'un trait de bravoure incroyable.

Dès l'arrivée au parc Coignard, il rêvait déjà la prise du pont du chemin de fer. Ce succès ne nous eut pas mené loin, à cause des batteries ennemies qu'il aurait d'abord fallu réduire au silence; mais Durieu ne voyait là qu'un fait d'armes. Il s'élance donc, à la tête d'une poignée d'officiers qu'il avait postés dans le restaurant du Petit-Jean-Bart; les voilà qui gravissent à quatre

pattes, comme des chats ou des zouaves, le talus 1 1
chemin de fer, déjà ils sont à la hauteur de la voie !
Lorsqu'une décharge ininterrompue les couvre d'une
grêle de balles; c'était la ligne qui, ayant aperçu un
mouvement de l'ennemi, tirait de la gare à l'extrémité
du pont. A cause de la distance, il fut impossible de se
faire reconnaître, et le feu continuant, Durieu dût renoncer à son attaque. Il se retira en jurant comme un
païen ; il était furieux d'avoir manqué une aussi belle
occasion. Nous restâmes à notre poste d'observation, où
nous eûmes la satisfaction de rendre un premier service
à l'armée. Les insurgés, usant de ruse comme les Prussiens, s'étaient avancés sur le pont avec un drapeau
tricolore, et portant à la boutonnière les faveurs de
même couleur, en forme de rosette, que nous avions
prises comme signe distinctif des volontaires. Ce stratagème avait pour but de tromper la ligne et de passer
ainsi le pont sans coup férir. Malheureusement pour les
fédérés nous étions là prêts à faire feu. Une décharge
bien nourrie jeta le désarroi dans leurs rangs quand ils
furent arrivés au milieu du pont. Un homme à cheval
qui devait être leur chef fut désarçonné, et les planches
mal jointes du pont, qui avait déjà reçu plus d'un obus,
furent couvertes de blessés. L'attaque échoua par notre
sang-froid. Les fédérés qui avaient fait du mensonge une
arme de guerre, racontèrent aux Parisiens qu'un bataillon de ligne allait tourner au pont d'Asnières et fraterniser avec eux, lorsqu'arrivèrent 600 gendarmes pour
défendre la position et gêner cette petite scène de famille.
Voilà comment on écrivait l'histoire sous la Commune.
Nous passions pour des gendarmes, tandis qu'il n'y en
avait pas à Asnières, et pour avoir été au nombre de
600, lorsque nous étions à peine 60 officiers répandus

sur toute la ligne du parc Coignard. Nous lisions dans les journaux ces mensonges effrontés, en haussant les épaules et en plaignant le public de Paris si grossièrement trompé. Pendant notre défense d'Asnières, qui dura tout un mois, les insurgés n'eurent pas un succès de ce côté. Toutes leurs tentatives furent immédiatement et énergiquement repoussées par nous, ce qui ne les empêchait pas de chanter chaque jour victoire dans leurs feuilles éhontées. Cette défense d'Asnières restera comme un souvenir militaire des plus honorables pour les volontaires de la Seine. Le colonel Valette, en faisant veiller ses hommes jour et nuit, en les mettant à l'abri dans des tranchées en terre profondes de six pieds et construites avec art, renouvelait la belle défense du plateau d'Avron. Couchant lui-même dans la tranchée, il ne quittait pas cette position périlleuse, tout en ayant soin de faire reposer ses volontaires. Les deux compagnies dont il disposait (la 3e ne fut prête qu'à la fin de la campagne) s'alternaient dans ce pénible service, de façon à ne rester en ligne, chacune, qu'un ou deux jours de suite. La position était peu agréable. Après un mois de séjour, les volontaires, malgré leur courage, avaient les nerfs passablement agacés. Le colonel seul restait impassible comme le premier jour. Il était dans son élément. Il y avait surtout une batterie qui nous gênait beaucoup. Elle était placée derrière l'imprimerie Dupont, dans le village de Clichy-Levallois, qu'occupait l'ennemi. Il y avait aussi quelques pièces isolées qui tiraient de la tête du pont de pierre et de quelques autres points du quai situé en face de notre berge; mais ces dernières pièces de canon furent vite réduites au silence par notre fusillade. Placés derrière le mur du parc Coignard, que nous avions crénelé, nous visions les artilleurs de la Commune. Ils dûrent se transporter à une distance où nous ne pouvions plus les atteindre ; c'est alors qu'ils nous firent beaucoup de mal. Nous étions peu soutenus par l'artillerie de Versailles, qui ne trouvait pas les positions d'Asnières bonnes pour ses canons. C'est encore une chose qu'on a besoin d'apprendre chez nous que le choix des positions, pour les batteries, dans la guerre avec les armes à longue portée.

Assurément un point stratégique comme le Mont-Valérien, ou même comme le château de Bécon, dont les troupes de Versailles s'étaient emparées peu de jours avant notre arrivée, est toujours une excellente position pour l'artillerie. Mais c'est une erreur de croire qu'on ne peut pas installer de batteries ailleurs. Avec les feux plongeants, il est toujours possible d'attaquer un point quelqu'élevé qu'il soit ; il faut seulement avoir soin de le faire avec des feux convergents. Derrière un repli de terrain, on ne voit pas l'ennemi, j'en conviens, mais on n'est pas vu de lui. Si le tir peut être rectifié par la connaissance des lieux et les précautions voulues, on peut, quoique dans une position basse, faire beaucoup de mal à l'ennemi. Les volontaires de la Seine sont restés un mois à Asnières sous un feu bien dirigé et très-meurtrier qui dura jusqu'au dernier jour. Dans cette situation dangereuse ils maintinrent toujours leur ligne de défense, sans autre secours que leurs remparts en terre et quelques obusiers qui tiraient fort rarement. Le colonel allait et venait dans nos tranchées pour se rendre compte par lui-même de nos positions. Il profitait de ces moments de veille pour nous apprendre toujours quelque chose de nouveau. Tantôt c'était la façon dont on doit se tenir dans la tranchée, tantôt la manière d'y marcher, un par un, à dix pas de distance les uns des autres. Nous pro-

fitions de ces leçons, auxquelles nous devons d'avoir
perdu fort peu de monde. Le colonel était infatigable ;
c'est un homme qui mange peu, qui dort encore moins
et qui est toujours sur pied. Je me le rappelle, le premier jour du bombardement d'Asnières, debout dans la
tranchée, occupé à dicter le rapport de la journée au
capitaine Raoul, qui put renouveler le mot de Junot. Il
pleuvait assez d'obus pour permettre cette réminiscence
historique. Le capitaine fut même blessé à la bouche
dans cette circonstance. Quant au colonel, il continuait
son rapport comme s'il eût été dans son cabinet de travail. La batterie de l'imprimerie Dupont tirait avec une
rage folle. Les pièces du quai de Clichy croisaient leur
feu avec cette batterie. Une vive fusillade était engagée
derrière les créneaux et dans les maisons situées sur notre ligne de défense ; les obus venaient nous y chercher.
Nous avions des volontaires grimpés jusque sur les toits.
Ils tiraient de là sur l'ennemi. C'est un miracle qu'aucun
d'eux n'ait été tué dans ce combat d'artillerie.

Le 51ᵉ de ligne nous secondait avec ardeur. Notre
présence et notre entrain avaient fait du bien à ces jeunes soldats. L'armée n'était pas encore remise de sa démoralisation. Puis, décidément, le Français a de la peine
à se faire à la guerre d'artillerie. Il ne connaît que la
baïonnette. Les obus lui font l'effet d'un cauchemar désagréable. Nous avions avec nous un brillant officier, le
commandant Sartre, du 51ᵉ, qui savait à merveille remonter le moral de ses hommes. Il leur donnait les volontaires comme exemple à suivre ; c'était un hommage
flatteur. Franchement, je crois qu'il était mérité.

La terrible journée du 21 fut suivie d'une nuit passée
à la belle étoile. Je fus mis en faction à une fenêtre du
Petit-Jean-Bart pour surveiller le pont de bateaux des in-

surgés. Il fallait les empêcher de le reconstruire en re-
joignant entre eux ses tronçons épars. Quelle nuit de
fatigue! huit heures de faction à une fenêtre! Je ne sen-
tais plus mes jambes et je voyais des bateaux partout.
Impossible de bouger cependant, c'était Durieu qui m'a-
vait mis là; il m'avait oublié, ce qui lui arrivait quelquefois. Cet homme, très-dur pour lui-même, ne se
rendait pas compte de la fatigue des autres. C'est une
grande qualité chez un chef que de savoir ménager ses
hommes. Ce talent a été le secret de bien des victoires,
et peut-être le seul génie de plus d'un conquérant.

Le 22 avril, à neuf heures du matin, la compagnie du
capitaine Arnaud de Vresse vint nous relever à Asnières.
Nous partions pour Colombes, laissant au parc Coignard
le colonel, auquel nous fîmes une visite le 24; il habitait une petite maison du parc que l'on aurait pu appeler le bureau des obus. Le colonel était là, donnant ses
ordres et écrivant ses rapports aussi tranquillement que
s'il eût été à Versailles. Il avait cependant reçu plusieurs
blessures, dont une à la tête; le capitaine Raoul, en
allant le voir, rapporta une balle morte qui vint le frapper dans le gras de la jambe. Ce genre de blessure produit une impression singulière! On croirait que la balle
a fait son trou dans la chair et la sensation est étrange.
Le bureau aux obus était criblé de projectiles. Le parc
n'était plus, comme autrefois, un lieu de plaisir. On
voyait à chaque instant passer des blessés que leurs camarades emportaient; le docteur de Busschère restait là
avec un jeune aide-major, le lieutenant Quéval, à soi-
gner les victimes de ce féroce bombardement. J'ai vu
panser un des nôtres pendant ma visite, c'était le lieutenant Clouet, un officier-volontaire. Il avait la jambe
traversée par une balle; il paraissait enchanté de sa

blessure. Ces jeunes gens étaient tous pleins d'entrain.
Nous nous reposâmes un jour à Colombes, en alternant
ce séjour avec celui d'Asnières. Un de mes collègues, le
capitaine Silvy, me procura la douceur inouïe d'un sommier très-apprécié après tant de fatigue ! Je pus me reposer toute une journée et toute une nuit dans la maison de M. Audra, l'un des amis de Silvy. Je me rappelle
avoir si bien dormi que j'oubliai de dîner, et sans mon
camarade qui m'apporta quelque chose, j'aurais passé
vingt-quatre heures à jeun ! Mon lit n'était pourtant pas
confortable : c'était un sommier percé avec un tapis
roulé pour oreiller. Il y avait même un carreau de cassé
dans la chambre. Mais quel confortable à côté de la tranchée pleine de bouc d'Asnières, et nous étions harassés !
Cependant, le lendemain, il fallut aller à la grand'garde
à l'entrée de Colombes; nous étions chargés de surveiller la route d'Argenteuil. Il passait par-là beaucoup
d'espions et de voyageurs. J'avais fait nettoyer mon fusil
par un gendarme dont je veux citer le nom, car ce brave
homme ne voulut jamais accepter la moindre somme
d'argent pour ce service : il s'appelait Narme. Voilà l'esprit de ces hommes que les révolutionnaires prennent
pour des mercenaires, et qui ont été dans cette insurrection le premier rempart de l'ordre !

A ma grand'garde de Colombes, où je passai la nuit
sur une chaise, je fis une curieuse arrestation : c'était
un ivrogne, habitant de Cormeilles-en-Parisis; il sta-
tionnait sur la route malgré les avertissements de la
sentinelle. Tout à coup je l'entendis dire à cette dernière : « Moi, voyez-vous, je suis un homme sans principes! la Commune ou Versailles, c'est pour moi la
même chose; je ne crois à rien, je suis sans convictions
et sans opinions. » Il disait vrai. *In vino veritas!* Sans le

savoir il faisait ainsi la critique de son siècle. Toutefois, c'était un gaillard à ne pas laisser circuler librement. Je le fis coucher sur la paille du poste. Il passa la nuit à bavarder et à développer les théories les plus étranges. Le lendemain, je l'envoyai montrer ses papiers à qui de droit. Ce n'était qu'un ivrogne peu dangereux ; à Paris, il fût peut-être devenu un assassin ou un incendiaire. C'est, en effet, l'ivrognerie comme la débauche qui fournit aux révolutions leurs soldats ordinaires. Il faudrait de bonnes ordonnances contre les ivrognes et les filles publiques, cela vaudrait mieux que nos discussions savantes et byzantines !

Le 25 avril, nous quittâmes encore Asnières pour nous reposer de nos fatigues. Cette fois on nous dirigea vers Courbevoie, qui n'était pas un lieu de repos, car on y était tout aussi exposé qu'à Asnières.

CHAPITRE XII

Nous fûmes installés à Courbevoie, dans une magnifique propriété qu'on appelait le château La Rivière, du
nom d'un riche commerçant de Paris auquel elle appartenait. C'était une splendide demeure ornée de deux
perrons en pierre de taille et entourée d'un immense

jardin. Nous couchions sur de la paille fraîche étendue
sur le parquet. Le curé de Courbevoie nous fit la gra-
cieuseté de quelques matelas qui nous parurent bien
moelleux. Le château La Rivière, bien que ce fût pour
nous un lieu de repos, n'était pas à l'abri des obus qui
pleuvaient sur Courbevoie. On eût même dit que depuis
notre arrivée, un génie mystérieux y dirigeait les
coups de la Commune. Ce démon malfaisant n'était autre que l'espionnage local que nous avions déjà constaté
à Asnières et que nous retrouvions partout. Il ne fallait
se fier qu'à moitié aux bons habitants des environs de
Paris : beaucoup pactisaient avec la Commune, comme
le maire de Puteaux. Je me suis toujours demandé dans
quel intérêt? Il est vrai que le Parisien lui-même dé-
truisait, comme à plaisir, son propre bien. Aujourd'hui,
encore, après tant de désastres, il ne comprend pas la
sottise de sa conduite, et ce commerçant qui bâtit des
maisons de campagne avec ses économies, est tout prêt
à refaire une seconde Commune qui les détruira comme
la première! C'est un peuple à mettre tout entier à
Charenton.

Les habitants de Courbevoie n'avaient pourtant guère
sujet d'être contents. On les bombardait jour et nuit de
Montmartre et de la Porte-Maillot. La caserne monu-
mentale de la ville était surtout l'objectif des artilleurs
ennemis. Ils réussirent en effet à faire des victimes parmi
les soldats; mais les plus nombreuses étaient parmi les
habitants de la population civile. Je me rappelle trois
curieux mortellement blessés pour avoir ramassé des
éclats d'un premier obus suivi de très-près d'un second.

Nous donnâmes des soins à ces malheureux. Ce fut un
volontaire qui les pansa : le jeune docteur Baër, qui
n'était pas médecin en titre, mais qui avait été aide-

major dans l'armée du Rhin. Il soignait les blessés et au besoin en faisait. Nous n'avions qu'un docteur en pied qui s'appelait M. Debusschère; il ne quittait pas Asnières, théâtre ordinaire de nos combats. Grâce au lieutenant Gallay, aimable cemarade, je pus obtenir une place dans une maison de la rue de l'Alma où l'on donnait l'hospitalité la plus cordiale aux militaires. Ne pas coucher sur la paille et jouir tout seul d'un matelas est une grande douceur en campagne. D'ailleurs je n'étais pas de semaine. J'en profitai pour me reposer. Mais quel repos! On dormait entre deux obus. Dès l'aube la canonnade résonnait tout autour de nos oreilles et les projectiles faisaient trembler la maison. Nous étions trop près de cette caserne, objet de la prédilection toute spéciale des communeux. Combien d'obus ont rasé les murs de notre maion ou sont allés tomber sous les charmilles ombragées du jardin qui l'entourait! C'est un miracle que nous n'ayons pas été atteints. Nous étions encore plus exposés que nos camarades du château La Rivière, qui reçurent pourtant la visite de quelques obus. Mais nous pensions à tout autre chose. On s'habitue à tout. Le bombardement ne nous empêchait pas de vaquer à nos petites affaires, qui consistaient surtout dans les soins de propreté, qu'on n'apprécie bien qu'en campagne, et les apprêts de nos modestes repas. Nous faisions nous-mêmes la cuisine, tour à tour, avec les vivres de campagne, et quelques-uns d'entre nous ne s'en tiraient pas mal. Il y avait surtout une table de bons vivants qui ne se faisaient pas de bile, comme dirait un troupier. C'était la bande de du Bos. Je n'ai jamais vu des gaillards ayant plus d'entrain et de gaieté. Ils trouvaient moyen de faire très-bonne chère. Il est vrai qu'ils ajoutaient quelque chose aux vivres donnés par le gouvernement.

Nous étions plus modestes dans notre popotte. C'était Bertinet qui faisait la cuisine; ce brave lieutenant avait la poitrine couverte de médailles. Il comptait je ne sais combien de campagnes, aussi savait-il se tirer d'affaire; il connaissait toutes les ruses du métier. Avec une bonne camaraderie, nous eussions été les gens les plus heureux du monde. Mais la vraie camaraderie n'est plus de notre temps. Nous eûmes des fainéants et des amateurs qui abusèrent de la bonne volonté des autres. Bertinet renversa la marmite; il doit se rappeler ces petites scènes de famille du fond de sa malheureuse Alsace. C'est encore un souvenir de la patrie française bien que ce soit le souvenir d'un second deuil. Nous passions la vie assez agréablement à Courbevoie, malgré les obus. Le colonel habitait une délicieuse maison où la famille de Neuville lui donnait l'hospitalité la plus aimable. Il y avait là une mère de famille avec ses deux fils qui étaient des jeunes gens fort distingués; l'un d'eux nous accompagna dans un de nos voyages d'Asnières. Le vieux sang des ducs de Villeroy était là. Le 28 avril nous retournâmes à Asnières; nous appartenions momentanément à la division Montaudon. Le but du colonel était de rester à Asnières, et par conséquent il fallait se faire incorporer dans les divisions qui occupaient successivement ce point cher à nos souvenirs militaires. Pour cette raison, nous passâmes ensuite dans la brigade Abbatucci qui faisait partie de notre ancienne division, celle du général Grenier. J'ai déjà dit ailleurs qu'en France on change trop facilement de corps, on ne tient pas assez compte de l'attachement qu'on éprouve à la guerre, pour la famille militaire dont on a fait partie. Encore aujourd'hui je ne vois point passer sans émotion, un soldat du 51e ou un chasseur du 10e bataillou.

Nous faisions de fréquents voyages de Courbevoie à Asnières et d'Asnières à Courbevoie. Nos deux compagnies se relevaient tous les jours. L'ennemi nous suivait des yeux du haut de Montmartre. Heureusement la distance était grande. D'ailleurs nous avions nos stratagèmes. On circulait deux par deux. Puis on longeait les murs des maisons. On profitait des sinuosités de terrain. Enfin, on décrivait des zig-zags en marchant.

Je recommande tous ces procédés à ceux qui étudient l'art militaire. Trop souvent dans la malheureuse campagne contre la Prusse, j'ai vu masser les troupes comme des troupeaux de moutons, sous le feu même de l'ennemi. On ne le croira pas, mais pendant plus de quinze jours, nous fîmes le périlleux trajet que je viens de raconter, sans avoir un seul blessé. Dans nos voyages, nous apercevions en route ce château de Bécon si bien utilisé par l'armée de Versailles contre la Commune. Cette position, chèrement acquise, devint le point stratégique de notre aile gauche. Montmartre et Asnières le bombardaient sans cesse. Mais on s'y défendait vigoureusement. Une nuit, étant de garde au poste du Petit-Jean-Bart, je vis des lueurs rouges colorer la rive opposée et un bruit effroyable accompagner cette lumière. C'étaient des obus de pièces marines tirées de Bécon. Je n'ai jamais entendu un pareil tintamarre ! On aurait dit un chariot portant dans l'air tous les diables de l'enfer. On se demandait comment il pouvait rester sur terre, un être vivant après de pareilles explosions ! J'ai regretté, au point de vue militaire, qu'elles ne fussent pas plus fréquentes et je suis persuadé que si nous avions eu la possibilité de correspondre par le télégraphe, avec les artilleurs de Bécon, ils auraient délogé les communeux du village de Clichy-Levallois. Pourquoi n'a-t-on pas pour l'artillerie des vedettes à cheval portant des cordons télégraphiques préparés pour être facilement déroulés sur le plan de tir? Le cavalier rapporterait son télégraphe en revenant au poste d'où on l'aurait détaché. De cette façon, le tir serait toujours efficace et on ne verrait pas ces écarts si fréquents dont nous avons tous été témoins pendant cette guerre. Ce ne sont pas les inventions qui font défaut, mais on ne les applique pas à propos. J'ai remarqué, à cette occasion, que les insurgés ont su tirer bien meilleur parti des locomotives blindées, que nous ne l'avons fait dans notre lutte avec les Allemands. Il y avait sur la ligne de Paris à Asnières cinq locomotives blindées en permanence. C'était surtout le soir qu'elles se mettaient en mouvement. Je me souviens de les avoir vues de près, une nuit que nous passâmes à plat ventre sur les rails de la voie ferrée. Les monstres aux grands yeux de feu arrivaient jusqu'au pont que nous défendions. On entendait leur bruit affreux. Puis à certains moments une détonation formidable couvrait la voix de la vapeur.

Chacun de nous croyait sa dernière heure arrivée; les fédérés ne nous sachant pas là, ne tirèrent que sur Bécon, dont nous vîmes brûler le bois; c'était féerique comme un beau décor d'Opéra le jour des grandes représentations. Les locomotives allaient et venaient de la gare au pont et du pont à la gare; elles étaient toujours en mouvement afin de tromper le tir des adversaires. Nous étions là, le nez dans la poussière, retenant notre haleine et ne bougeant pas plus que des momies ou des cercueils rangés symétriquement. C'était une rude corvée, mais notre rôle avait son importance, nous gardions la tête du pont contre une surprise possible. Pendant ce temps-là nos camarades échangeaient avec l'en-

nemi des coups de feu, qui n'avaient d'autre résultat que
de troubler un peu plus la tranquillité de la nuit. Dès
que le jour commençait à poindre, nous glissions comme
des ombres le long du talus et nous rentrions au poste.
C'était une vraie promenade de chats! On allait à quatre
pattes, les pieds et les mains dans les orties. On perdait
tout ce qu'on avait dans ses poches et on s'abîmait les
genoux sur les pierres du chemin. Durieu se rappelait qu'il avait été zouave; il était toujours le premier arrivé; son agilité égalait son courage. Pour en
finir avec les locomotives blindées qui nous causèrent
quelque mal à Asnières, nous dirons que cet engin nouveau pourra rendre de grands services dans une prochaine guerre. Il faudrait avoir des batteries blindées
sur chaque ligne de chemin de fer. Ces batteries mobiles
seraient une protection efficace pour les railways, qui
sont la base de la stratégie moderne. La question des
chemins de fer et des télégraphes militaires est plus
intéressante que celle des épaulettes ou des uniformes.
Quand donc serons-nous sérieux en France?

Le 1er mai nous étions encore à Asnières; nous y restâmes cette fois deux jours de suite. Le 2, nous vîmes
brûler une fabrique de produits chimiques. Les communeux alimentaient le feu avec leurs obus. C'était un
avant-goût des incendies de Paris. Les aimables voisins
de Clichy-Levallois détruisaient à plaisir un établissement qui leur portait peut-être ombrage. Il y avait là,
sans doute, une concurrence commerciale. On ne s'ex-
pliquerait pas autrement l'acharnement de Clichy contre
Asnières. Ce village si coquet a été évidemment victime
d'une odieuse rivalité de clocher. Il n'en reste presque plus
rien aujourd'hui et de nombreux habitants sont tombés
victimes de cette basse et lâche jalousie de voisinage.

Nous eûmes le 3 mai une terrible fusillade à Asnières.
Les officiers volontaires, conduits par l'intrépide Durieu,
se glissèrent de maison en maison jusque sur le bord de
l'eau. Nous occupâmes une villa connue sous le nom de
Sans-Souci. Il aurait fallu la débaptiser. Une grêle d'obus
répondit à notre fusillade et je ne sais vraiment comment nous fîmes pour y rester. Durieu nous conduisit le
soir à travers le parc du château jusque sur la rive du
fleuve où nous commençâmes, sous le feu de l'ennemi,
des tranchées profondes qui devaient plus tard nous sauver la vie. Rien n'était curieux comme de voir Durieu
debout sur la berge, animant les hommes du geste et de
la voix. Il plaçait lui-même les pavés que nous lui passions, en formant la chaîne. Sans képi, le visage en feu,
l'œil étincelant, avec sa vareuse de garde national et sa
ceinture rouge, il ressemblait plutôt à un chef d'insurgés
qu'à un capitaine de troupe régulière. Il est extraordi-
naire qu'il n'ait pas été tué ; j'ai toujours supposé que
les fédérés fatigués par nos attaques continuelles, s'é-
taient endormis aux-mêmes du sommeil de l'ivresse.
Il y eut ce jour-là un grand mécontentement parmi les
volontaires ; les soldats n'aiment pas qu'on les expose
inutilement. Durieu leur reprochait d'être moins ardents
que lui ; eux lui en voulaient d'une témérité qui ne s'expliquait que par la fougue exagérée de son caractère ; il
perdit ce jour-là une partie de son autorité, et il ne fallut rien moins que les succès remportés par lui dans
Paris, pour lui rendre l'affection et la confiance des volontaires. Il est si difficile d'être un chef complet ; bien
peu d'officiers sont doués de la bravoure calme que montrait toujours notre colonel ; dans les moments difficiles
c'était lui qui relevait les courages par l'autorité que lui
donnait son caractère.

On nous accorda enfin quelques jours de repos que nous avions bien gagnés. Au lieu de retourner à Courbevoie, nous allâmes camper à la Malmaison; nous reprenions notre place dans la brigade Pradier, que nous ne devions plus quitter. Il y eut de nombreuses permissions pour aller à Versailles. Le séjour du camp dura une semaine; nous étions installés sous des tentes-abris, non loin de ce château de la Malmaison, si endommagé par la guerre contre les Prussiens. On voyait encore les traces des combats livrés sous ses murs. La belle chapelle aux armes d'Espagne avait seule été épargnée, comme l'église de Saint-Cloud, seule aussi debout au milieu des ruines. N'y a-t-il pas dans ce fait, comme une preuve de plus que nos revers devaient être attribués à la colère divine. La physionomie du camp était singulière; ces officiers volontaires, faisant eux-mêmes les corvées et la cuisine, étaient un sujet d'étonnement pour les soldats. Cette attitude, vraiment militaire, leur valut la sympathie des officiers de l'armée. Trois colonels s'arrêtèrent un jour devant le capitaine Raoul, qui traînait une brouette de fumier, et le complimentèrent sur le bon exemple donné par les volontaires.

Un photographe fut appelé au camp pour reproduire cette page de notre histoire. Une belle épreuve représentait tous les volontaires groupés autour du colonel, qui s'appuyait d'un air martial sur le fusil de l'un de ses soldats. On ne s'ennuyait pas au camp, la vie était occupée par les mille détails du service; il y avait les appels, les corvées, la garde, la cuisine, le nettoyage du camp, les soins de la toilette. Tout cela se passait en plein air; les officiers se portaient à merveille; cette existence est plus saine qu'on ne le pense. Un peu de paille fraîche leur servait de lit; ils vivaient de soupe et de bouilli; le café venait varier un peu cette nourriture monotone mais excellente. Durieu, habitué à cette vie du soldat, couchait dans la voiture du bataillon sur une botte de paille. Ce n'était pas un sybarite; il aurait pu servir d'exemple à ces amateurs qui cherchent en campagne le confortable des villes et qui ne vivent jamais de la vie de leurs soldats. Le colonel avait à Rueil son quartier-général, où nous allions tous les jours chercher les ordres. On voyait qu'il regrettait Asnières. Cependant il ne perdait pas son temps et se préoccupait de compléter l'éducation militaire du bataillon. Nous venions de nous augmenter de notre troisième compagnie, commandée par le brave Delclos. Ce contingent nous donnait un effectif de près de 300 hommes. Le colonel, en réunissant ses officiers dans sa maison de Rueil, célébra, dans un dîner modeste et cordial, la nouvelle de la prise du fort d'Issy. Cette position avait été enlevée fort brillamment, le 9 mai à onze heures du matin, par le 38º de ligne. Le 11, nous reçûmes la visite des généraux Grenier et Abbatucci, qui complimentèrent le colonel sur la bonne tenue de ses hommes. On nous donna l'ordre de remplacer la bande blanche de nos képis par une bande bleue destinée à nous faire reconnaître au combat. On craignait des erreurs regrettables qu'aurait pu causer le costume de la garde nationale qu'on nous avait si maladroitement donné. Nous avions protesté contre la bande blanche qui nous faisait trop ressembler aux gardiens de la paix.

On peut reconnaître les services que rend la police, sans aimer à être confondu avec elle. Eh bien! les Parisiens ont un esprit si méfiant, qu'on n'a jamais pu leur persuader que nous n'étions pas des agents de police déguisés. Il y a à Paris une foule de mauvais esprits qui

ne croient qu'au dévoûment payé ! Quand un peuple en
est là, il est bien malade.

Le 12 mai, à onze heures du soir, nous partîmes du
camp pour aller à Bagatelle ; il y eut une marche de nuit
aussi mystérieuse que pénible. Ce n'était qu'une fausse
alerte. Habitué aux déceptions du premier siége, je m'en
étais douté ; cependant on voyait qu'une main sûre et
ferme dirigeait nos affaires militaires. Ce ne fut, en
effet, que partie remise à dix jours plus tard. Cette fois,
tout nous réussit à souhait, comme nous le verrons bientôt. Le 13, à cinq heures du matin, nous nous retrouvâmes en ligne à Asnières ; nous y restâmes quatre jours
et quatre nuits. Les tranchées du parc étant achevées
nous en prîmes possession. Ce fut notre dernier séjour
à Asnières. C'est là que tomba glorieusement Arnaud
de Vresse, capitaine de la 2ᵉ compagnie ; un biscayen
le frappa au genou ; il mourut à l'ambulance des suites
de sa blessure. C'était une perte pour le bataillon. Arnaud de Vresse était d'une bravoure à toute épreuve.
Quand on rencontre encore en France de pareils cœurs,
on peut ne pas désespérer de la patrie. Cet officier volontaire était, il est vrai, un ancien soldat d'Afrique ; il
avait donc été à bonne école ; mais depuis, rentré dans
la vie civile comme libraire-éditeur, il n'avait pas subi
cet affaissement général des caractères qui désole les
vrais amis de la France.

Nous eûmes encore quelques blessés pendant ces quatre jours de bombardement ; le capitaine Fabrège fut
frappé à la tête, dans la tranchée, par un éclat d'obus.
C'était un jeune volontaire que son courage et sa tenue
correcte avaient fait nommer caporal. Il fut guéri à
temps pour assister à la prise de Paris. Furent également blessés, outre le colonel, atteint plusieurs fois légè-

rement, les capitaines d'Hauteville et d'Astaing d'Estampes ; le premier reçut la médaille. Le docteur Baër, volontaire, peut aussi une blessure à la tête ; il resta plusieurs jours encapuchonné dans une étoffe de soie noire. Les insurgés, sentant leur fin prochaine, redoublaient de fureur et d'acharnement. En vain le capitaine d'artillerie, comte de la Laurencie, faisait parler les quatre mortiers placés dans nos tranchées, le tir de l'ennemi était d'une justesse désespérante, et les feux croisés de ses batteries rendaient la position de plus en plus périlleuse.

L'église d'Asnières, dédiée à sainte Geneviève, semblait le point de mire préféré des communeux. On eût dit qu'il ne leur suffisait pas d'avoir profané le Panthéon. Ils s'acharnaient après ce joli clocher en pierres de taille qui, tout dévasté, semblait encore défier leur rage et ne tenait à la terre que par une ligne blanche de ses murs entamés qu'une main invisible paraissait soutenir encore. Le curé, comprenant la nécessité de redoubler ses prières, disait la messe, malgré les obus, dans cet édifice en ruines. Il s'était réfugié dans la chapelle de Saint-Pierre, seule intacte. La chaire de Pierre, ébranlée elle-même, était encore le dernier refuge des fidèles contre la fureur de la Révolution. C'était sans doute une allégorie touchante qu'on pouvait appliquer à cette autre chaire sacrée dont le siège est à Rome. Le 14 mai était un dimanche. Averti par le capitaine Raoul, le colonel, accompagné de Durieu, assista pieusement à la sainte messe, au bruit d'une effroyable canonnade. Le lendemain, le colonel recevait au même lieu et dans les mêmes circonstances la sainte communion des mains du curé d'Asnières. Il y avait quelque chose de saisissant à voir ce chef de volontaires armés pour défendre l'ordre,

14

s'incliner ainsi, à l'heure du danger, sous la main toute-puissante de Dieu. Quel contraste avec la fureur de ces insurgés qui, sentant la victoire leur échapper, fusillaient avec colère d'innocentes victimes ! D'un côté le calme et la résignation du devoir accompli, de l'autre la rage et le désespoir du crime impuissant ! Quel enseignement ! Je n'ai pu résister au désir de citer ce trait qu'apprécieront ceux qui ont encore la foi.

Ils comprendront aussi pourquoi cette petite ville d'Asnières, épargnée par les Prussiens, a été presque entièrement détruite par la Commune. Il fallait un bras coupable pour punir la coupable cité des plaisirs honteux. Asnières l'impudique devait passer par le fer et le feu. Je ne m'explique pas autrement ce bombardement qui dura presque tout le temps de la Commune, et qui n'avait aucune raison d'être au point de vue de la défense. Clichy n'était pas menacé. Les troupes de Versailles avaient un autre objectif clairement avoué, c'était l'arc-de-triomphe de l'Étoile et le Trocadéro.

Il y avait près de l'église d'Asnières une petite maison basse habitée par un pompier, qui était aussi logeur et marchand de vin. On allait quelquefois prendre chez lui ses repas ou un peu de repos. Les obus ronflaient autour de cette maison sans l'atteindre. Il y a à la guerre des gens préservés on ne sait comment. Je me rappelle également avoir vu, dans une autre rue d'Asnières, la maison d'un épicier qui faisait l'angle de deux rues, parfaitement intacte pendant tout le siége. Les maisons voisines étaient à moitié démolies. Celle-là n'avait pas une pierre de moins. Nous l'avions remarquée et on y allait quelquefois se rafraîchir ou manger un morceau sur le pouce, comme disent les gens du peuple dans leur langage trivial, mais vrai.

Je ne veux pas quitter Asnières sans parler encore des grandes tranchées du parc, celles que nous défendîmes en dernier lieu. Leur ensemble était superbe à voir. On eût dit une véritable forteresse en terre. Ce sont bien les meilleures. On arrivait au bord de l'eau par un long boyau creux de 5 à 6 pieds, qui revenait sur lui-même comme la Seine autour de Paris. Il y avait deux places d'armes, l'une en avancée en face du pont rompu de l'île des Ravageurs et l'autre dans la même direction, mais plus en arrière. Deux grandes maisons encore inachevées que l'on aperçoit du wagon, en passant sur le pont du chemin de fer, nous servaient de principal abri. Elles étaient criblées d'obus; c'est aujourd'hui comme une dentelle de pierre. Nos tranchées étaient crénelées avec des sacs à terre, et, de dix pas en dix pas, il y avait une petite tourelle en terre dans laquelle une sentinelle était parfaitement à couvert; c'était notre refuge contre les obus qui enfilaient la tranchée. De plus, nos tranchées étaient coupées par des angles nombreux, ce qui nous permettait de changer de place quand une position n'était plus tenable. Nous étions installés là comme chez nous. On se souciait fort peu des obus. Je me souviens même qu'on en riait. « Tirez, mes amis, usez votre poudre, nous nous moquons de vous ! » Voilà ce qu'on disait tout haut, à chaque nouveau coup de canon. Puis, les uns dormaient, les autres faisaient le guet aux créneaux, d'autres préparaient la cuisine au fond des tranchées.

Nous passâmes là quatre jours et quatre nuits. Quand nous quittâmes Asnières, le 17, pour retourner au camp de la Malmaison, les volontaires étaient littéralement sur les dents. J'avais eu dans la tranchée un lombago qui m'obligea à me faire frictionner à l'ambulance. Je n'en parle que pour raconter ce que j'y ai vu. Ma friction terminée, je reposais quelques instants sur un lit, avant de retourner à la tranchée, lorsque je vis apporter à l'ambulance quatre militaires du 51e, blessés par un obus. L'un mourut sous nos yeux, les trois autres étaient horriblement mutilés. On eût dit des morceaux de viande mal coupée sur un étal de boucher. C'était un spectacle horrible à voir. Je n'attendis pas le résultat de ma friction et je me traînai jusqu'à la tranchée pour ne pas assister à l'agonie de ces malheureux blessés. Voilà la guerre ! Je dois dire que, malgré ses horreurs et peut-être à cause d'elles, on perd peu à peu la sensibilité naturelle. On finit même par marcher sur des cadavres sans défaillir et par manger tranquillement sur un charnier, comme ces bouchers qui sont à l'abattoir, comme ces carabins des cliniques ou ces boueux qui passent leur vie dans les égouts puants de nos villes.

La destinée est singulière ! Nous avions passé vingt-quatre heures dans le poste occupé par le 51e. Nous y avions fait la soupe, et, dans l'endroit même où nous la mangions, à l'entrée d'une petite écurie située dans la cour, ce régiment eut huit hommes atteints par un obus. Le soldat français est l'imprudence même ! Il est très-difficile d'obtenir de lui qu'il se mette à l'abri. Il y a dans cette témérité une forfanterie qui n'est utile à personne, et qui peut amener une certaine démoralisation, en cas d'accident. Nos volontaires étaient bien Français sous ce rapport; mais nous leur faisions comprendre la nécessité de se bien cacher, et c'est à cette précaution incessante que nous avons dû de n'avoir que très peu de blessés dans cette campagne. Mais il ne fallait pas perdre de vue les volontaires. Ils étaient, comme les moblots, des enfants terribles. Toujours des imprudences, sans cesse des cartels à propos de rien. Le colonel se voyait quelquefois obligé de faire des exclusions nécessaires. Il dut regretter, plus d'une fois, ses soldats disciplinés d'autrefois. Mais on l'aimait, on le respectait. Il arrivait et tout s'aplanissait.

Le 14 mai, nous apprîmes la prise du fort de Vanves. Les affaires de la Commune allaient mal. Il ne fallait plus qu'une occasion et un effort suprême. L'effort fut la fameuse batterie de Montretout que nous entendions gronder sur notre tête, du camp de la Malmaison où nous étions retournés. Ces canons de gros calibre faisaient tant de bruit que l'explosion de la capsulerie du faubourg Saint-Germain passa presque inaperçue pour nous. Il y eut encore, à l'occasion de cette fameuse batterie de Montretout, une circonstance qui fit honneur au corps des volontaires. On avait demandé des hommes de corvée pour porter les gabions. C'était ennuyeux et périlleux. Quelques officiers ayant trouvé la corvée au-dessous de leur dignité, le colonel menaça d'y aller en personne. Tous s'offrirent alors et la corvée fut faite à la grande approbation de l'armée, qui sait apprécier les questions d'honneur. Plus elles étaient pénibles, plus ces corvées rehaussaient aux yeux des hommes de cœur l'éclat des galons portés par ceux qui les accomplissaient de si bonne grâce. Nous sommes dans un pays où les fils des grands seigneurs servaient autrefois, dans la maison de certains personnages, à titre de pages ou d'écuyers. Quand on lit l'histoire si touchante de Bayard, on comprend que cette domesticité, au lieu de les abaisser, trempait fortement les cœurs. On apprenait à obéir avant d'être appelé à commander.

C'était l'apprentissage des gentilshommes. Nos révolutionnaires, qui ne savent pas l'histoire, ont oublié toutes ces choses, et, ce qui est pire, c'est qu'ils les ont fait

14.

tomber en désuétude. Ils ont détruit la société française et ne veulent pas en convenir. Selon eux, il n'y avait rien de bon dans le passé. Je crois, au contraire, que s'il nous reste quelque bonne chose, c'est un héritage qui aura, par hasard, échappé à leur rage destructive.

Plus de soixante pièces de marine tonnaient à Montretout et couvraient le rempart, de la Muette au Point-du-Jour, de ces gros obus qu'un homme peut à peine porter. Ce bombardement dura plusieurs jours. Il rendit le rempart peu habitable du côté d'Auteuil et de Passy. Nous commencions à faire la guerre à la prussienne. Le 20, une sortie désespérée des insurgés fut repoussée du côté de Neuilly. Ce fut leur dernière tentative. Pendant qu'ils e préparaient sans doute à défendre l'intérieur de Paris, ils dégarnissaient les remparts. C'est alors qu'arriva l'incident Ducatel.

Ducatel, qui porte aujourd'hui un nom historique, était sergent-major au 7ᵉ mobile. Il a fait ce que nous voulions tous faire, place de la Bourse, sauver Paris du désordre. Heureusement il habitait Auteuil. Ayant un jour constaté que la surveillance des fédérés se relâchait, il en avertit l'autorité de Versailles. Au péril de sa vie il continua à guetter une occasion favorable. Elle se présenta enfin. Le 21 mai, le rempart du côté du Point-du-Jour était vide de défenseurs. Cela s'expliquait par le désordre qui devait commencer à régner dans la Commune. Évidemment on pressentait la fin et il y avait un sauve-qui-peut général. Ducatel, en se promenant (promenade de devoir et non d'agrément), s'aperçut que l'entrée de Paris était libre. Il agita avec émotion un morceau d'étoffe blanche. C'était le drapeau de la délivrance. Ce qui prouve bien que Dieu veillait sur nous, c'est que la scène de reconnaissance entre Ducatel et les troupes fidèles dura deux longues heures. Il fallut tout ce temps pour que le commandant Trèves, dont il faut placer le nom historique à côté de celui de Ducatel, pût s'approcher de ce dernier, se rendre compte de la position, en donner avis au quartier-général et recevoir des ordres et des renforts. Ces deux homme ont sauvé Paris. Ils ont dû avoir un moment d'ivresse indicible. On prétend que Ducatel pleurait de joie, en disant au commandant Trèves : « Je vous livre Paris! » C'est en effet une belle page dans la vie d'un homme. Dieu voulait se servir, pour sauver Paris, d'un individu presque inconnu, modeste et simple. C'était une leçon nouvelle donnée à notre orgueil et un enseignement précieux à recueillir. C'est l'accomplissement de ces belles paroles inscrites sur nos pièces de monnaie, mais effacées de bien des cœurs : Dieu protége la France ! Voilà l'incident Ducatel. Il faut reconnaitre que la batterie de Montretout avait rendu possible le service que nous devons à Ducatel ; mais il ne faut pas oublier que ce service est surtout grand parce qu'il a sauvé Paris de la destruction complète que rêvaient les monstres de la Commune. Dieu a dû intervenir pour empêcher tout ce mal de s'accomplir. Les Parisiens comprendront-ils à quels malheurs ils ont échappé? Renonceront-ils au jeu dangereux des révolutions? Il est à craindre que non, car leur attitude actuelle montre que leurs cœurs sont toujours endurcis! Eh bien! c'est affreux à dire, mais on peut affirmer, sans avoir recours aux prophéties qui l'annoncent, que s'il en est ainsi, Paris sera détruit dans un avenir peu éloigné.

Avant notre entrée à Paris, nous passâmes encore quelques jours au camp de la Malmaison. On nous avait placés dans une autre partie du parc. Nous y restâmes jusqu'au 20, jour de la levée du camp. Notre séjour ne fut marqué par aucun incident, sauf le service funèbre de deux officiers du 51e tombés à Asnières. Notre vie était la même que celle de notre dernier séjour. On faisait son service, et chacun à son tour on obtenait la permission de faire une promenade à Versailles. Nous y étions bien reçus, on commençait à nous connaître et à parler de nous. Au camp, nous vivions en bonne harmonie avec les soldats qui nous traitaient bien. Nous occupions l'emplacement laissé vacant par le départ de la légion étrangère dirigée sur Asnières. J'ai trouvé là un sergent qui avait été autrefois officier dans l'armée russe; il s'appelait Casimir de Bialoblocki; il était Polonais; il s'était engagé pour combattre la Prusse. Qui sait, nous ferons peut-être comme lui un jour et nous serons heureux, si la France ne se venge pas elle-même, de la venger par d'autres mains. On avait une vie assez douce au camp, nous allions souvent à Rueil, quelques-uns de nous y avaient même des billets de logement ; je me rappelle avoir couché chez une blanchisseuse, Mme veuve Martin ; elle m'avait préparé un lit de sangle avec des draps d'une blancheur de neige. Il y avait plus d'un mois que j'en étais privé ! On ne se figure pas la jouissance ineffable qu'on éprouve à se glisser dans des draps blancs après un mois de campagne ! L'homme a besoin d'être privé des choses pour les apprécier. Après la levée du camp nous retournâmes à la caserne de Rueil, d'où nous partîmes pour entrer dans Paris. Avant de raconter notre rôle dans la prise de Paris, il nous reste à parler des otages. Un journal, celui qui relatai nos médailles militaires, car nous avions eu des récompenses pour notre défense d'Asnières, nous apprit le sor

affreux des otages de la Commune. Puisque j'ai parlé
des médaillés, je citerai le capitaine Raoul, le commandant d'Arros, le lieutenant Gallay, M. Comment, l'infatigable officier d'ordonnance du colonel, le docteur Debusschère, le capitaine d'Hauteville, le lieutenant Hardouin, le capitaine du Bos. Il y avait aussi des croix
obtenues par Durieu, le capitaine de Grandpré et M. Pouligny. Ces récompenses faisaient des heureux et des mécontents. On ne pouvait récompenser tout le monde. Les
heureux avaient d'ailleurs parfaitement mérité la distinction qu'ils étaient fiers de porter sur leur poitrine.
Comme on regarde ensuite ce bout de ruban qui a failli
vous coûter si cher ! Mais revenons aux otages, en parlant d'eux nous aurons l'occasion de dire quelques
mots d'une milice que Dieu se charge de récompenser
et qui prend sa part, trop large malheureusement, dans
toutes nos guerres civiles, je veux parler de nos martyrs
politiques. Ce qui prouve bien le mauvais esprit des révolutionnaires, c'est qu'à chaque révolution nouvelle on
met à mort des victimes innocentes dont le plus grand
nombre est toujours pris dans le clergé. C'est un souvenir renouvelé de 93. Nos émeutiers sont bien les fils des
jacobins de ce temps-là. Voilà le deuxième archevêque
de Paris qui tombe sous les balles des insurgés. La Commune ne pouvait manquer de suivre ces traditions de
famille ; elle fit main basse sur quelques jésuites, sur de
pauvres ecclésiastiques, sur le curé de la Madeleine, et
enfin sur Mgr Darboy. Ajoutons à cette liste le nom
d'un honnête homme qui n'avait jamais fait que du
bien, le président Bonjean.

C'est le 24 mai, après la prise de Paris, que les fédérés, acculés comme des sangliers sauvages au fond de
leur repaire, se ruèrent avec férocité sur ces prisonniers

qu'ils avaient emmenés dans leur fuite. Ces victimes tombèrent assassinées sous les murs de la Roquette. Ce sont les martyrs de l'ordre, et il y en a toujours pour affirmer, avec leur noble sang, la sainteté de la cause pour laquelle ils meurent. Ces crimes peuvent figurer à côté de ceux de l'ancienne Rome. Ils sont une honte pour l'humanité chrétienne, qui se montre, dans ses désordres, aussi féroce que les païens de l'antiquité. Le tigre au moins a une excuse quand il déchire sa proie, c'est pour s'en nourrir. Ces tigres à face d'homme ne tuent que pour voir le sang couler.

Le 26 mai, deux jours avant les derniers coups de fusil, la Commune voulut se repaître d'une dernière boucherie humaine. D'autres otages, entraînés au char de ces vaincus qui fuyaient affolés jusqu'au cimetière du Père-Lachaise, furent également égorgés. Le nombre total de ces exécutions iniques s'éleva à soixante-quatre forfaits.

Voilà les hommes qui gouvernèrent Paris pendant près de deux mois. Quand une ville de deux millions d'âmes est assez faible, assez pusillanime pour se laisser enchaîner par de pareils bandits, elle n'a pas le droit de se dire la capitale de la civilisation et de réclamer un *self-government*. Nous ne reviendrons pas sur ces horreurs. Nous les avons enregistrées ici pour les livrer à l'indignation des âges futurs et pour qu'elles soient un sujet de méditation pour les Parisiens de l'avenir. Il y a de grandes craintes à concevoir pour le sort d'une ville souillée par tant de sang et de débauche ! Les temples profanés, les justes mis à mort, les lois méprisées, le pillage, l'incendie, à l'ordre du jour, toutes les passions les plus honteuses déchaînées sans frein, voilà une tache ineffaçable dans l'histoire de Paris, et tant de forfaits pourraient amener un jour le châtiment le plus terrible. Paris a été sauvé par l'entrée rapide des troupes accourues à la voix de Ducatel. L'armée de Versailles est arrivée à temps pour empêcher la ville de devenir un immense brasier. Sait-on si nous aurons une pareille protection et une chance aussi inespérée le jour où une nouvelle Commune succèderait à celle qui vient de disparaître? D'après les prévisions humaines les plus raisonnables et sans faire intervenir les questions de foi et de justice, on peut redouter, dans un avenir non éloigné, la disparition complète de la plus belle ville de l'Europe.

C'est le cœur brisé que nous écrivons ces lignes; mais il faut éclairer les Parisiens sur les dangers de l'avenir, qu'on ne pourra conjurer que par un retour sincère à de bonnes lois et à de bonnes mœurs.

CHAPITRE XIII

La brigade Pradier au bois de Boulogne et à Passy. — Le couvent. — Les premiers cadavres. — Le Trocadéro. — La barrière de l'Etoile. — L'avenue Friedland. — Le général Pradier. — Saint-Augustin. — Le parc Monceau et les insurgés prisonniers. — Le boulevard Malesherbes. — Courcelles et Batignolles-Monceau. — La barricade de la rue Cardinet. — La trahison. — Les vingt prisonniers. — Fusil enlevé par une mitrailleuse. — La témérité du commandant Durieu. — Le restaurant du boulevard de Neuilly. — Les baraques en bois. — La sentinelle surprise. — Le mouvement tournant du 23 mai. — Départ pour le chemin militaire. — Nouveaux cadavres sur les remparts. — Les bas quartiers de Batignolles-Clichy. — La barricade de l'Avenue de Saint-Ouen. — La rue Blatigny. — La rue Mercadet. — Le commandant Durieu et les exécutions sommaires. — Durieu armé chevalier. — Les barricades tournées. — La fusillade des maisons. — La butte abandonnée. — Le cheval d'un chef fédéré. — L'adresse à la craie. — Le 68e de ligne. — L'assaut de la tour Solferino et du Moulin de la Galette, par les volontaires de la Seine, le 10e de chasseurs, et le 51e de ligne. — Prise des buttes. — Le capitaine Pierre. — Le vieil insurgé. — La rue des Rosiers. — Les artilleurs de la Commune. — La barricade de la rue Fontanelle. — Blessure mortelle de Durieu. — Les 120 canons de Montmartre. — Le drapeau tricolore. — La famille de la rue des Rosiers. — Le déjeuner au pain et à l'eau. — Le convoi de Durieu. — L'aumônier du corps d'armée. — L'ambulance de la rue Lepic. — Les pétroleuses. — Les cadavres oubliés. — Le camp de la butte. — L'incendie de Paris. — La matinée du 24. — Chabaille et Brétillon tués par l'imprudence d'un sergent de la 2e compagnie. — Départ pour Saint-Vincent-de-Paul.

Le 21 mai 1871, grâce à Ducatel, les troupes fidèles entraient dans Paris par la porte dite du Point-du-Jour. Le lendemain, à cinq heures du matin, la brigade Pradier, dont nous faisions partie, quitta Rueil pour suivre le mouvement de l'armée. Le corps de Douai était entré le 21. Nous entrions le 22, par la même porte, avec notre corps d'armée (le corps de Ladmirault) et notre division (la division Grenier). Nous eûmes l'occasion, après avoir passé la Seine à Puteaux sur le pont de bateaux que nous connaissions déjà, de remarquer les travaux d'attaque pratiqués dans le bois de Boulogne. Les parallèles, grâce au bombardement de Montretout, n'étaient plus qu'à trois cents mètres du rempart. Le pauvre bois était bien abîmé. Les arbres qu'avait épargnés le troupier étaient déchirés par les obus. C'était bien autre chose au Point-du-Jour; il n'y avait plus ni arbres, ni maisons. Ducatel a dû courir de vrais dangers pour arriver jusque-là. Le sol était jonché de gros obus de 24, qui n'avaient point éclaté. Ils ont dû depuis causer plus d'un accident aux curieux qui les ont ramassés.

Notre marche fut lente et accidentée. Nous faisions des détours infinis. Cela nous permit de contempler notre bonne ville de Paris dont nous allions prendre possession. Elle était fort calme de notre côté. Cependant, on voyait brûler quelques maisons et on entendait au loin la fusillade des rues. Les pantalons rouges qui apparaissaient sur les remparts faisaient plaisir à voir. Avec cette curiosité enfantine du Français, les soldats nous regardaient venir, les bras croisés, comme si l'ennemi n'avait pas été derrière eux. Il n'y avait aucune sentinelle, aucun poste, aucune grand'garde, ni dans le bois de Boulogne, ni sur la ligne des remparts. C'est toujours l-même imprévoyance. On pouvait circuler librement d'un point à un autre. Je me rappelle avoir vu passer un général du génie, qui probablement inspectait les fortifications. Il était seul et semblait s'éloigner de nous. Je m'amusai à dire en plaisantant à mes camarades que c'était un général de la Commune qui se sauvait. La chose eût été possible, vu notre manque de précautions. Nous arrivâmes enfin au Point-du-Jour. Là un triste spectacle s'offrit à nos regards. Nous vîmes des cadavres d'insurgés, la figure tournée contre la terre et couchés dans une mare de sang. Ils étaient affreux à voir. Ceux dont le visage était à découvert avaient une expression de haine qu'on ne retrouve qu'au bagne ou dans l'enfer.

Il y en avait un qui n'était point mort encore et qui, probablement très-grièvement blessé, attendait sur son séant, le dos appuyé à un mur, le passage de quelque voiture d'ambulance. La guerre a ses rigueurs inévitables. Personne ne sortait des rangs pour emporter ce misérable et j'ajouterai qu'aucun de nous ne se sentait ému. Il nous faisait l'effet d'un monstre à figure humaine, dont la nature allait être heureusement délivrée. J'ai remarqué beaucoup de cadavres sur les remparts, ce qui prouve que le bombardement a dû faire bien des victimes ou que l'armée, en entrant le 21, éprouva une résistance survenue au dernier moment. Il y avait aussi des bandes de prisonniers dans les places d'armes des bastions. On voyait que c'était l'écume de Paris. Dire qu'il y a des gens qui confondent ces misérables avec le peuple et qui prêchent leur règne, en haine des riches et des aristocrates ! Ces niais ou ces coupables veulent tout simplement décapiter la société, sous prétexte de la transformer. Il n'y a plus à raisonner avec eux. Du reste, ils raisonnent maintenant, l'incendie et l'obus à la main. Il faut leur répondre de même et surtout avoir le dernier mot. Sans cela, nous sommes perdus et la société française retombera dans la barbarie ou deviendra la proie de l'étranger comme la Grèce ou la Pologne.

Nous suivîmes le rempart jusqu'à la hauteur de la rue de l'Assomption. Là, nous entrâmes dans Passy où nous pûmes faire la soupe. On y passa environ deux heures. Il était neuf heures du matin. Nous trouvâmes quelques provisions offertes par des femmes qui apparaissaient sur le seuil de leurs portes. Les hommes étaient plus rares. Nous prîmes du lait et du vin. Une excellente femme offrit à quelques volontaires dont je faisais partie une bonne soupe qu'elle avait préparée elle-même. On nous traitait en amis. Passy était délivré grâce à nous. C'est l'occasion de rappeler que l'évacuation de cet arrondissement fut une faute grave. Il avait un bataillon fidèle qui forcément se trouva réduit à l'inaction. Enfin, on réparait les fautes commises. Passy avait souffert du pillage. Il y avait là des habitations élégantes, que les gens de la Commune s'étaient empressés de dévaster. Je me rappelle un magnifique couvent qui avait été entièrement saccagé! C'était navrant à voir. Le troupier s'y promenait pour chercher dans les débris quelque trouvaille. Je ne l'ai pas trouvé assez indigné de ce spectacle qui n'était pas édifiant. Des crucifix brisés, des meubles brûlés, des robes et des vêtements déchirés, des chiffons traînant partout, des restes de viande et de pain, du vin répandu sur le sol et mille papiers encombrant le parquet, comme dans une maison où l'on a fait un déménagement. Notre pauvre soldat n'avait pas encore un sentiment bien net de l'ordre et des vrais principes. On l'avait tant démoralisé! Il devait bien voir cependant ce qu'il y avait de honteux dans ce pillage. Le couvent était une ambulance ainsi que le prouvait la présence de plusieurs blessés fédérés réunis dans l'une des parties du bâtiment. Les communeux ne respectaient même pas leurs propres ambulances.

Nous quittâmes ce point pour nous diriger par la grande-rue de Passy et la rue Franklin, vers les hauteurs du Trocadéro. Nous commencions ce mouvement tournant qui a déterminé la prise si rapide de Batignolles, Montmartre et Belleville. On voyait de loin la lutte se continuer dans le faubourg Saint-Germain. Il eut été facile, ce jour-là, avec quelques obus, de faire évacuer ce quartier par les insurgés. Le dégât d'un bombardement calculé et prudent aurait été moindre que celui des incendies du lendemain. Mais on ne sait pas, en France, se servir de l'obus. C'est une arme merveilleuse, en ce sens qu'elle va partout semer la terreur et cependant ne produit que des dommages qui ne sont pas en rapport avec son effet moral. Je renverrai les incrédules, pour la centième fois, à l'histoire des guerres de l'antiquité. Ils verront à quels massacres donnait lieu la prise d'une ville à l'arme blanche ! Du Trocadéro, nous allâmes tourner l'arc-de-triomphe de l'Étoile pour entrer dans l'avenue Friedland. J'ai remarqué le calme de ce quartier. On n'entendait que la fusillade et la canonnade lointaines des Tuileries et des quartiers situés au-delà de ce palais. Je répéterai pour les Tuileries ce que j'ai dit pour les monuments de la rive gauche. De la barrière de l'Étoile, on pouvait bombarder ce quartier et le purger de ses pétroleuses. Le mal eût été insignifiant auprès de la destruction radicale que nous avons sous les yeux. Des pointeurs habiles eussent rendu le jardin des Tuileries et le Carrousel inhabitables pour l'ennemi, et l'infanterie, en y passant la nuit, eût empêché les incendies. Mais à quoi bon revenir sur un fait évidemment permis par Dieu, pour qu'il fût à la fois, pour nous, un châtiment et un avertissement. Le feu a purgé le séjour profané de notre royauté séculaire et sa lueur sinistre restera présente à nos yeux comme le dernier souvenir du drapeau rouge.

Nous fîmes une longue halte dans l'avenue Friedland ; j'y retrouvai un homme du monde fort connu et fort aimable, M. de Errazu. Ce jeune et brillant Mexicain m'offrit, d'une façon toute gracieuse, quelques rafraîchissements dans un hôtel de l'avenue qui lui appartient. Le troupier est toujours sensible à ces attentions-là. Je dois dire que les habitants du quartier rivalisaient d'amabilité. Il y avait des dames qui venaient offrir des pains et des bouteilles de vin qu'elles portaient dans des paniers, absolument comme des marchandes ou des vivandières ; seulement elles ne faisaient rien payer au soldat, qui s'empressait de profiter, avec reconnaissance, de cette bonne aubaine. Pendant la halte, nous eûmes l'occasion de faire plus ample connaissance avec le général Pradier, qui s'était assis sur un banc de l'avenue, en nous permettant d'y rester à côté de lui ; ce général est un homme d'un grand mérite, brave et prudent, énergique et juste, intelligent et simple, c'est le chef qu'il faut dans la guerre actuelle. Aussi, comme on le verra plus tard, nous a-t-il conduits au feu de façon à nous assurer un succès aussi solide que brillant. Le général aimait à causer avec nous. Il nous avait vus à l'œuvre à Asnières, et il nous témoignait hautement sa sympathie qui n'était pas un compliment banal. Aussi, dans la marche sur Paris, les volontaires de la Seine étaient-ils en tête de la brigade, immédiatement après ce chef, placé lui-même derrière le génie et l'artillerie détachés sous son commandement. Nous reprîmes nos rangs au signal du colonel qui venait de recevoir les ordres du général. La colonne se remit en marche, elle s'avançait vers Saint-Augustin où une lutte assez vive avait été engagée par l'autre brigade de la division. Le mouvement était commun à tous les corps de l'armée, mais il fallait qu'il fût combiné de manière à se faire avec ensemble. C'est ce qui explique pourquoi certains corps étaient obligés de séjourner plusieurs heures, et même plusieurs jours, au même point. Ils attendaient que la résistance fût vaincue sur les points voisins attaqués par d'autres corps. Ce mouvement a été admirablement conçu et également bien exécuté. Il fit honneur à la fois à son auteur et aux troupes françaises qui se montrèrent, contre leur habitude, aussi patientes qu'elles sont ordinairement braves. Au lieu de continuer à suivre le boulevard Haussmann, nous tournâmes à gauche dans l'avenue de Messine, et nous entrâmes, par ce côté, dans le parc Monceau. Ce beau square était curieux à voir ; on l'avait transformé en prison. Les fédérés étaient parqués sur les pelouses comme des moutons ; c'était leur seule ressemblance avec ce doux quadrupède. Un officier surveillait les prisonniers, qu'on avait fait asseoir tête nue les uns auprès des autres. Les âges faisaient un contraste complet. Il y avait beaucoup d'hommes à cheveux blancs et beaucoup de très-jeunes gens. Ceux que nous vîmes devaient appartenir à l'aristocratie de la Commune, car ils étaient assez bien mis, et quelques-uns avaient une provision de galons à réjouir un marchand d'habits. Voilà bien messieurs les démagogues ! On fait fi de la noblesse, des honneurs, des distinctions ; mais quand l'occasion s'en présente on se met du galon jusqu'aux oreilles !

Le joli parc Monceau devint un lieu d'exécution et aussi de sépulture provisoire. On y fusilla quelques insurgés pris les armes à la main. Je dois dire qu'aucune de ces exécutions n'eut lieu sous nos yeux. J'affirme le fait pour répondre aux récits exagérés qui se font toujours en pareil cas. Le moindre coup de feu qu'on entend se traduit aisément par une exécution sommaire, tandis que le plus souvent, ce bruit ne doit être attribué qu'à une arme qu'on décharge ou à un maladroit qui laisse partir son fusil tout seul. Quand nous fûmes à Belleville, après la prise de la dernière barricade, je me rappelle avoir entendu une série de détonations qui se succédaient pendant toute la journée dans la cour de la mairie. La crédulité populaire voyait dans ces coups de feu, une suite non interrompue d'exécutions. Ma raison se refusait à croire à une pareille chose. Je comprends qu'on soit sans pitié pendant le combat quand on a affaire à des tigres dangereux comme les communeux; mais une fois le feu cessé, sauf quelques précautions nécessaires ou quelques châtiments immédiats rendus indispensables par les circonstances, il me semble que c'est un devoir de conscience de laisser à la justice militaire ou civile le soin de juger les prisonniers.

Pénétré de cette pensée qui était bien celle du gouvernement, je m'informai de la cause réelle des détonations qui troublaient tant de cervelles, et j'appris tout simplement qu'on déchargeait les armes prises, soit dans la rue, soit dans les maisons. Il y en avait beaucoup, et toutes étaient chargées, ce qui prouve que chacun avait pris sa part de cette lutte fratricide, et cependant les rues étaient pleines de gens qu'on laissait fort tranquilles. En un mot, le bruit sinistre exploité par la sottise ou la méchanceté, n'était causé que par une excellente mesure de précaution contre les accidents. Il y aura des gens qui vous parleront des fusillades de Belleville et des massacres après la victoire! C'est ainsi qu'on écrit l'histoire! — Nous quittâmes le parc Monceau pour traverser le boulevard Courcelles et nous engager dans celui de Neuilly par la rue Prony. Nous commencions à tourner Batignolles. Nous allions enfin revoir le feu de près. Le colonel nous l'avait promis, et il désirait, pour le moins autant que nous, voir cette promesse se réaliser. On nous installa immédiatement à une barricade située à l'angle des rues Cardinet, d'Asnières et de Lévis, à Batignolles-Monceaux ; cette barricade, par suite de notre mouvement tournant, venait d'être abandonnée par l'ennemi qui s'était réfugié derrière une autre barricade de prolongement de la rue Cardinet. Notre poste fut installé sur le boulevard Malesherbes, auprès d'un restaurant qui fait l'angle avec un terrain vague précédant la rue Cardinet. C'est là que nous prenions nos repas. Nous étions à quelques mètres de la barricade occupée par nous, et nous nous relevions de temps en temps, par sections et subdivisions. C'était la compagnie d'officiers qui gardait la barricade ; assez mal construite avec des pavés disjoints, elle n'était qu'un abri fort insuffisant. Grâce à la courbure de la rue, on pouvait y arriver en longeant le mur du côté des numéros impairs. Nous passions ensuite par une porte située au n° 99 de la rue Cardinet, et nous pouvions regagner la partie de la rue où finissait la zône dangereuse par une autre porte débouchant du n° 91 de la même rue.

On ne saurait se figurer combien il est important à la guerre de se rendre compte, par un coup d'œil rapide, des points et des lignes qui sont en dehors du tir de l'ennemi. Nous avions pris l'habitude de faire vite cet utile examen des lieux. Dans le cas particulier qui nous occupe, on allait et on venait sans danger de la barricade au boulevard Malesherbes, et du boulevard Malesherbes à la barricade. C'est là qu'il faut placer un des traits de témérité du commandant Durieu. On venait de l'avertir que les insurgés manifestaient l'intention de se rendre. Il nous donna l'ordre de le suivre tous, et nous arrivâmes au complet derrière cette barricade, qui offrait, ainsi que le carrefour des rues de Lévis et d'Asnières, le spectacle le plus étrange qu'on puisse voir. Les insurgés approchaient en nombre, la crosse en l'air, et criant comme des énergumènes : « Vive la République ! nous sommes des frères, nous voulons fraterniser ! » Notre costume de gardes nationaux leur avait peut-être fait croire qu'ils susciteraient une défection dans nos rangs. C'eût été fort habile, car une défection, en un pareil moment, compromettait toute l'armée. Seulement les fédérés étaient mal renseignés sur nos intentions et sur la composition du corps d'élite auquel nous appartenions. Nous ne tardâmes pas à leur montrer que des officiers sérieux ne tombent pas dans les piéges d'une aussi grossière trahison. Leur apparente soumission n'était qu'une ruse de guerre imitée des Prussiens. Le capitaine Raoul fut le premier à s'en apercevoir. Déjà les insurgés se mêlaient à nos rangs ; l'un de nous, que je ne veux pas nommer, car c'est un bon garçon, qui doit regretter un entraînement imprudent et inconcevable, avait déjà serré la main d'un des ennemis, en signe de paix. Un officier des fédérés s'était glissé jusqu'à notre barricade, et il s'y tenait paisiblement, méditant quelque mauvais coup, lorsque le capitaine Raoul, jugeant la position dangereuse, demanda au commandant la permission de faire feu, si les insurgés ne mettaient pas immédiatement bas les armes.

« Mon commandant, nous sommes cernés ; nous n'avons pas une minute à perdre ! Il faut tirer, car ils ne se rendent pas et avancent toujours ! »

15.

Durieu comprit et se chargea de tout lui-même. S'adressant à un fédéré plus rapproché que les autres, il le somma de rendre son arme. Sur son refus, il l'étendit raide mort. Il est merveilleux qu'aucun de nous n'ait été atteint, tant nous étions déjà mêlés aux insurgés. Mais Durieu tirait juste. Ce coup de feu, arrivé comme la foudre, remit de l'ordre dans nos rangs. Les frères et amis, stupéfaits, s'enfuirent de tous côtés, en gagnant les rues les plus proches. Une vingtaine se rendit à nous, dans la crainte de subir le sort de quatre ou cinq des leurs étendus à terre par nos balles. Nous envoyâmes ces prisonniers, sans leur faire le moindre mal, au quartier général de la brigade. Ce coup de filet faisait d'autant plus d'honneur aux officiers volontaires, qu'ils avaient failli être victimes d'un piège tendu par l'ennemi. Leur conduite prouvait à quel degré de sang-froid et de présence d'esprit ils étaient arrivés.

Le capitaine Raoul eut à cette barricade sa baïonnette enlevée et son fusil brisé dans ses mains par une balle de mitrailleuse. Durieu, debout sur la barricade, tirait avec le calme d'un vieux chasseur acharné contre une compagnie de perdreaux. Cet homme n'avait aucun souci de sa vie; cette fusillade dura jusqu'à la nuit. Nous fûmes alors relevés par la 2e compagnie, et après un repas préparé par nous-mêmes dans le restaurant du boulevard Malesherbes, nous allâmes passer la nuit dans les baraques en bois du boulevard de Neuilly. Durieu donna une leçon, en arrivant, à une sentinelle et à un poste de ligne : la sentinelle n'avait pas le mot de ralliement; le caporal du poste dormait. Si nous avions été des insurgés, nous aurions pu nous emparer des faisceaux d'armes. C'était toujours la même négligence qui avait causé tant de surprises dans la guerre contre les Prussiens. Durieu se fâcha, et jugeant la position mal gardée, y établit un poste d'officiers volontaires. Le lendemain, 23 mai, vers cinq heures, nous continuâmes le mouvement tournant de la veille.

La brigade descendit le boulevard de Neuilly et prit le chemin militaire du rempart, que nous suivîmes jusqu'à la rue de l'Entrepôt, en passant sous le pont du chemin de fer de Versailles. Nous vîmes là de nouveaux cadavres étendus sur le sol, comme à notre entrée dans Paris. Puis nous entrâmes dans les bas quartiers de Batignolles-Clichy, en coupant de nouveau la rue Cardinet à son extrémité. Le général Pradier reçut là, avec son sang-froid ordinaire, un coup de feu à bout portant d'un insurgé qui avait saisi la bride de son cheval. Durieu, qui était partout, toujours en avant, étendit à terre l'insurgé d'un coup de revolver. Nous continuâmes notre mouvement jusqu'à l'avenue de Saint-Ouen, où nous fûmes arrêtés par une formidable barricade.

Le général jugea nécessaire de l'attaquer avec une pièce de 7 qu'il fit mettre en position. Pendant que le canon tonnait, les volontaires étaient placés en tirailleurs dans des jardins dont les murs furent immédiatement crénelés par le génie. Des chasseurs placés par le général aux étages supérieurs des maisons faisaient un feu meurtrier sur les insurgés. De nos créneaux nous tirions sur les maisons d'en face où quelques fédérés obstinés avaient cherché un refuge. Ils répondaient de tous côtés. Il y en avait un de caché sur un toit derrière une cheminée. Il ne tarda pas à être signalé et une grêle de balles détermina sa retraite. Les chasseurs avec un grand entrain exploraient les environs et on était souvent obligé de cesser le feu, pour ne pas tirer sur eux. Ces méprises sont fréquentes à la guerre et on ne saurait trop les éviter avec des troupes françaises faciles à démoraliser. La barricade de Saint-Ouen fut vite réduite au silence et nous quittâmes nos créneaux pour aller prendre position dans la rue Balagny. Je me rappelle un trait qui peint bien l'esprit du Parisien enrôlé dans les troupes de la Commune. Nous avions avec nous un ouvrier à figure assez honnête qui nous avait suivis et qu'on laissait tranquille, parce qu'on ne le trouvait pas dangereux. En l'écoutant causer avec un de mes volontaires, je fus frappé par ces mots, assurément pleins de franchise, mais qui dénotaient peu de sens moral : « Que voulez-vous, Monsieur, on était dans la Commune à cause des trente sous ; il fallait bien vivre et on ne travaillait pas ! » Cette explication, qu'auraient pu donner beaucoup de gens, attira à celui qui en était l'auteur cette réponse que je lui fis : « Ainsi, pour trente sous, vous faisiez bon marché de votre devoir, de votre honneur, de l'ordre public et de votre pays ! Ce langage m'oblige à vous donner un avis charitable : retirez-vous immédiatement de nos rangs. Vous serez arrêté si je vous y retrouve dans quelques minutes. L'honnêteté de votre figure seule vous sauve d'une arrestation immédiate. » L'ouvrier ne se le fit pas dire deux fois, et il partit non sans manifester son étonnement du blâme infligé à des paroles qui lui paraissaient toutes naturelles.

Il y eut une pose dans la rue Balagny. Il était dix heures du matin. Nous prîmes quelque peu de nourriture et l'on fit l'inspection des maisons voisines ; elles contenaient des armes, des effets d'équipement et cachaient même des insurgés qu'on fit arrêter sur-le-champ. Quand nous nous remîmes en marche, nous gagnâmes la fameuse rue Marcadet, théâtre des nouveaux exploits de notre commandant. Il y avait encore là une barricade à prendre. Durieu demanda quelques volontaires pour aller en avant. Nous nous glissions le long des murs et il nous plaçait dans les maisons situées des deux côtés de la rue.

J'étais dans l'une d'elles avec Gallay et de Liencourt, nous avions choisi une chambre dont les fenêtres étaient à la hauteur d'un grand mur et donnaient sur la butte Montmartre. Là nous ouvrîmes un feu nourri qui plongeait dans les jardins de la butte. Les insurgés nous répondaient, mais ils semblaient démoralisés par notre tir dont ils ne voyaient pas bien le point de départ. Mes jeunes camarades tiraient comme des enragés. Ils faillirent me rendre sourd par leurs détonations qui frappaient en plein dans mes oreilles; cette fusillade dura vingt bonnes minutes. On voyait les insurgés battre en retraite et gagner les hauteurs pour se mettre à l'abri. Durieu nous fit avancer plus loin. Grâce à nos efforts la barricade venait d'être évacuée. Nous en prîmes possession. Elle était jonchée de cadavres et les ruisseaux de la rue Marcadet coulaient du sang comme ceux d'une rue voisine des abattoirs.

Je n'ai jamais vu pareille chose. Je me rappelais malgré moi la fameuse prophétie de l'abbaye Dorval; elle fut bien près de sa réalisation complète ce jour-là et il s'en fallut de peu que « la grande Babylone ne fût égalée à la terre, par le feu des pétroleuses. » Durieu, la figure animée, son chassepot à la main, faisait fouiller les maisons. On y trouvait des fédérés encore tout souillés du sang et de la poudre du combat. Il y eut là quelques exécutions sommaires nécessitées par notre sécurité personnelle. Durieu n'en laissait le soin à personne. Il abattit de sa main une quinzaine d'insurgés pris en flagrant délit, les plus jeunes seuls étaient épargnés et emmenés prisonniers. La rue Marcadet offrait un spectacle affreux à voir. Voilà pourtant les tristes fruits des doctrines révolutionnaires ! La leçon a été rude.

Espérons qu'elle servira pour l'avenir. Nous arrivâmes alors au pied de la butte où s'élève la tour Solférino. Il y eut là un incident nouveau. En arrivant au coin d'une rue qui monte à la butte, Durieu nous signala des soldats du 68e qui le couchaient en joue. Cela n'avait rien de surprenant, vu son costume d'insurgé. Il s'en émouvait fort peu. Nous l'engageâmes à faire avancer quelques soldats qui étaient avec nous, au lieu d'agiter son mouchoir qui ne pouvait être qu'une cause nouvelle de méprise. Les soldats nous rejoignirent vite et nous vîmes avec satisfaction que notre gauche passablement en l'air jusque-là, était désormais solidement appuyée par la division de Lavaucoupet. Le mouvement s'était opéré avec un ensemble parfait, mais Durieu avait tant d'entrain que nous nous étions imprudemment avancés avec lui, jusqu'à un bon kilomètre en avant de notre brigade. Cette ardeur ne nuisit pas au succès des opérations et nous valut l'insigne honneur de monter les premiers à Montmartre. Un officier supérieur qui a écrit un livre fort lu sur la Commune, attribue la prise des buttes à la division Lavaucoupet. C'est une erreur qui s'explique par ce qui précède : cette division tournait la butte pendant que nous y montions et quand le 68e de ligne y arriva, nous y étions déjà depuis une heure ; c'est, il est vrai, un soldat du 68e qui planta le drapeau tricolore sur la tour Solférino, mais depuis une heure nous l'avions fait flotter au-dessus des canons de Montmartre. Quand on écrit l'histoire d'un siége ou d'une campagne il est impossible de tout voir ! Cependant il serait injuste de nier la coopération de la division de Lavaucoupet à la prise de Montmartre. Son mouvement tournant moins brillant que l'assaut de la brigade Pradier et des volontaires, a rendu possible ce dernier mouvement.

Il y eut quelques minutes de calme au pied de la butte. On en profita pour se rafraîchir chez un marchand de vins sur la porte duquel, Durieu sentant sa fin prochaine, écrivit ces mots prophétiques : «En cas d'accident, M. Durieu, 25, rue de Torcy, à la Chapelle, près la rue Marcadet. » Singulière idée !

Nous assistâmes aussi à une scène que je veux raconter :

Durieu avait été nommé chevalier de la Légion d'honneur. Il avait la croix dans sa poche, mais il ne la portait pas encore, n'ayant pas été nommé chevalier devant la troupe. Cette pensée de la mort qui le poursuivait probablement, lui inspira l'idée de se faire armer chevalier. Il demanda qui voulait lui rendre ce service. Un capitaine de la ligne, chevalier lui-même, s'avança, et lui donna l'accolade, en fixant la croix sur cette poitrine digne de porter l'étoile des braves. Durieu voulut ensuite embrasser ses volontaires. Il s'aperçut alors que le nombre en avait diminué, nous n'étions plus que dix ou douze. Les uns étaient restés en route, d'autres avaient été envoyés jusqu'à la brigade avec les prisonniers. Durieu se consola de notre petit nombre, par un mot qui fut son dernier adieu : « Mes volontaires sont peu nombreux, mais ce sont les meilleurs ! » Il nous flattait, car nos camarades qui prenaient la tour du moulin de la Galette, sous les ordres directs du colonel, quoique plus nombreux nous valaient bien. Chacun fit son devoir. Quelques-uns eurent seulement plus de chance que les autres. C'est toujours ainsi à la guerre ! N'en est-il pas de même dans la vie ? Durieu armé chevalier monta

sur un cheval qu'on venait de trouver dans une maiso
de la rue Marcadet, et qui avait appartenu à un chef d
fédérés, puis il s'élança au galop, en nous criant : « ,
Montmartre ! » Nous le suivîmes avec enthousiasme, ac
compagnés d'une compagnie du 10ᵉ de chasseurs, sou
les ordres de l'intrépide capitaine Pierre.

Durieu, qui ne doutait de rien, aurait voulu monter
l'assaut seul avec ses dix ou douze volontaires. C'eût ét
compromettre le succès de la journée. Sur l'observatio
qui lui en fut faite, il demanda au capitaine Pierre le con
cours de ses chasseurs. Ce brave officier accueillit ave
joie cette proposition, et Durieu ayant été mortellemen
frappé, pendant le trajet, c'est en réalité sous les ordre
du capitaine Pierre que nous prîmes les 120 canons d
Montmartre.

Suivons Durieu qui monte au trot de son cheval l
butte dite de Solferino. C'était un spectacle curieux
voir, et l'armée en fut remplie d'admiration. Cette a:
cension peu disputée n'était cependant pas sans danger
les balles pleuvaient de tous côtés. Je crois qu'amis e
ennemis tiraient également sur nous. Cette aubaine éta:
due au costume étrange de Durieu. Avec sa vareus
d'insurgé, sa ceinture rouge et son fusil en bandoulière
il avait plutôt l'air d'un chef de brigands que du com
mandant des officiers volontaires. La méprise dont j
parle était si certaine qu'en montant la butte, nou
fûmes obligés de faire avancer des chasseurs qui ag
taient leurs képis pour se faire reconnaître de loin pa
leurs camarades de la ligne. Notre assaut, qui deva:
être un beau spectacle, vu d'en bas, à cause de la nudit
absolue de cette butte qui rendait le mouvement plus p(
rilleux, s'effectua sans aucune résistance sérieuse. O
trouva dans les tranchées quelques sentinelles ennemie

surprises par notre arrivée. Il y avait notamment un vieil insurgé couvert de vêtements bruns qui sortit de la tranchée pour nous coucher en joue. Il avait l'air si stupéfait de nous voir, qu'il hésita, releva son fusil, visa de nouveau et finit par faire des signes qu'on ne lui donna pas le temps d'achever. Il tomba dans la tranchée pour ne plus se relever. Nous arrivâmes au coin de la fameuse rue des Rosiers, où nous eûmes à franchir une barricade située à l'entrée et défendue par un canon. A peine avions-nous mis le pied dans la rue que nous aperçûmes un groupe de deux artilleurs qui fuyaient vers une petite maison basse. Ils furent vite rejoints et saisis par nos hommes. Il y avait là un maréchal-des-logis-chef. Ce misérable avait la poitrine couverte de médailles. Qu'allaient-ils faire dans cette maison? Nous avons supposé qu'ils se préparaient à faire sauter la butte. On ne leur en laissa pas le temps. Ils furent passés par les armes, séance tenante, par les troupiers, indignés contre ces déserteurs. Nous entrâmes plus avant dans la rue des Rosiers, et après avoir passé devant la maison qui fut le théâtre de l'odieux assassinat des généraux Lecomte et Clément Thomas, nous tournâmes à gauche et nous prîmes possession du plateau de la butte et de la tour Solférino. Il était midi. L'officier supérieur qui a écrit l'histoire de la Commune, sans la signer, s'est trompé quand il a raconté que la prise des buttes avait eu lieu à deux heures. Il a donc commis deux erreurs, l'une sur les personnes et l'autre sur le temps. On ne nous fera pas le même reproche, car nous ne parlons que des choses dont nous avons été le témoin oculaire. Il était donc midi. Malgré les balles qui sifflaient de tous côtés, nous restions à admirer le magnifique spectacle qui s'offrait à nos yeux. Il y avait là, sur ce plateau, cent

vingt canons et mitrailleuses rangés en bataille et la
gueule tournée vers ce Paris qui s'étendait en un immense panorama, au pied de la butte, et que ces canons
étaient peut-être destinés à détruire. Le coup d'œil était
féerique. Avec quelle émotion nous plantâmes le drapeau
de la France sur ce sol reconquis. Ce fut le capitaine de
Villard qui chercha et finit par trouver un drapeau tricolore qu'on attacha à la roue d'un canon. D'en bas, les
insurgés tiraient sur cet emblème de l'ordre qui venait
de remplacer le drapeau du désordre. Chose bizarre et
qui peint bien la désorganisation française, nous eûmes
beaucoup de difficulté à trouver un drapeau tricolore.
Ainsi, voilà une brigade qui se couvre de gloire, voici
des chasseurs et des volontaires qui montent les premiers à l'assaut du point stratégique le plus important
de la ville assiégée, et ils n'auront pas de bannière à
faire flotter au vent pour indiquer leur présence et leur
victoire! Ce non-sens tient à ce que notre administration
ne croit pas qu'il soit utile de donner des drapeaux aux
bataillons de chasseurs; on n'en donne qu'aux régiments de ligne. Funeste idée, qui ne pouvait naître que
dans des cervelles révolutionnaires. Le drapeau, c'est
l'emblème de l'honneur, dans la famille militaire. Puisque vous considérez les bataillons de chasseurs comme
autant de familles isolées, ne les privez pas de ce blason
et de ces couleurs qu'elles sont dignes de porter! L'absence du drapeau, c'est bien là l'image de notre temps.
Quand on se bat sans conviction, on peut bien se battre
sans drapeau. Grâce à de Villard, les braves chasseurs
et leur vaillant chef, le capitaine Pierre, ainsi que les
volontaires qui étaient avec eux, eurent une bannière à
déployer en signe de victoire! Comme on la regardait
avec plaisir flotter au vent! On l'avait mal attachée au

canon et plusieurs fois elle tomba par terre. Nous eûmes
beaucoup de mal à la maintenir. Cette chute nous affli-
geait. Nous y voyions un triste présage. Hélas! on peut
s'attendre à tout dans ce pays, qui a eu tant de drapeaux
et qui n'en respecte aucun! Je veux nommer les volontaires présents à la tour Solférino. Il y avait là les capitaines Porret, de Villard, de Grandeffe; les lieutenants
Gallay et de Liencourt. Ces cinq noms furent constatés
par le capitaine Pierre, qui garda la position avec les
chasseurs. Les officiers volontaires étaient accompagnés
de quelques hommes de la 2e compagnie, parmi lesquels
je citerai un brave garçon nommé Raoult, que j'ai retrouvé plus tard à Paris, gagnant honnêtement sa vie,
en travaillant. Où donc était Durieu?

On nous annonça qu'il gisait à terre, mortellement
blessé d'une balle reçue à la tempe. Voici ce qui était
arrivé. Durieu, grâce à son cheval, nous avait précédés
de quelques mètres. Arrivé au coin de la rue des Rosiers, il descendit de cheval, et attacha l'animal à un
arbre; puis, avisant une barricade dans une petite rue
qui descend à gauche, et qu'on nomme la rue de la Fon-
tenelle, il s'engagea de ce côté avec son intrépidité habituelle.

Tout cela se passait pendant que nous montions à
l'assaut. Durieu s'avançant de plus en plus vers la gauche, arriva à cent pas d'un groupe d'insurgés qu'il
somma de se rendre. La réponse fut une décharge qui
l'étendit à terre. Le capitaine de Grandpré et les deux
Porret, réunissant quelques volontaires, s'emparèrent de
la barricade et des maisons voisines, avec une vigueur
digne d'admiration. Ils firent cesser le feu des insurgés,
et passèrent par les armes deux artilleurs et un marin
qui se trouvaient à ce poste ennemi. On releva alors le

corps du brave Durieu, et il fut porté par Gallay, Barbancey, Pasquin et de Liencourt au numéro 4 de la rue des Rosiers. Un billard lui servit de lit, et un aide-major du 68ᵉ lui donna les premiers soins. Nous avons dit que ce régiment était arrivé après nous sur le plateau. Vers une heure, un sergent fixa au mât de la Tour Solférino, le drapeau du régiment. L'opération fut rendue très-difficile par le vent violent qu'il faisait, et par les balles tirées d'en bas avec un désespoir heureusement impuissant.

Voilà, dans toute son exactitude, le récit de ce qui s'est passé le 23 mai à la butte Solférino. Nous parlerons tout à l'heure du Moulin de la Galette. La maison où l'on avait porté Durieu est voisine de la trop fameuse maison où furent assassinés les généraux martyrs. Nous nous attendions à y trouver de ces figures de bagne qu'on ne voit sortir dans les rues qu'aux jours d'émeute. Quelle ne fut pas notre surprise de ne rencontrer là que deux honorables familles, composées de deux vieillards, de quelques jeunes gens timides et de charmantes jeunes femmes et jeunes filles, dont la présence faisait un contraste complet, avec tant de scènes d'horreur. J'eus l'occasion de voir l'intérieur de ces deux familles qui offrirent aux soldats le peu de pain qu'elles avaient et quelques verres de vin. Moi, qui venais de déjeuner en trempant mon pain dans l'eau d'une fontaine, je ne me fis pas prier pour accepter quelque chose. J'affirme que ces familles paraissaient composées de gens paisibles comme on n'en trouve qu'à la campagne.

Dans l'une d'elles, il y avait un essaim d'adorables jeunes filles. Ce n'étaient pas des pétroleuses ; elles auraient pu devenir telles, dans le cas seulement où l'idée leur serait venue de semer l'incendie dans quelques cœurs !

Le troupier les fixait du coin de l'œil, en frisant sa moustache et les jeunes filles groupées sur le seuil de leur porte regardaient les soldats avec cette curiosité féminine qui survit à tout. C'eût été pour un peintre, un charmant tableau. Comme paysage autour de ces jeunes et fraîches têtes, les unes brunes, les autres blondes, ainsi que des grappes de raisin de deux espèces, il y avait un grand et fertile jardin dont les bosquets allaient rejoindre ceux du jardin voisin séparé seulement par de légers treillages. Telle est cette rue des Rosiers envahie un jour par une tourbe étrangère à son sol. Cette rue simple et champêtre est digne de son nom. Des brigands venus du dehors ont jeté sur ses roses deux taches de sang qui en ont flétri les fraîches couleurs. Nous suivîmes cette rue dans toute sa longueur, emportant avec nous, le commandant. Le colonel qui avait été prévenu, salua le cortége au passage et l'accompagna jusqu'à l'ambulance de la rue Lepic où Durieu fut placé dans une chambre, au premier étage, avec un officier blessé et deux femmes qui m'ont paru des pétroleuses. C'était d'ailleurs une ambulance d'insurgés. Lorsque nous demandâmes un prêtre, on nous répondit de façon à nous faire comprendre qu'on y avait peu de rapports avec ces gens-là. Cette réponse ne faisait point notre affaire ; le capitaine Raoul se mit en campagne et fut assez heureux pour rencontrer l'aumônier du corps d'armée de Ladmirault. Ce digne ecclésiastique assista Durieu dans ses derniers moments et porta, au péril de sa vie, à la famille du mourant, des nouvelles attendues avec anxiété. Il voulut donner quelques paroles de consolation aux deux malheureuses couchées dans la salle. J'ai jeté un coup d'œil de ce côté pendant que le prêtre approchait de leur lit, elles le reçurent avec ce regard de la vipère blessée qui chercherait encore à vous percer de son dard. Il y avait dans leurs yeux toute la haine de l'enfer. Voilà où l'éducation moderne nous amène. Quand j'étais plus jeune, j'avais comme monseigneur de Ségur, quelques illusions sur toutes ces idées de prétendu libéralisme. Les événements m'ont ouvert cet horizon dans toute sa réalité. Nous ne sommes pas au bout des maux causés par ce système social et politique ! Les cadavres oubliés dans les rues de Montmartre et dont le sang rougissait les ruisseaux et les trottoirs, les pétroleuses de l'ambulance et celles dont on rencontrait le regard malveillant sur les portes et aux fenêtres des maisons, les incendies, les édifices détruits, tout cela n'est qu'un avant-goût de l'avenir que nous prépare le régime des idées modernes.

Nous quittâmes l'ambulance pour remonter à la butte du moulin de la Galette où était établi le camp des volontaires. Voici comment ils y étaient arrivés. Le capitaine Méraud, qui était présent, nous a raconté qu'après le départ de Durieu, la brigade avait pris le cimetière Montmartre et délogé les insurgés réfugiés sur la hauteur. Cet assaut vigoureux fit le plus grand honneur à la brigade Pradier. Il y avait là le bataillon des volontaires de la Seine, le colonel Valette en tête, puis le 10ᵉ de chasseurs qui assista aussi à la prise des deux buttes, enfin le 51ᵉ et le 72ᵉ de ligne. Le drapeau tricolore flotta vers midi sur le moulin de la Galette et la brigade coucha sur les positions qu'elle venait de conquérir. Les volontaires descendirent, avec leur entrain, jusque dans Montmartre et s'emparèrent d'une barricade et de la mairie. Le lieutenant Audran tomba, dans cette attaque, frappé d'une balle au ventre ; il est aujourd'hui guéri et décoré. On m'a signalé dans cette affaire la belle conduite d'un de nos camarades, le capitaine de Verchère. Des perquisitions amenèrent la découverte de beaucoup d'armes et notamment des papiers et des effets du fameux La Cécilia qui avait fui, avec la prudence des chefs les plus compromis de la Commune.

Nous passâmes la nuit sur la butte, couchés dans le sable et campés auprès des chasseurs du 10e bataillon. Les généraux nous firent tous l'honneur de nous féliciter sur le succès de la journée. Paris semblait sauvé. Il ne l'était pas complétement, comme nous le vîmes vers les neuf heures du soir, en contemplant l'incendie de ses plus beaux monuments. C'était un spectacle à la fois imposant et affreux à voir. On voyait brûler les Tuileries dont l'immense incendie était alimenté par des obus à pétrole lancés des Buttes-Chaumont. Nous étions désespérés. Il semblait qu'une partie de notre victoire nous échappait. On interrogeait des yeux les profondeurs de la nuit, pour se rendre compte des ravages causés par le feu. De grandes lignes lumineuses éclairaient l'horizon, et nous nous attendions à assister à la destruction complète de la grande ville. On voyait brûler les Tuileries, le Palais-Royal, la Légion d'Honneur, la Cour des Comptes, le quartier Bonaparte, l'Hôtel-de-Ville et quelques points isolés dont on ne comprenait pas bien la position. C'était le testament de la Commune. Il avait trouvé des exécuteurs testamentaires impitoyables. Les pétroleuses agissaient là avec cette rage spéciale aux mauvaises femmes; et dire qu'il y a des gens qui s'attendrissent sur le sort de pareils monstres ! La Commune réalisait la menace des insurgés de juin 1848. Il était alors question de térébenthine, mais le pétrole n'était pas à la mode. Une grande ville est bien exposée quand elle se trouve ainsi périodiquement à la merci des passions abjectes de ses plus mauvais citoyens.

Paris a voulu ses franchises municipales. Qu'il fasse son examen de conscience et il verra si le bénéfice qu'il en a retiré peut compenser le préjudice que ce régime lui a causé. Quand donc Paris comprendra-t-il que dans une ville exceptionnelle, tant par le nombre que par la nature de sa population, ce sont moins des franchises que de bonnes lois qui sont nécessaires ! A quoi ont servi à Paris ses maires et sa garde nationale? A lui faire subir un sort plus rigoureux que celui d'une conquête à main armée. On redoutait l'occupation des Prussiens. Certes, ils ne sont pas tendres ; mais je doute qu'ils aient jamais égalé la Commune.

M. de Bismark devait être satisfait.

C'est sous l'impression de ces pénibles pensées que nous nous reposâmes sur le sable fin de la butte. Notre sommeil fut cependant paisible, nous avions le cœur gros, mais la conscience tranquille. Quand nous nous réveillâmes le lendemain matin, le colonel qui avait passé la nuit parmi nous, enveloppé dans une couverture, nous avertit de nous tenir prêts à faire un mouvement. La lutte n'était pas finie. Nous pouvions remercier Dieu, malgré tant de désastres, car nous avions été épargnés. Il manquait peu de monde à l'appel dans nos rangs. Nous nous en réjouissions lorsqu'un accident funeste vint nous remplir le cœur de tristesse. C'était le matin, après le réveil. Quelques-uns des volontaires reposaient encore, d'autres préparaient la soupe, plusieurs remettaient leurs armes en état. On s'entretenait paisiblement des événements de la veille ; le colonel écrivait son rapport. Tout était calme, lorsqu'un coup de feu retentit à nos oreilles; bientôt deux de nos camarades gisaient dans une mare de sang. Ils expirèrent sans avoir eu le temps de se relever, passant ainsi du sommeil naturel au sommeil de la mort. C'étaient Chabaille et Bretillon, deux jeunes gens pleins d'avenir et aimés de tous. Un imprudent, un maladroit, sergent à la 2ᵉ compagnie, avait fait partir un chassepot resté chargé depuis la veille. Le commandant des chasseurs faillit être tué du même coup. Il y avait là deux victimes épargnées par les balles ennemies et frappées par la main d'un de leurs compagnons d'armes.

Il semble qu'il ait fallu quelques gouttes de plus d'un sang pur pour effacer les traces du sang impur répandu sur ce sol. Pauvres jeunes gens! l'un d'eux allait se marier. Comme sa fiancée a dû pleurer! Si encore il était mort au champ d'honneur! Il n'est pas tombé en combattant il est vrai, mais c'est toujours un martyr du devoir! C'est le 24 mai, vers les neuf heures du matin, qu'eut lieu cette triste scène. Je n'en nomme pas l'auteur, mais le souvenir de ses deux victimes restera toujours présent à sa mémoire, comme le remords incessant de sa maladresse.

On ne saurait s'imaginer combien ces malheurs sont fréquents. A l'instant même où nos camarades venaient d'expirer, un autre volontaire désarmait un fusil en tenant le canon dirigé vers nous. Il est si simple cependant de tenir son arme perpendiculairement! On lui fit des reproches qui lui parurent désagréables. Ah! que l'homme est un sot animal! Pour arriver à lui donner du sens commun, il faut toujours avoir la loi ou le sabre à la main. Il serait si naturel de se pénétrer de la nécessité de bien faire chaque chose! La morale de cet incident, au point de vue militaire, c'est qu'un chef doit

16

toujours veiller à ce que ses hommes déchargent leurs armes, après un combat. La chose étant d'une exécution facile avec le chassepot, on est impardonnable de ne pas l'exiger rigoureusement.

Nous partîmes après ce douloureux événement, et quittant les buttes Montmartre, nous allâmes camper autour de l'église de Saint-Vincent-de-Paul.

CHAPITRE XIV

En les quittant, jetons un dernier regard sur les buttes Montmartre. C'est un singulier quartier. Il est plein de contrastes. On y trouve à la fois l'aisance et la misère, — l'honnêteté et le désordre, — des villas et des masures. Cette montagne qui s'appelle en réalité Mont des Martyrs est formée de deux pics principaux reliés entre eux par une chaîne que l'on peut suivre par la rue des Rosiers, l'église, la place de l'Église, les rues Chasseloup-Laubat, Norvins et Lepic. Les deux buttes s'appellent : la Tour Solférino et le moulin de la Galette, du nom d'une tour et d'un moulin en bois qui les dominent. La plus vaste des buttes est celle de Solférino. C'est là qu'était le parc d'artillerie et c'est là qu'on établira le fort, si jamais on se décide à prendre un parti sérieux contre les révolutionnaires. La butte Solférino n'offre rien de très-pittoresque. C'est une plate-forme, une tour quadrangulaire et quelques jardins. Il n'en est pas de même de la Tour de la Galette. Son moulin est curieux à voir. On y monte par de grands escaliers en bois d'où l'on jouit du panorama le plus beau possible. En temps de paix ce moulin est le rendez-vous de nombreux visiteurs. C'est un restaurant. On monte à la butte par des sentiers ombragés qui l'enveloppent de leurs sinuosités. Il y a là des cafés, des jeux, des divertissements variés. Les obus avaient un peu saccagé tout cela. On voyait même dans les buissons des fragments des ailes du fameux moulin. Tout cela se réparera vite comme on répare tout à Paris.

Il faut dire adieu à Montmartre, en souhaitant que le projet de M. Haussmann ou quelque autre se réalise. Le préfet de l'Empire voulait faire de ces buttes une promenade publique. Je préférerais y voir un bel et bon fort. Ce serait un avertissement perpétuel pour la bonne ville de Paris et en même temps, en cas de siége, un soutien utile pour les forts du Nord et de l'Est.

Nous descendîmes des buttes vers dix heures du matin, par la chaussée de Clignancourt. Puis nous eûmes un temps d'arrêt dans la rue Rochechouart. Les insurgés, retranchés aux buttes Chaumont, nous envoyaient des obus parfaitement dirigés; j'ai fort bien remarqué que, comme toujours, ils nous suivaient dans notre marche.

Le séjour de la rue n'était pas agréable, nous eûmes quelques blessés. Le capitaine Raoul reçut un léger éclat à l'index de la main droite. Nous étions là bombardés, en attendant la prise d'une barricade située plus bas et qui coûta cher, car nous y vîmes en passant huit pauvres fantassins tombés les uns auprès des autres. Nous engageant ensuite par les rues de Dunkerque et de Belzunse, nous prîmes possession de l'église Saint-Vincent-de-Paul, de la place, de la rue du même nom et des rues environnantes. Nous campâmes sur l'asphalte. Il faisait beau. Jusque là on ne se plaignait pas trop. On dormait sur ce lit peu moelleux, tout comme sur un lit de plumes. Mais quand vint la pluie du 26 mai, ce fut un séjour désagréable. Je me rappellerai toujours la bonne hospitalité d'un excellent Suisse, entrepreneur de fumisterie; il s'appelait M. Péduzzi. Grâce à lui, quelques-uns d'entre nous, particulièrement les sous-officiers qui n'étaient pas de semaine, eurent un abri convenable. Les hommes d'ailleurs furent bientôt installés dans un manége de la rue Saint-Vincent-de-Paul. On les avait d'abord mis dans l'église. C'était une malheureuse idée empruntée aux communards. Nous protestâmes tous. Il eût été par trop inconvenant de coucher dans l'église et d'y faire la soupe! Comment cette idée a-t-elle pu venir à quelqu'un? Nous vivons dans un temps où le sens moral est si compromis!

En fait de combat, à Saint-Vincent-de-Paul, notre

16.

rôle se borna à une courte démonstration contre une barricade que nous contribuâmes à faire abandonner, en la tournant. Le commandant Verret, notre lieutenant, devenu chef de la compagnie depuis la mort de Durieu, nous fit avancer par les rues de Dunkerque et de Maubeuge jusqu'au boulevard Magenta que coupait la barricade en question. Nous avions un grand drapeau tricolore qui fut porté successivement par le jeune de Châtillon et par le lieutenant Maurice Gallay. Ce dernier, avec sa taille de colosse et son immense bannière, avait un air tout-à-fait imposant. Gallay avait fait partie à Châlons du 7e mobile. On voit que les liens ne manquaient pas entre ce bataillon et celui des volontaires. Entre son passage à ces deux corps le lieutenant dont je parle avait été officier d'ordonnance du général Ducrot. Il est aujourd'hui médaillé en attendant mieux.

Le commandant Verret, l'épée à la main, nous fit tourner la barricade et nous rejoignîmes ensuite notre cantonnement, pour y rester jusqu'au 27. En fait d'incidents, il y eut quelques obus qui nous étaient destinés et quelques coups de feu sur le boulevard Magenta. Mais l'insurrection perdait à chaque instant du terrain. Nous étions en possession de presque tout le boulevard Magenta et de l'hospice Lariboissière.

Il y avait là une ambulance et en face un lieu vague qu'on appelait le Champ-des-Morts, car on y déposait des cadavres et on y fusillait les gens récalcitrants ou dangereux. C'était encore l'occasion de beaucoup de bavardages. On m'a montré le docteur Rastoul passé depuis en jugement. Il faut se défier des récits qui courent dans la foule, en de pareils moments. Les habitants étaient effrayés. Ils se rappelaient les horreurs de la Commune et ils croyaient à des représailles terribles. En réalité, il n'y avait de vrai que les tristes nécessités d'une lutte qui continuait.

Les obus des insurgés retranchés aux buttes Chaumont venaient jeter, dans le quartier, une terreur qui affolait les pauvres femmes. On se rappelait les incendies des pétroleuses. On voyait le feu partout. On bouchait les caves des maisons. Aujourd'hui encore, après six mois de calme, les mesures de précaution subsistent toujours avec la crainte qui les a fait prendre.

Nous prenions nos repas dans un petit restaurant de la rue Saint-Vincent-de-Paul, où notre camarade, le capitaine Nicolas, nous avait conduits. C'était un vieux soldat, au cœur chaud, un Breton énergique avec lequel on avait quelquefois maille à partir, mais qui était un homme solide et sûr. Sur le seuil des portes voisines, on voyait apparaître quelques jolies têtes de femmes. C'étaient les petites dames du quartier qui se hasardaient à sortie de leur trou, comme les souris en l'absence du chat. Elles jasaient à qui mieux mieux et se plaisaient à causer avec nous. Quand un obus arrivait, tout ce monde folâtre rentrait au logis. Les heures se passaient ainsi agréablement. On vivait passablement. Le soldat n'est pas difficile quand il a, comme on dit, mangé de la vache enragée. Cette expression triviale cache une grande vérité; celui qui n'a pas connu les privations n'est bon à rien. Un régime dur forme les hommes. Comme il les rend modestes, indulgents, sobres, économes! L'éducation spartiate a du bon. Les Français de nos jours en avaient grand besoin. La guerre leur en a tenu lieu. Il ne faut pas trop la maudire, car nous lui devrons peut-être les hommes de l'avenir.

L'ennemi nous bombardait à distance. Il avait évidemment des intelligences dans le quartier. Un soir la place de l'église fut illuminée *à giorno*. C'était un point de repère pour les artilleurs de la Commune. Le commandant de Nax, notre adjudant-major, s'en aperçut. Il prévint le colonel. Celui-ci, qui veillait toujours, donna l'ordre d'éteindre le gaz. Mais il fallait des échelles et des hommes de bonne volonté. Où en trouver ? Je pensai à Bertinet. Ce dernier ne se fit pas prier. Il grimpa comme un écureuil à tous les becs de gaz et en un clin d'œil tout fut éteint. Bertinet était précieux pour ce genre d'exercice. Il se rappelait qu'il avait été zouave autrefois.

Le 27 au matin, nous fîmes un mouvement. On nous envoya à la gare du Nord. A peine y étions-nous que les obus y pleuvaient. Nous ne fûmes pas atteints. On se reposa là quelques heures. Les coussins du chemin de fer servaient de lits et d'oreillers. Je me rappelle un trait qui prouve notre bonne camaraderie, cette sainte amitié du collège et du régiment. Je m'étais endormi sur l'asphalte de la gare, sans couverture. Quand je m'éveillai, j'avais sur moi un chaud vêtement qu'un de nos volontaires y avait déposé par une délicate attention. Les prisonniers affluaient à la gare. Un capitaine de gendarmerie leur faisait subir un premier interrogatoire destiné à séparer le bon grain de l'ivraie. Quelles figures repoussantes on voyait dans ces groupes et comme on comprend bien les révolutions de Paris, quand on voit de pareils types. Pourquoi ne chasse-t-on pas de cette ville tous les repris de justice et tous les gens qui ont des antécédents judiciaires ? On n'a jamais songé à prendre cette mesure de précaution pourtant élémentaire.

Il y avait parmi les prisonniers quelques moblots, j'en reconnus un du 7ᵉ bataillon. Ce pauvre jeune homme avait dû subir de mauvaises influences. Ces malheureux doivent aujourd'hui maudire ces chefs coupables qui les ont entraînés au mal et qui échappent à la répression par la fuite ou par le manque de preuves. C'est une grande leçon qui est donnée au peuple à chaque révolution et il n'en profite jamais.

Vers onze heures, nous nous remîmes en marche pour exécuter un mouvement tournant pareil à celui de Montmartre. Belleville était notre but. Nous suivîmes les boulevards et le chemin militaire. La pluie nous surprit en route ; pendant la halte, on s'abritait dans les casemates du rempart. Nous arrivâmes ainsi, après avoir passé le canal, jusqu'à l'abattoir de la Villette. De là on apercevait les hauteurs de Belleville, où flottait encore le drapeau rouge. L'honneur de la journée appartint à l'artillerie. Elle organisa l'attaque comme jamais je ne l'avais vu faire pendant toute la durée de la guerre. Des canons placés sur les remparts prenaient Belleville en écharpe. Ils tiraient avec cet ensemble et cette rapidité que j'avais remarqués chez les Prussiens. Nous avions appris enfin à nous servir de l'artillerie. Montmartre appuyait cette démonstration à coups de canon. Bientôt l'artillerie de la Commune fut réduite au silence. La victoire était dès lors assurée. Les résultats de notre tir avaient été désastreux pour l'ennemi. On voyait brûler une belle villa dans laquelle un obus était tombé. Le drapeau rouge s'agitait et changeait de place. Évidemment le désordre était au camp d'Agramant. Quand nous vîmes disparaître cette bannière détestée, nous éprouvâmes une patriotique satisfaction. Mais ce fut bien autre chose, lorsque la brigade Abbatucci s'élança au pas de course à l'assaut des positions de Belleville. Malgré la pluie qui nous contrariait, on formait la haie pour admirer de plus près l'élan de cette belle troupe. La furia française était retrouvée; on criait : « bravo ! » Des larmes de joie brillaient dans tous les yeux. On s'embrassait, on agitait en l'air armes et képis, c'était de la frénésie ! Les Prussiens eux-mêmes, massés près du canal, admiraient derrière le rempart, cet assaut brillant et hardi. Nous nous rappelions Montmartre. Un sentiment de tristesse venait seul tempérer notre enthousiasme et nous nous disions en secouant nos bras avec énergie : « Ah ! pourquoi ne sommes-nous pas là-bas ! » C'est ainsi qu'est la guerre ! A chacun son rôle. D'ailleurs le plus ingrat n'est pas toujours le moins utile. Nous étions montés les premiers à Montmartre avec le 10ᵉ de chasseurs. C'était le tour des volontaires de Seine-et-Oise et du 48ᵉ de marche. Il fallait se résigner et attendre la fin du mouvement pour prendre part à la lutte. L'artillerie avait cessé son feu. Honneur lui soit rendu, car elle a, ce jour-là, bien mérité de la patrie ! La brigade Abbatucci ayant disparu dans Belleville, nous reçûmes l'ordre de la rejoindre et d'aller occuper les positions conquises.

Le général Pradier nous conduisit par le chemin militaire ; je le vois encore au pied de la butte, inspectant une barricade ennemie, du haut d'un bastion du rempart. Il était au premier rang de sa brigade et il surveillait lui-même le mouvement avec un sang-froid égal à son courage.

L'assaut ayant été donné à cinq heures, il était presque nuit quand nous arrivâmes au pied de la hauteur de Belleville. Il y avait là près du chemin de ronde un escalier conduisant à des jardins qui couronnaient les hauteurs. La position était périlleuse, car l'ennemi occupait encore la porte de Romainville et le rempart qui en est voisin. Une forte barricade faisait sur nous un feu nourri de mousqueterie appuyé de celui d'une mitrailleuse. Les officiers volontaires gravirent rapidement la pente de la colline en un point voisin de l'escalier dont j'ai parlé. Ils ne suivaient pas le chemin indiqué par le général. Il fallut redescendre et reprendre l'escalier. Ce double mouvement devait s'accomplir sous le feu de l'ennemi. Je ne dirai pas que les volontaires hésitaient, ce serait leur faire injure, mais ils n'avaient pas compris le mouvement. Le colonel croyant à une hésitation de leur part, prit la parole, en termes énergiques, avec un à-propos qui prouvait sa sérénité. On redescendit en grognant et on remonta plus loin pour se déployer en tirailleurs dans les jardins. Ce n'était pas chose facile que de faire cette ascension ; nous avions parmi nous un jeune officier blessé qui marchait avec des béquilles. C'était le lieutenant Hans. Il nous accompagna dans tous nos assauts, et il était de celui de Belleville. Vous devez penser le mal qu'il eut à redescendre cette colline que nous devions remonter quelques mètres plus loin. Ses efforts furent récompensés. Le général Pradier remarqua ce jeune officier qui est aussi un écrivain distingué. Son entrain, sa bonne attitude au feu lui valurent la médaille militaire : voilà des béquilles bien employées !

Nous occupâmes nos nouvelles positions, toute la nuit. Un détachement d'officiers fut envoyé dans la rue des Lilas pour tenir en respect une barricade située à l'angle de cette rue et de la rue du Pré. Deux postes furent établis dans deux maisons placées à droite et à gauche du milieu de cette rue. Pendant ce temps-là, le commandant Delclos tombait mortellement frappé, c'était le troisième chef de compagnie que nous perdions dans cette guerre. Voici comment le capitaine Méraud, notre sergent-major, m'a raconté ce douloureux incident : « Au moment où la 3ᵉ compagnie des volontaires de la Seine passait près des escaliers qui conduisent à la rue de Bellevue, quelques officiers du 54ᵉ de ligne demandent au commandant Delclos de venir en aide à plusieurs compagnies fortement engagées sur la place dite des Fêtes. La 3ᵉ compagnie se dirige aussitôt de ce côté, suit les rues de Bellevue, de Compans et de Beaune et débouche sur la place des Fêtes où une terrible fusillade avait fait des ravages dans les rangs de la ligne et des volontaires de Seine-et-Oise. Les 1ʳᵉ et 2ᵉ sections sont aussitôt placées en tirailleurs derrière les arbres qui garnissent la place. C'est à ce moment que le commandant Delclos, n'écoutant que son courage et sacrifiant sa propre sécurité à l'intérêt de tous, tomba frappé mortellement en allant rassurer les divers factionnaires placés à peu de distance de l'ennemi. Des renforts arrivèrent, et la 3ᵉ compagnie relevée dans ses positions, s'installait dans quelques maisons de la rue. Cette compagnie a été fortement éprouvée dans cette circonstance, car elle a eu trois morts et quatre blessés. »

Ces détails m'échappèrent, car j'étais occupé à fouiller les jardins de la rue des Lilas. Il fallait veiller de près. Nous étions au milieu d'une population qui pouvait être hostile. Je m'aperçus vite, en inspectant les jardins, que l'on pouvait tourner facilement la barricade qui fermait la rue des Lilas. Je voulais occuper les points les plus rapprochés de ce poste ennemi. Mais un officier me donna l'ordre de me retirer avec mes hommes dans le premier jardin. Il fallut obéir. C'est la première intelligence du soldat. Cependant, j'avais raison. Je compris alors tout ce que doit souffrir l'homme qui est en sous-ordre et qui ne peut pas faire exécuter ce qu'il juge utile.

J'avais fait la même remarque à Châtillon, en visitant le
Petit-Bicêtre et la tour de Drache, quelques jours avant
la bataille. Nous rentrâmes donc dans le jardin qui nous
était assigné comme poste d'observation, et nous bou-
châmes une brèche qui communiquait aux jardins suivants. J'y plaçai vite une sentinelle.

La nuit, les insurgés pénétrèrent dans les jardins aban-
donnés par nous. Ils me donnaient raison. Grâce à notre
vigilance, nous ne fûmes pas surpris. Nous étions installés dans un jardin et une maison occupés par une vieille
femme qui paraissait bien inquiète ; j'ai toujours soup-
çonné qu'elle avait, elle ou les siens, la conscience peu
tranquille. Elle nous traita d'ailleurs fort bien, quoique
se plaignant toujours de tout. Il y avait notamment une
chose qu'elle ne pouvait accepter, c'était l'emploi fait de
ses ustensiles de jardinage et des paniers de boulangerie
de sa bonne pour construire une barricade que le capitaine Méraud avait élevée à la hauteur de nos deux postes.
C'était une mesure fort habile. La nuit était si sombre,
à cause de la pluie, que l'ennemi aurait pu se glisser
parmi nous sans que nous le vissions. Cette barricade
était à la fois une barrière et un abri. Le lieutenant
Gallay, qui est un hercule, portait comme Samson des
portes sur ses épaules. Méraud travaillait et surveillait à
la fois. Comme sergent-major, il commandait les deux
postes. Ce n'était pas très pratique, mais nous sentions
un peu la garde nationale. Le colonel ne pouvait pas
être derrière chaque officier, et beaucoup de ces derniers
sortaient des rangs de cette milice où l'on peut être
guerrier sans être militaire. Le capitaine Raoul, qui était
très « bouton de guêtre, » comme on dit dans le métier,
souffrait de ces irrégularités, qui amoindrissaient l'autorité si nécessaire des grades subalternes. La nuit se passa

17

tant bien que mal. Nous fîmes garder par d'autres postes les alentours de notre jardin, de peur d'être tournés. Tous ces postes communiquaient par des brèches faites dans les murs. Les commandants Verret, d'Arroz et Pouillaud Lemaire étaient, avec le gros de la compagnie, à quelques mètres de là. Vers le matin, ils firent quelques rondes. J'étais avec de Verchère et notre petit poste dans une salle du rez-de-chaussée d'une maison que nous gardions. On surveillait les sentinelles. De Verchère faisait fonctions de caporal. Le capitaine Raoul, perché sur des échelles, lançait quelques balles jusqu'à la barricade ennemie. Enfin, le jour parut. Nos fusils étaient rouillés par la pluie et en particulier les chassepots. Car nous avions différents genres de fusils. C'est encore une invention de l'esprit français. Le chassepot s'abîme beaucoup à la pluie. Je fus obligé de graisser le mien avec une chandelle faute de mieux. Nous avions besoin de nos armes ; car on allait commencer l'attaque de la barricade, par le mouvement tournant que je voulais faire la veille. Les parcs voisins furent explorés. L'un avait nom parc Deshème ; c'était la propriété d'une famille anglaise retirée dans ce coin de Paris. Les femmes furent très effrayées, en nous voyant venir. Il y eut même une scène singulière. Nous prenant pour des insurgés (toujours à cause du costume) elles nous dirent : « C'est inutile de visiter la maison ; on est déjà venu cette nuit. » Nous comprîmes le sens de ces paroles ; les insurgés avaient un poste là. Ils craignaient l'attaque que j'avais méditée ! Quel coup de filet ; le poste n'était que de 4 à 5 hommes ! Nous rassurâmes les braves insulaires ; en apprenant que nous étions des Versaillais et des ruraux, ils nous offrirent du pain et du vin. Méraud qui commandait le détachement fit faire des

créneaux aux murs du jardin et la fusillade s'engagea entre nous et les insurgés. Mais comme je l'avais prévu, la
barricade fut vite abandonnée et les insurgés se réfugiè-
rent dans les maisons de la rue du Pré où ils continuè-
rent le feu. Le drapeau rouge flottait encore sur cette
dernière barricade protégée par le feu de l'ennemi. C'é-
tait surtout d'une mansarde du n° 42 de la rue du Pré
que l'on tirait sur nous avec le plus d'acharnement. Un
de nos volontaires, homonyme de Christophe Colomb et
dont le nom s'écrit de même, fut blessé légèrement à la
tempe. Les arbres qui étaient au-dessus de nos têtes furent criblés. Les balles venaient frapper jusque dans
nos créneaux. Nous avions affaire à un bon tireur. Nous
nous mîmes plusieurs après lui. On attendait son coup
de feu pour répondre. Ce système lui déplut car il finit
par renoncer à la lutte. Une tache rouge qui apparaissait dans le blanc du mur de la mansarde ressemblait à
une tache de sang. Le docteur Baer voulait absolument
avoir touché le fédéré. Mais la tache était tout simplement une rose, ainsi que je l'ai constaté plus tard. Il y
avait une femme là-dessous. En effet nous en avions vu
une qui posait une brique sur la fenêtre en question,
afin qu'elle pût servir de point d'appui au tireur que
nous combattions. Ces deux amants choisissaient bien
leur moment pour être ensemble ! Ils mêlaient le roman
à la guerre civile. Nous ne tardâmes pas à les troubler
dans leur entretien, car le 68° débouchant par une des
rues voisines s'empara de la dernière barricade et la rue
des Lilas fut libre. Elle allait le devenir de toute façon,
car le 10° chasseurs était déjà engagé dans les jardins
de l'autre côté de la rue, et les insurgés allaient être
cernés par eux et par nous. Il y eut encore là une
de ces méprises rendues fréquentes par notre ridi-

cule tenue de gardes nationaux. L'un de nous, le capitaine de Hérisson de Polastron avança la tête dans la rue, à travers la porte du jardin. En l'apercevant, les soldats du 68° lui crièrent : « Rendez-vous ! » C'était le même régiment et la même scène qu'à la rue Marcadet. Évidemment on n'avait pas lu au rapport de cette troupe qu'il y avait dans l'armée de Versailles deux bataillons de volontaires habillés comme les insurgés. Cette simple observation était trop pratique pour qu'on y ait songé. Nous suivions d'Hérisson qui marcha vers les fantassins, et ces derniers durent croire un moment qu'ils avaient fait une bonne capture. Notre figure rassurée et moqueuse (les Français rient de tout) les étonnait bien un peu. Enfin, on se reconnut et l'on cria cette fois avec plus d'enthousiasme que jamais : « Vive la France ! » La lutte était finie. Elle se termina le 28 mai à neuf heures du matin.

Les officiers volontaires firent ce jour-là un mouvement analogue à celui qu'ils avaient fait autour de la rue Cardinet, à Batignolles. Partis de la rue du Pré-Saint-Gervais, ils suivirent le boulevard Serrurier qui longe les remparts, rentrèrent dans Belleville par la rue du même nom, après avoir passé devant la porte de Romainville ; enfin, descendirent cette rue jusqu'à la hauteur de cette même rue du Pré-Saint-Gervais qu'ils avaient quittée en partant ; ce mouvement enveloppant et tournant a l'avantage de faire évacuer tous les points encore occupés par l'ennemi pris à revers et de faire reconnaître par les troupes tout le terrain qu'elles doivent occuper. Le général Pradier a fort bien exécuté ce mouvement pendant toute la campagne. C'est une manœuvre qu'il faut recommander à l'attention des gens de guerre. Elle paraît très-simple, mais sur les lieux mêmes où elle s'exé

cute, elle trompe non-seulement l'ennemi mais encore
les troupes qui y prennent part. Il nous est arrivé très
souvent, après deux heures de marche, d'être tout surpris de nous retrouver dans la même rue qu'auparavant,
seulement nous étions partis en y laissant des barricades
à prendre et nous y revenions en les trouvant abandonnées par l'ennemi. Les Prussiens ne font la guerre que
de cette façon. Quand on a beaucoup de troupes, comme
dans les armées modernes, c'est une excellente tactique
qui jette le trouble chez l'adversaire et épargne le sang
du soldat.

Dans la route nous aperçûmes un grand nombre de
cadavres étendus sur le boulevard Serrurier. Il y avait
des mares de sang à côté des barricades. La lutte avait
dû être sérieuse sur ces points, comme elle l'avait
été sur la place des Fêtes. Ce triste spectacle ne s'oublie
jamais quand on y a assisté. Arrivés, dans la rue de
Belleville à la hauteur des rues du Pré et des Fêtes, nous
prîmes nos cantonnements dans le rez-de-chaussée des
maisons voisines et sur le trottoir de la rue. Je me
rappelle avoir passé deux nuits sur la banquette en
velours d'un café. Je m'y trouvais fort bien. Cela valait
mieux que la tranchée humide d'Asnières. Les habitants,
contrairement à ce qu'on a dit d'eux, étaient charmants
pour nous. On cherchait en vain ces êtres féroces dont
on prétend que ce pays est peuplé. Nous n'avons trouvé
partout qu'aménité et bon accueil. Je m'attendais même
à quelques scènes de surprise ou de vengeance privée.
Il n'y eut de tentatives de ce genre que contre deux
sentinelles de la ligne, en haut et en bas de la grande
rue de Belleville; ces tentatives n'eurent lieu qu'à une
heure avancée de la nuit. Elles n'étaient pas surpre-
nantes, après les combats acharnés des jours précédents.

Les volontaires ne furent l'objet d'aucune scène de ce genre. Au contraire, on les recevait fort bien dans les maisons. Je me rappelle l'aimable maîtresse d'un café situé au coin de la rue du Pré, qui nous combla de soins et nous offrit des matelas qu'elle étendit sur ses deux billards. Comme un tel lit semble bon après tant de fatigues! Cependant, les officiers volontaires ne se reposaient que la nuit et encore pas toutes les nuits, car il y avait un poste qui veillait. Le jour on faisait des patrouilles, on gardait les points occupés, on prêtait main-forte à la ligne; enfin, on se rendait utile par mille moyens. Plusieurs officiers firent un tour de force qui est tout à leur honneur. C'étaient Porret, Collin, d'Hauteville, François, et quelques autres. Ils exhumèrent 75 cadavres d'une cave profonde. C'étaient des victimes de la Commune dont la mort remontait à plusieurs jours. Il y avait là des gendarmes et des prêtres. La putréfaction de ces corps était complète; personne ne voulait y toucher. Les officiers volontaires avaient fait preuve d'un dévouement qui leur valut des félicitations méritées.

Belleville, à part ces détails, était pour nous un séjour de repos. Quand on a passé un mois dans la tranchée et huit jours en ligne, on trouve un calme relatif très grand, dans une position qui n'est pas sans danger, mais où le feu de l'ennemi ne vous tient pas continuellement sur le qui-vive. Il faut avoir passé par là pour comprendre ces choses.

La physionomie de Belleville était singulière : des rues sales et remplies de débris d'armes et d'effets ; quelques corps gisants à terre, et qui furent enterrés une fois les premières précautions de surveillance prises; des devantures de boutique brisées par les balles, les obus ou les crosses de fusil ; des monceaux d'armes accumulées sur la place de la Mairie ; la cour de cette mairie, transformée en préau, où l'on réunissait de nombreux prisonniers ; des visites domiciliaires amenant à chaque instant la découverte de quelques fédérés soigneusement cachés, l'animation des jours de paix se faisant déjà remarquer dans les rues, les femmes et les filles échangeant des coups d'œil ou des mots au passage, avec le troupier naturellement galant ; ce dernier, occupé à nettoyer ses armes, au besoin sa personne et à faire la cuisine entre deux briques qu'enjambaient les passants ; les boutiques se r'ouvrant, et les boutiquiers profitant du séjour des soldats pour faire quelques affaires ; des militaires se promenant en armes dans les rues ; d'autres, attablés chez les marchands de vin ; des officiers supérieurs circulant à cheval, et salués par les sentinelles qui gardaient les faisceaux formés sur les trottoirs ; telle était à peu près la physionomie de la grande rue de Belleville. Nous la quittâmes le 30 mai, à neuf heures du matin. La brigade se dirigea par le faubourg du Temple et les boulevards vers l'intérieur de Paris. Nous fîmes une station de quelques heures à la caserne du Château-d'Eau. J'ai bien maudit ce séjour, car nous eûmes l'imprudence de nous étendre sur les matelas qu'y avaient laissés les communeux. Je fis connaissance avec les insectes de la Commune. Il me fut impossible de vérifier à quelle famille ils appartenaient ; mais j'ai bien souffert de leur présence. Il me fallut trois bains de baréges pour m'en débarrasser. Ah ! les vilaines bêtes ! A quatre heures, le même jour, on nous envoya camper dans les bâtisses du collége Rollin. Nous traversâmes Paris, où l'on continuait à nous prendre pour des gendarmes ou des sergents de ville déguisés ! Le Parisien est si essentiellement badaud, indifférent, égoïste ou révolutionnaire, qu'il ne croira jamais qu'on puisse défendre l'ordre, sans être un peu de la police, c'est-à-dire payé spécialement pour le faire. J'ai constaté moi-même l'opinion qu'on avait de nous, en m'adressant aux gens qui formaient la haie sur notre passage. Tous m'ont fait la même réponse : « Est-ce que vous n'êtes pas des gendarmes ? » — Non ! — « Alors vous êtes des gardiens de la paix! » Faites donc le sacrifice de votre vie pour un pareil peuple !

La nuit passée dans le collége Rollin fut des plus dures! Nous étions couchés dans le platras et dans la poussière. On était plus mal qu'en plein vent, à cause des courants d'air qui sortaient des caves. Il n'y avait d'ailleurs ni portes, ni fenêtres, mais de simples bâtisses inachevées. Le général Grenier, toujours bon et attentif, vint nous visiter. Il nous trouva mal logés et nous autorisa à changer de demeure. On se mit en quête d'un nouveau local pour les officiers volontaires. On nous installa d'abord dans le théâtre des Jeunes-Artistes, rue de la Tour-d'Auvergne. Le directeur, fort effrayé de ces nouveaux hôtes, provoqua un nouveau changement, et nous fûmes accueillis avec empressement dans le beau gymnase de M. Paz, rue des Martyrs. Cette installation dura du 2 au 11 juin. Nous étions à merveille. Les jeunes officiers se livraient à toute sorte d'exercices, avec cette agilité naturelle à leur âge. Le trapèze, le cheval de bois, les échelles de corde, l'escrime, tout fut essayé. Cette brillante jeunesse ne pouvait rester en repos. Il faut remercier le directeur du gymnase de sa gracieuse hospitalité. Cet établissement est vraiment admirable. Il y a des douches, des bains, des appareils pour toutes les difformités. C'est on ne peut plus complet.

Nous prîmes là quelque repos et l'on put enfin songer aux premiers soins de toilette et de santé. Nous en avions besoin. Nous étions sales à faire peur. Les guerriers ne sont beaux que dans les gravures. Vus de près ils font pitié. Leur linge est noir, leurs vêtements sont crasseux et déchirés. En un mot, l'ensemble de leurs personnes laisse beaucoup à désirer. On ne pourrait pas les inviter dans le monde, sans leur permettre de faire un peu de toilette. Mais comme ces premiers soins de propreté vous reposent! On ne se figure pas la jouissance que procure le premier bain !

Nous étions fort heureux, rue des Martyrs. On faisait la soupe dans de petits restaurants d'un bon marché fabuleux. Les blanchisseuses du quartier lavaient notre linge. On causait avec elles, comme les troupiers, sans morgue et sans façon. Je me rappelle une grande et belle fille de la rue Clausel, qui nous chanta une romance où la femme légère est bien dépeinte. Le titre de cette romance est : « *Vendue.* » Les habitants du quartier nous offraient des lits qui servaient aux sous-officiers qui n'étaient pas de service. La maison Gandillot se faisait remarquer par son hospitalité. C'est à cette époque qu'eurent lieu nos premières promenades dans Paris. Ceux d'entre nous qui l'habitaient étaient bien aises de revoir leurs familles.

Le sympathique officier d'ordonnance, M. Comment, avait, rue de la Tour d'Auvergne, un délicieux appartement rempli de curiosités et de beaux tableaux. C'est là que le colonel Valette établit son quartier-général. Il n'aimait pas à s'éloigner de nous.

Le 5 juin, nous eûmes à la Madeleine un service pour le repos de l'âme de nos camarades tombés au feu. Les volontaires s'y rendirent en armes, en traversant les rues

17.

de Paris. On commençait à les mieux connaître, et, sur leur passage, la curiosité publique était très excitée. Ils eurent une excellente tenue. De chaque côté de l'autel, il y avait deux officiers dont l'attitude fut très remarquée. C'étaient les lieutenants Gallay et de Liencourt. Le capitaine Raoul était en face de l'autel et les autres officiers furent rangés de chaque côté du chœur. C'était un coup d'œil à la fois touchant et imposant. Le 6 juin, nous montâmes au cimetière de Saint-Vincent, à Montmartre, pour y enterrer Durieu et nos deux camarades, Chabaille et Bretillon, déposés dans un caveau provisoire. Le brave Durieu repose au milieu de ses deux volontaires. Le capitaine Raoul prononça quelques paroles qui rappelaient nos efforts et nos sacrifices. « Dieu, dit-il, a voulu donner à notre cher commandant deux braves jeunes gens pour garder sa tombe. Ils sont là tous trois, comme les défenseurs éternels de ce sol arrosé de leur sang. Ce sont les martyrs de la cause de l'ordre. Si jamais d'audacieux criminels voulaient tenter de s'emparer des buttes de Montmartre, ces trois ombres se dresseraient devant eux pour leur barrer le passage, au nom des volontaires qui les ont conquises ! »

Un dernier service eut lieu quelques jours après, c'était celui du capitaine Arnaud de Vresse. Le colonel Valette prononça au cimetière l'allocution suivante : «M. de Vresse n'était pas un homme ordinaire. Ancien élève de l'Ecole polytechnique, il commença ses premières armes en Afrique. Il était né à Constantine. Français de cœur et vaillant soldat, il ne baissa jamais la tête sous le feu de la mitraille.

» Pendant le siège de 1870, à la tête de sa compagnie de carabiniers, il a mérité, par sa bravoure, d'être cité plusieurs fois à l'ordre de l'armée.

» En avril dernier, pour repousser l'insurrection, il est venu se ranger dans nos rangs comme volontaire de la Seine. Le ministre de la guerre lui confia le commandement d'une compagnie. Elle était en bonnes mains.

» A Asnières, où il s'est couvert de gloire, il a été blessé mortellement par un éclat de mitraille.

» Capitaine de Vresse, pour ta conduite héroïque, je t'ai proposé comme officier de la Légion d'honneur; cette croix d'or que j'ai le regret de ne pouvoir placer sur la tombe, sera remise pieusement à ta veuve et à tes enfants. Ami et vaillant soldat, reçois ici les adieux de ta famille, de tes nombreux amis, et tout particulièrement de tes frères d'armes, les volontaires de la Seine, qui ont combattu avec toi.

» Reçois aussi mes adieux, et à bientôt, dans un monde meilleur! »

On nous avait gardés à Paris, pour nous faire assister à la grande revue des troupes. Cette revue ayant été retardée, on nous renvoya à Versailles, notre point de départ. Nous montâmes en chemin de fer, à la gare Saint-Lazare, le 11 juin, à midi et demi. Les volontaires descendirent la rue des Martyrs, clairons en tête et bannières au vent. Les habitants se pressaient en foule autour d'eux et donnaient un adieu sympathique à ces défenseurs de l'ordre.

CHAPITRE XV ET DERNIER

Retour à Versailles. — La revue contremandée. — Les appels. —
Les billets de logement. — Les citations à l'ordre. — Le dîner
d'adieu au Grand-Hôtel. — La musicienne de Saint-Maur dans
les cafés de Versailles. — Les permissions de Paris. — La revue
du 25 juin à Versailles. — Les décorations. — Le général de Cissey.— Le versement des armes et du campement. — Le licenciement. — Les feuilles de route et les pétitions. — Le bureau du
colonel. — Les ordres du jour. — Réflexions sur les officiers volontaires. — Considérations générales sur la Commune.

Nous étions de retour à Versailles, où nous avions reçu
le meilleur accueil. La revue tant de fois annoncée avait
été contremandée, à cause de l'anniversaire de Waterloo,
disaient les uns, à cause de la susceptibilité pru-sienne,
disaient les autres. La vraie raison était peut-être le
mauvais temps. Nos volontaires eurent des billets de logement. Je reçus l'hospitalité chez Mme veuve Cosson,
peintre de talent, qui habitait avenue de Paris, n° 50; je
n'ai eu qu'à me louer des procédés de mes hôtes. On
réunissait chaque jour les volontaires, à l'appel qui avait
lieu, avenue de Saint-Cloud, sur la place du château.
Nous étions rangés en bataille, en face de ce formidable
parc d'artillerie qui rassurait un peu ceux qui pensent à
une revanche contre la Prusse. La France a encore des
canons. Il y eut, à l'occasion de la prise de Montmartre,
des citations à l'ordre du jour du corps de Ladmirault,
qui annonçaient de nouvelles récompenses. Les volontaires commençaient à s'ennuyer. Il y avait cependant de
nombreuses permissions pour ceux qui allaient à Paris,

et on en profitait largement. Paris a toujours de l'attrait,
quoiqu'on dise! Mais plusieurs d'entre nous n'y connaissant personne attendaient à Versailles le moment de partir pour leur province. Il était toujours question de nous
faire figurer à la grande revue du Champ-de-Mars. Nous
n'eûmes pas cet honneur. On passait donc le temps à
parcourir Versailles et à fréquenter les cafés. Le lecteur
se rappelle peut-être la joueuse de guitare de Saint-
Maur, la jeune artiste tant admirée des officiers du 7ᵉ
mobile. Je la retrouvai dans un des cafés de Versailles;
elle était bien changée! Elle avait traversé deux siéges!
La cigale revoyait son deuxième été! Que de misères
morales et physiques chez ces pauvres êtres déclassés,
qui ne vivent que de l'aumône du passant, quand ils ne
vivent pas de ses plaisirs!

Le 20 juin, les officiers volontaires se réunirent au
Grand-Hôtel dans un banquet d'adieu. C'est le capitaine
de Verchère qui l'avait organisé en homme connaissant
son affaire. Le dîner fut cordial et plein d'entrain. Le
colonel Valette, qui le présidait, fit ses adieux aux volontaires, dans une chaleureuse improvisation dont *Paris-
Journal* rendait compte en ces termes : « Avant d'être
licenciés, les officiers volontaires de la Seine ont voulu
se réunir une dernière fois. Un banquet d'adieu les grou-
pait hier, au Grand-Hôtel, autour de leur colonel. Au
dessert, M. de Valette s'est levé pour prononcer une allocution des plus heureuses que les officiers, également
debout, ont accueillie avec une respectueuse sympathie.
A côté d'une phrase délicate à l'adresse de l'armée,
nous avons remarqué ces mots qui, dans la bouche du
vainqueur de Buffalora, ne sont pas un éloge banal :
« Volontaires de la Seine, vous êtes des braves; votre
colonel est content de vous. » En effet, le colonel de Va-

lette a su montrer, dans cette courte mais brillante campagne, le parti que l'on pouvait tirer des officiers volontaires. Il avait déjà, pendant le siége de Paris, prouvé ce que peut devenir la mobile placée en de bonnes mains. La brigade Valette s'était fait remarquer à la Maison-Blanche et au plateau d'Avron. Il y a là tout un avenir. Qui sait? le corps des officiers volontaires, véritable école de Saint-Cyr de la mobile, formera peut-être un jour, les cadres d'une nouvelle brigade Valette?»

Le 25 juin, le général de Cissey, ministre de la guerre, nous passa en revue à Versailles et distribua des croix et des médailles. Les lauréats eurent l'honneur de serrer la main du chef suprême de l'armée. Furent décorés : MM. Comment, lieutenant, officier d'ordonnance du colonel; Debusschère, chirurgien-major; le vicomte Hallez-d'Arroz, commandant et adjudant; le comte Arthur de Grandeffe, capitaine et sergent; le commandant Verret, lieutenant; le lieutenant Audran, volontaire; le commandant Durieu et le capitaine Porret l'avaient été précédemment. La croix d'officier de la Légion d'honneur fut accordée à la mémoire du regrettable capitaine Arnaud de Vresse. Des médailles furent ensuite distribuées à MM. le commandant Denax, capitaine adjudant-major; le capitaine Brétet, officier payeur; le commandant Pouillaud-Lemaire, sous-lieutenant; le capitaine Méraud, sergent-major; le capitaine Peinte de la Valette, sergent; le lieutenant de Liencourt, volontaire; le capitaine Fabrège, caporal; le capitaine de Verchère, caporal; le capitaine du Bos, sergent; le capitaine d'Hauteville, caporal; le lieutenant de Beauplan, volontaire; le lieutenant Hardouin, volontaire; le lieutenant Pasquin, volontaire; le lieutenant de Châtillon, volontaire;

le lieutenant Hans, volontaire ; le capitaine Gercet, caporal ; enfin le jeune Porret, clairon.

Toutes ces récompenses étaient méritées, mais pour bien faire, il eût fallu en donner à tous. Le plaisir de les recevoir était altéré par la pensée pénible de ne pouvoir les partager avec les camarades qui avaient eu leur part de nos dangers. Après le versement des armes et du campement, nous fûmes licenciés le 26 juin 1871. Le colonel signa, dans son bureau de la rue Royale, nos nombreuses feuilles de route et les pétitions de ceux qui demandaient à reprendre du service dans l'administration ou dans l'armée. Le colonel, avec une bonne grâce parfaite, apostillait ces demandes.

Comme dernier souvenir de cette campagne, on nous distribua les quatre ordres du jour du ministre, de la division, de la brigade et du bataillon. Je ne puis résister au désir de les transcrire ici, car ce sont les titres de noblesse des volontaires de la Seine :

Ordre du Ministre de la guerre.

« Volontaires de tous grades, lorsqu'au début de l'exécrable insurrection qui vient d'ensanglanter et de ruiner Paris, l'Assemblée nationale, au nom du pays indigné, convia tous ceux qui avaient à cœur la défense de tout ce qu'il y a au monde de plus sacré à venir se ranger autour de l'armée, sous le drapeau de la France, vous fûtes les premiers à répondre à cet appel. Vous avez pris part à des luttes sérieuses et supporté de longues et pénibles fatigues. Plusieurs de vos camarades ont payé de leur vie leur dévouement à une grande cause et beaucoup d'autres ont reçu de glorieuses blessures. Vous avez noblement fait votre devoir; je tiens à vous en remercier au nom de l'armée.

» *Le ministre de la guerre*, Général DE CISSEY.

» Versailles, ce 15 juin 1871. »

Ordre de la division.

« Le général commandant la 1ʳᵉ division du 1ᵉʳ corps tient à dire aux officiers, sous-officiers et volontaires de la Seine et de Seine-et-Oise, ses regrets de les voir quitter son commandement, en même temps qu'il veut leur témoigner toute sa satisfaction pour le courage et le dévouement dont ils ont fait preuve pendant la lutte qui vient d'avoir lieu. Le bataillon de la Seine, avec le 10ᵉ chasseurs, a le premier mis sur Montmartre le drapeau de la France. Le bataillon de Seine-et-Oise a eu le même honneur à Belleville, où il est monté avec le 48ᵉ de marche. Ces titres de gloire doivent être connus de tous et seront conservés dans vos familles comme un souvenir précieux de l'époque où vous avez partagé les dangers de l'armée.

» *Le général commandant la 1ʳᵉ division*, GRENIER. »

Ordre de la brigade. (Lettre au colonel Valette.)

« Paris, le 11 juin 1871.

» Mon cher colonel,

» C'est avec le plus grand plaisir que je vous transmets l'ordre du jour de la division, dans lequel le général Grenier rappelle tous les services que vous avez rendus à la sainte cause que nous avons défendue ensemble. De mon côté, mon cher colonel, je tiens, avant de me séparer de vous, à ce que vous disiez à vos volontaires combien j'ai été heureux de les avoir sous mes ordres. Guidés par vous, ils ont montré, dans cette courte et horrible campagne, courage, énergie et discipline! Vos trois chefs de compagnie ont succombé glorieusement à la tête de leur troupe. Combien d'autres, officiers et volontaires, ont été tués ou mutilés pour défendre la cause de l'ordre, pour sauver la capitale de la civilisation des bandits qui l'incendiaient! Je remercie aussi vos volontaires de la bonne harmonie qui a toujours existé entre tous les corps de la brigade. Il n'y a eu entre eux qu'une seule rivalité, celle d'arriver les premiers aux points dangereux ou menacés. J'ai eu l'honneur de commander, pendant six ans, le 32e de ligne; on y avait conservé les souvenirs de la vaillante 32e demi-brigade dont les hauts faits sont légendaires dans l'armée et qui portait avec orgueil sur son drapeau ce que Bonaparte avait dit d'elle après Lonato : « J'étais tranquille, la brave 32e était là. » Certes, sous aucun rapport, on ne peut comparer les glorieuses campagnes de 96 et 97 à la guerre cruelle que les gens de la Commune nous ont obligés de faire ; mais, dans les tranchées d'Asnières, alors qu'au milieu de la nuit, les feux de mousqueterie et d'artillerie se faisaient entendre avec violence sur la gauche de nos positions, je me rappelais, comme malgré moi, le drapeau de mon ancien régiment, et inquiet d'abord, je me disais bientôt : « Restons tranquille, les volontaires de la Seine sont là ! » Recevez, mon cher colonel, pour vous et tous vos volontaires, l'assurance de mes sentiments bien dévoués.

» *Le général,* PRADIER. »

Ordre du bataillon.

« Volontaires de la Seine, appelés à combattre l'insurrection du 18 mars, vous avez prêté votre concours à la France si cruellement éprouvée. Le 20 avril, vous preniez position, en première ligne, position que vous avez conservée dignement et héroïquement jusqu'au 27 mai.

» A Asnières, pendant le bombardement, à Courcelles, aux buttes Montmartre et à Belleville, sous le feu de la mitraille, vous vous êtes couverts de gloire, gloire chèrement acquise, mais qui vous a mis à même de mériter la sympathie et l'admiration de l'armée, et aussi les acclamations de tous les hommes de cœur. Vos actes de bravoure allant jusqu'à la témérité, m'ont rendu fier d'être à votre tête ; aussi, persuadé que la France aura bientôt besoin de tous ses enfants, je ne vous dis pas adieu, mais au revoir.

» *Le colonel commandant*, DE VALETTE.

» Versailles, ce 18 juin 1871. »

Je ne déparerai pas ces ordres du jour par des commentaires superflus. Les officiers volontaires avaient prouvé que la création de leur corps était une heureuse idée. Cette compagnie composée, comme le bataillon dont elle faisait partie, d'éléments hétérogènes, n'en a pas moins rendu de grands services dans la dernière campagne. Je crois que tous ceux qui ont servi dans ses rangs seront appelés un jour à jouer un rôle utile dans une guerre contre l'étranger. Véritable école de cadets, la phalange des officiers volontaires a préparé d'excellents cadres pour une nouvelle campagne. En France on aime la routine. Quand on a parlé des Écoles polytechnique et

de Saint-Cyr, on croit avoir tout dit en fait d'écoles
d'officiers. C'est une erreur profonde. Ces deux grandes
écoles ont même l'inconvénient de ne former qu'un
nombre très-restreint de sujets. Saint-Cyr devrait être
agrandi. Quant à l'École polytechnique elle forme d'excellents ingénieurs, d'habiles mathématiciens; mais à
cause de son caractère mixte, je la crois nuisible au re-
crutement de l'artillerie et du génie. Si l'on veut faire
quelque chose de sérieux et de rapide en fait de réformes militaires, il faut instruire et exercer la jeunesse
intelligente et lettrée qui peut fournir les cadres de la
réserve. Il y a là, je le sais, des questions d'intérêt
privé, mais elles ne sont une entrave que parce qu'on
part de cette idée erronée : Il y a trop d'officiers dans
l'armée! C'est le contraire qu'il faudrait dire. Quand
on a de bons officiers, avec les facilités de la théorie
nouvelle, on trouve aisément des soldats. J'ai remarqué
pendant la guerre contre la Prusse que ce sont surtout
les cadres qui nous ont manqué. On aurait pu croire que
cette remarque faite par des gens sérieux nous amène-
rait à nous occuper de compléter ces cadres qui nous
manquent. Point du tout. On est embarrassé de ceux
qui nous restent. Qui donc nous délivrera de l'esprit de
routine? Il nous faut des cadres instruits et toujours prêts
pour une armée de 1,500,000 hommes, si nous voulons
que la France reprenne son rang dans le monde. On
dira peut-être que nous ne sommes pas assez riches
pour payer tant de gens. C'est encore une fausse manière de voir; car il n'est pas nécessaire de donner à
tous les officiers une solde égale à ceux qui sont en activité. Attribuez-leur une indemnité convenable et sou-
mettez-les à un contrôle périodique qui vous empêche
de les perdre de vue. Vous aurez ainsi une petite armée

d'officiers qui rendra plus de services que cette immense armée de fonctionnaires acharnée après le budget. Le colonel Valette a montré ce qu'on pouvait faire avec des officiers volontaires; c'est au gouvernement à appliquer cette excellente idée! Formez des corps uniquement composés d'officiers de la réserve, de l'ancienne mobile et des officiers auxiliaires. Réunissez ces corps, pendant l'été ou en toute saison, dans des camps d'instruction; faites des examens et délivrez alors, en connaissance de cause, des brevets sérieux que vous utiliserez à la première guerre, mais qui resteront la propriété incontestée de leurs titulaires. De la sorte, vous aurez un corps nombreux et choisi qui complétera les cadres de l'armée mise sur le pied de guerre. Il n'y aura plus alors parmi les officiers qu'une seule rivalité : l'émulation de l'étude et du mérite.

Aurons-nous la bonne fortune de voir accepter nos idées. Il faut l'espérer, sans y compter beaucoup. En France il ne manque pas de gens pour indiquer les réformes utiles mais il y a trop de questions personnelles qui entravent le bien que l'on pourrait faire ; nous sommes, sous ce rapport, tout à fait au niveau de nos sœurs, les autres nations latines. Cette remarque peut s'étendre jusqu'à nos révolutions. Est-ce que, par exemple, le camp de la Commune ne s'est pas vite garni de tous les mécontents faits à Paris par la dernière administration ? Aux gens qui croient au sérieux des théories socialistes, du drapeau rouge, enfin de tous les grands mots mis en avant par les communeux, il est facile de montrer les questions personnelles cachées sous la bannière du 18 mars. Au fond, il n'y avait que trois choses qui touchaient le peuple de Paris, les trente sous de la garde nationale, les loyers et les échéances des billets de com-

merce. Voilà toute la révolution et le dernier mot des
théories à grand ramage de ses partisans. Ce qu'il y a
de plus triste, c'est qu'on n'a rien fait pour apaiser les
griefs qui précèdent et dont les deux derniers avaient
quelque fondement. Y a-t-il rien de plus rapace et de
plus dur que les commerçants de Paris? Pouvait-on
croire qu'ils se viendraient mutuellement en aide? Ces
messieurs qui veulent faire fortune en dix ans sont sans
pitié pour leurs confrères ruinés! Il fallait donc faire
tout de suite pour les faillites ce qu'on a fait depuis: prolonger les délais. Quant aux loyers, c'était la question
la plus irritante, et il faut convenir que ce que nous
avons dit des marchands, est encore plus vrai des propriétaires. Ce personnage parisien pourrait s'appeler
M. Vautour. Voyez avec quelle cruauté vorace il se pré-
cipite sur un locataire qui ne paie pas! Le malheur n'est
à ses yeux qu'un titre de mépris. C'est un homme sans
entrailles. J'en ai connu un qui, quoique millionnaire, fit
vendre publiquement les meubles d'une famille respectable que des revers avaient frappée. Avant cet événement il les traitait en amis et, pendant dix-sept ans, ils
lui avaient payé plus de 50,000 francs de loyers. Il y en
a beaucoup de cette force-là à Paris. Que de propriétaires ont refusé la moindre réduction de loyers, après
le siége? Croyez-vous qu'on nous ait fait grâce d'un
centime, à nous qui avons passé les deux siéges sous les
drapeaux? Le patriotisme est une monnaie qui ne se met
pas dans les tiroirs. Étonnez-vous ensuite qu'il y ait des
révolutions dans un pays où l'on est si dur, où l'on n'aime
que l'argent et où l'on se moque de la probité, de l'honneur et de la religion. Ce qui a lieu d'étonner, c'est que
les révolutions n'y soient pas plus fréquentes. Voilà les
réflexions qu'on peut faire au sujet de la Commune. Il

est bien entendu qu'il y a d'heureuses exceptions à signaler dans cette galerie de portraits que nous venons de montrer au lecteur ; c'est à ces honnêtes propriétaires et à ces braves commerçants de combattre énergiquement des tendances d'égoïsme et de luxe qui finiront par perpétuer chez nous la guerre civile, en augmentant la haine toujours croissante du pauvre contre le riche.

FIN.

TABLE DES MATIÈRES

PREMIÈRE PARTIE

LES MOBILES DE LA SEINE

18

DEUXIÈME PARTIE

LES VOLONTAIRES DE LA SEINE

www.ingramcontent.com/pod-product-compliance
Lightning Source LLC
Chambersburg PA
CBHW050503270326
41927CB00009B/1879